FÜR ELISABETH
UND CAROLINE

MDR Garten

SCHATZTRUHE GARTEN

GESCHENKE FÜR JEDEN ANLASS SELBST GEMACHT

HEIKE MOHR UND BEATE WALTHER

LV.Buch
Die Begeisterungswerkstatt

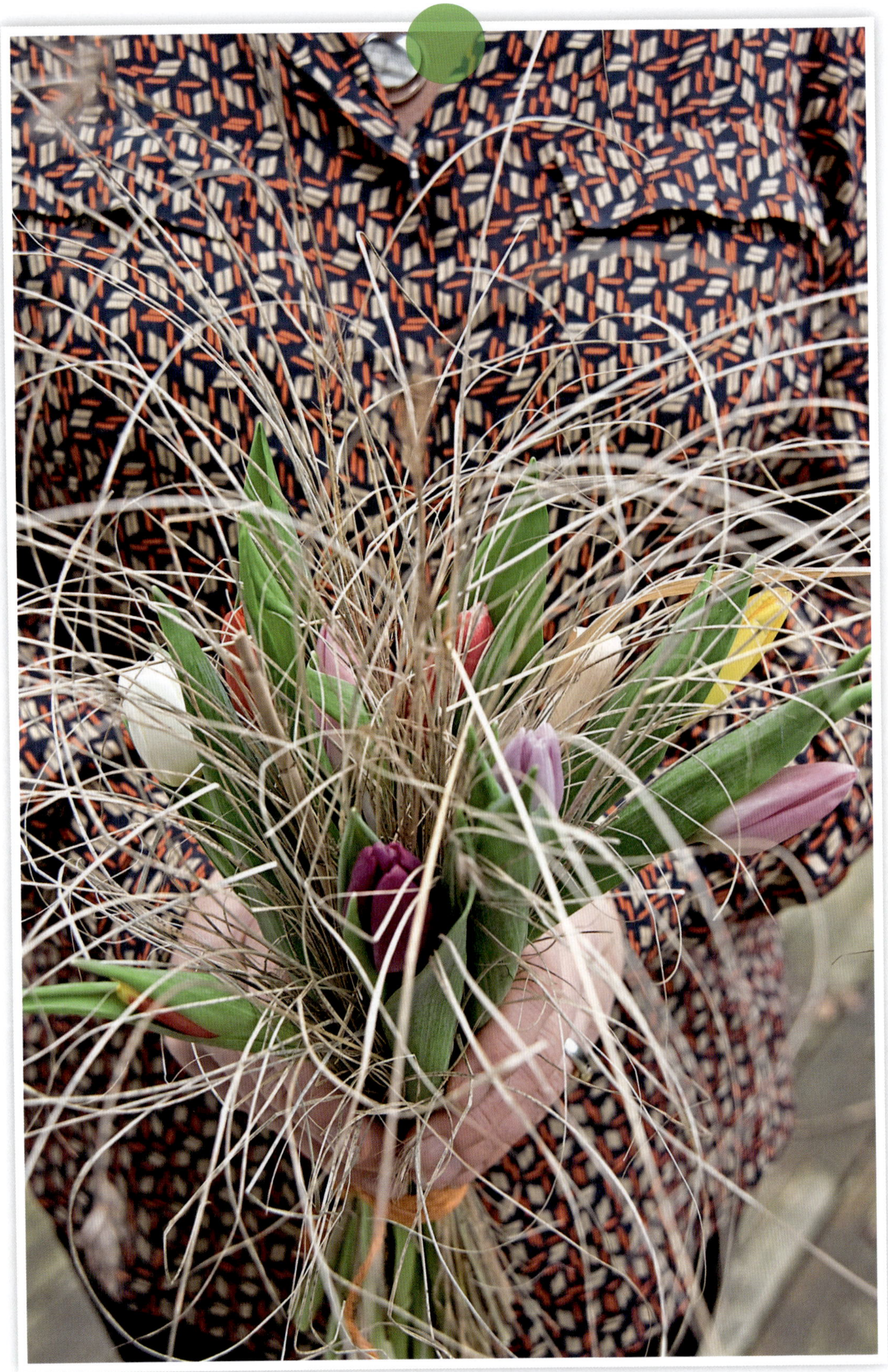

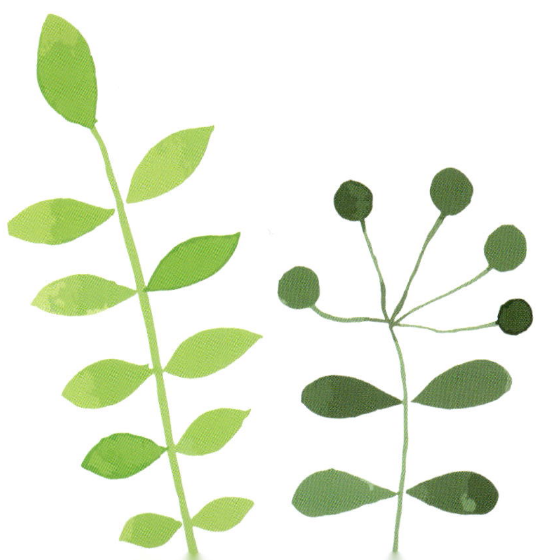

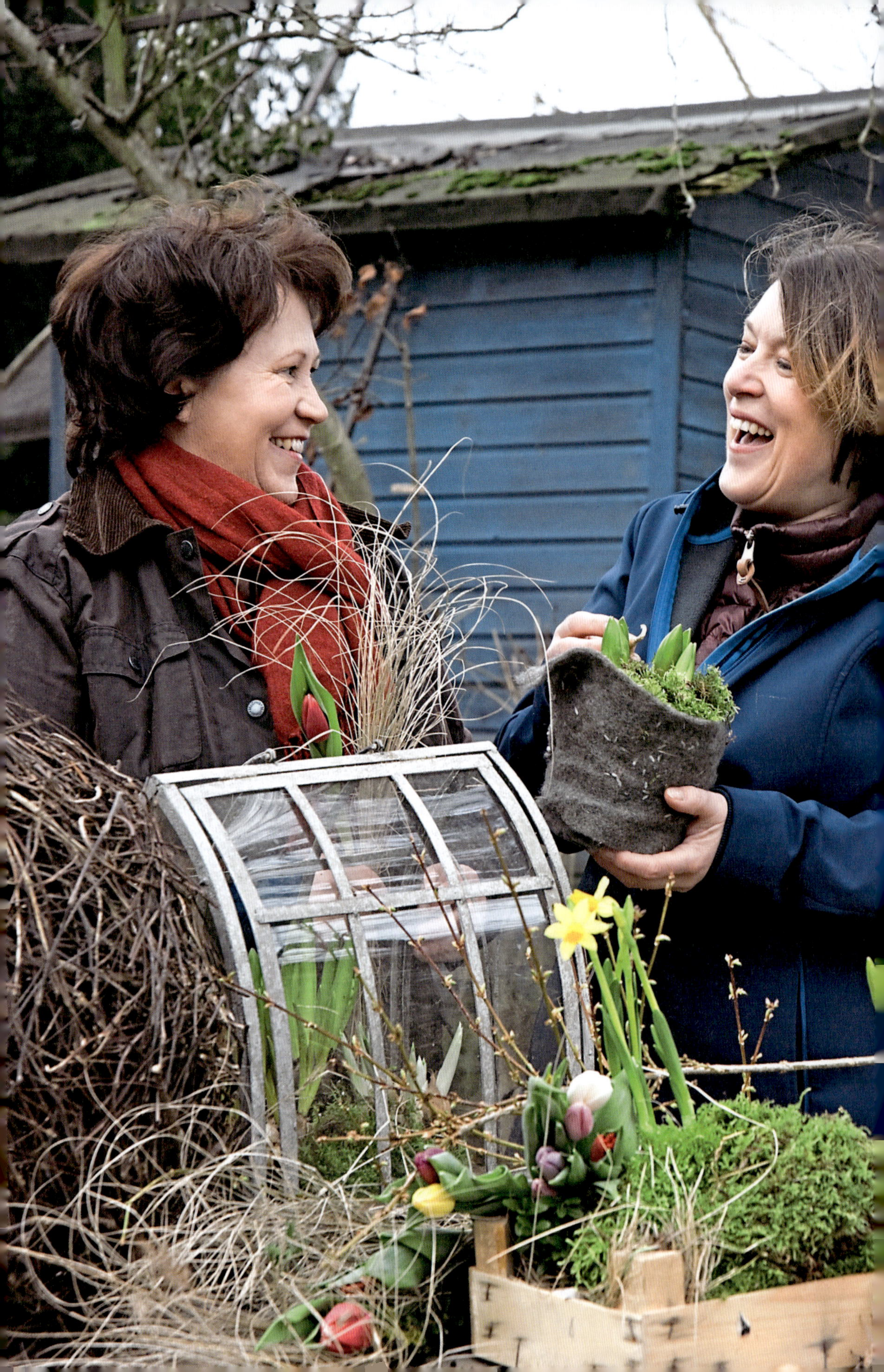

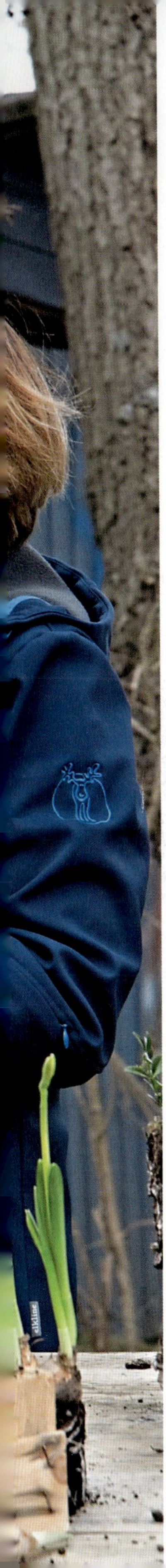

WILLKOMMEN

Die Hauptaufgabe eines Gartens ist es,
seinem Besucher die schönste und höchste Art
des irdischen Vergnügens zu bereiten.

Gertrude Jekyll

Ja, es stimmt, der Garten bereitet Vergnügen. Dort grünt und blüht es, Früchte reifen, Samenstände bezaubern. Und es duftet, summt und brummt. Pures Leben – gestaltet mit den eigenen Händen. Gärtnern macht Spaß und belohnt. Durch gute Pflege und richtigen Standort quellen Pflanzen vor Lebenslust über.

Für bestes Gedeihen ist die Entscheidungsfreude des Gärtners gefragt. Was darf bleiben und was kann weg? Rückschnitt, den Spaten ansetzen und teilen, das sind unverzichtbare Gartentätigkeiten, damit das Stück Grün nicht zur Wildnis wird. Dazu kommt die Ernte, die uns im besten Fall für unsere Arbeit reich belohnt.

Meist fallen mehr Gartenschätze an, als die eigene Familie braucht. Zu viel blauer, duftender Lavendel, der im Juli geschnitten werden kann, um eine Nachblüte zu fördern, die unerwartet reiche Tomatenernte, ein hervorragendes Apfeljahr, dazu Samen, die in Hülle und Fülle gereift sind.

Unsere Empfehlung: Verschenken Sie diese Schätze einfach. Selbstgezogenes aus dem eigenen Gartenreich, von der Terrasse oder dem Balkon – was gibt es Schöneres als solch ein Mitbringsel?

Machen Sie auch etwas aus dem, was oft vorschnell auf dem Kompost landet. Ranken und Zweige, heruntergefallene Sommeräpfel oder ungewöhnlich gewachsenes Gemüse. Alles kann in fantasievolle Geschenke verwandelt werden.

Öffnen Sie mit uns die Schatztruhe Garten – vom Frühjahr bis zum Winter. Lassen Sie sich von unseren liebevollen Ideen begeistern und probieren Sie nach Lust und Laune aus, was Ihnen gefällt.

Dafür wünschen wir Ihnen viel Freude!

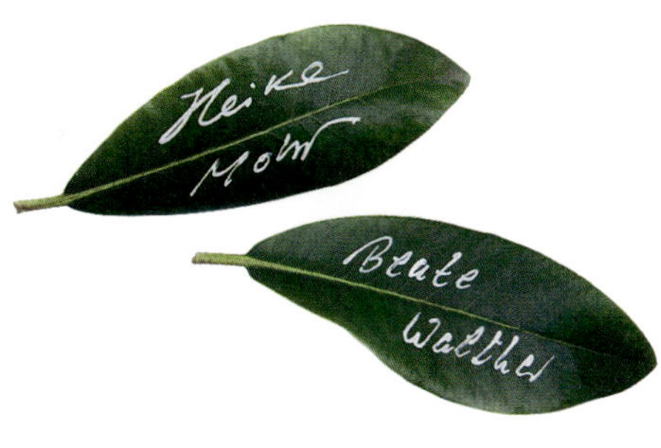

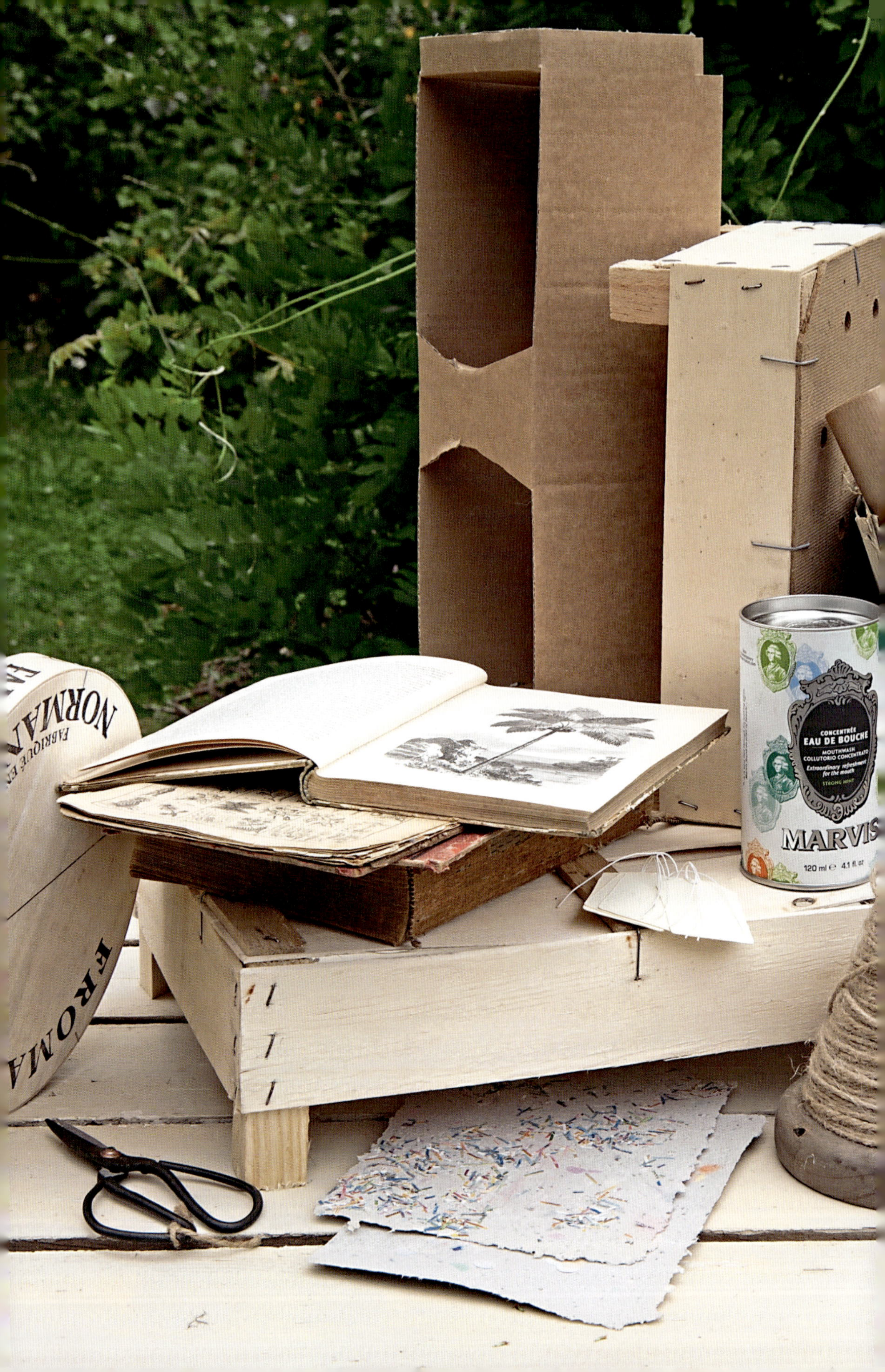
CONCENTRÉE
EAU DE BOUCHE
MOUTHWASH
COLLUTORIO CONCENTRATO
STRONG MINT
MARVIS
120 ml e 4.1 fl oz

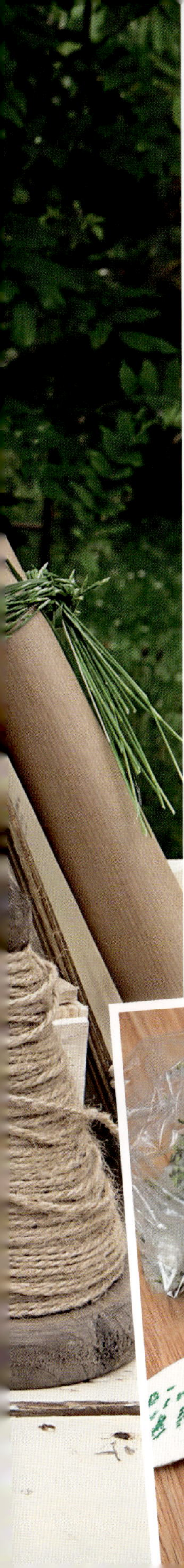

SCHLICHT UND SCHÖN VERPACKEN

Verpackungsmaterialien müssen nicht unbedingt gekauft werden, denn man bekommt sie gratis beim Einkauf im Supermarkt dazu.

Erdbeeren werden in kleinen, schlichten Holzkisten oder in Spankörben verkauft und Weichkäse gibt es in runden Schachteln aus dünnem Pappelholz. Sammeln Sie diese Verpackungen, denn sie eignen sich prima zum Transportieren und Füllen mit Gartengaben. Die Schachteln und Kisten lassen sich auch wunderbar bekleben und bemalen. Der dünne Holzspan kann mit einer scharfen Schere in Form geschnitten werden. Machen Sie zum Beispiel Etiketten daraus oder hübsche Geschenkanhänger.

In alten Büchern lassen sich beim Durchblättern schöne Illustrationen finden. Mit den Kopien oder Ausschnitten können Sie die Schachteln bekleben und Geschenke gestalten. Sogar Zeitungspapier und einfache Briefumschläge können sich schnell zum idealen Verpackungsmaterial verwandeln.

Kaufen Sie kein teures Schleifenband. Zum Gartengrünzeug passt Hanf oder Sisalstrick viel besser. Schauen Sie sich mal im Garten um. Er liefert Ihnen auch gratis Bindematerial, zum Beispiel Winderanken oder lange Grashalme.

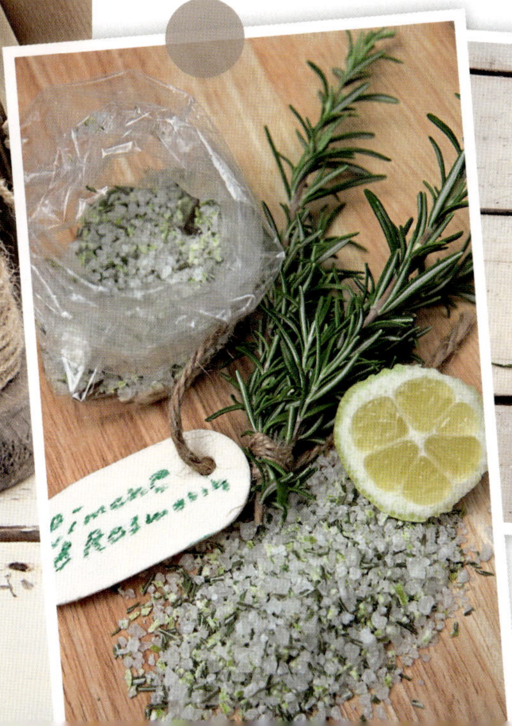

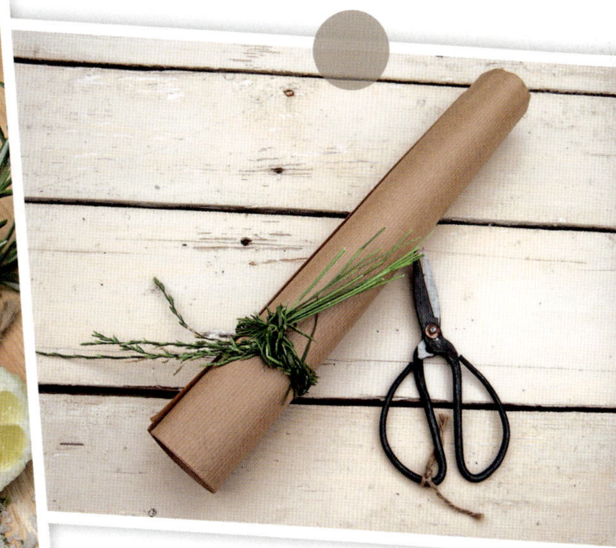

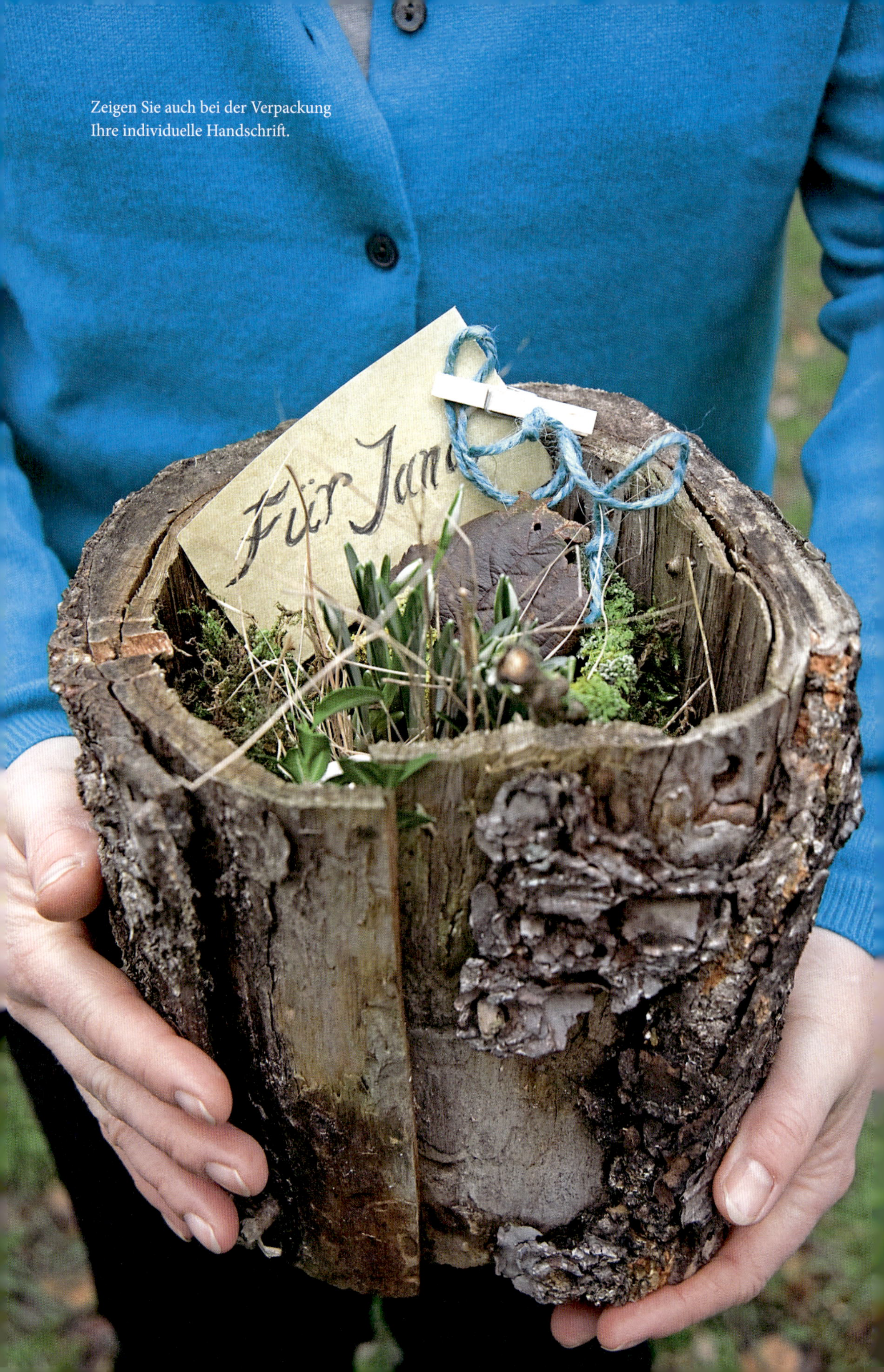

Zeigen Sie auch bei der Verpackung
Ihre individuelle Handschrift.

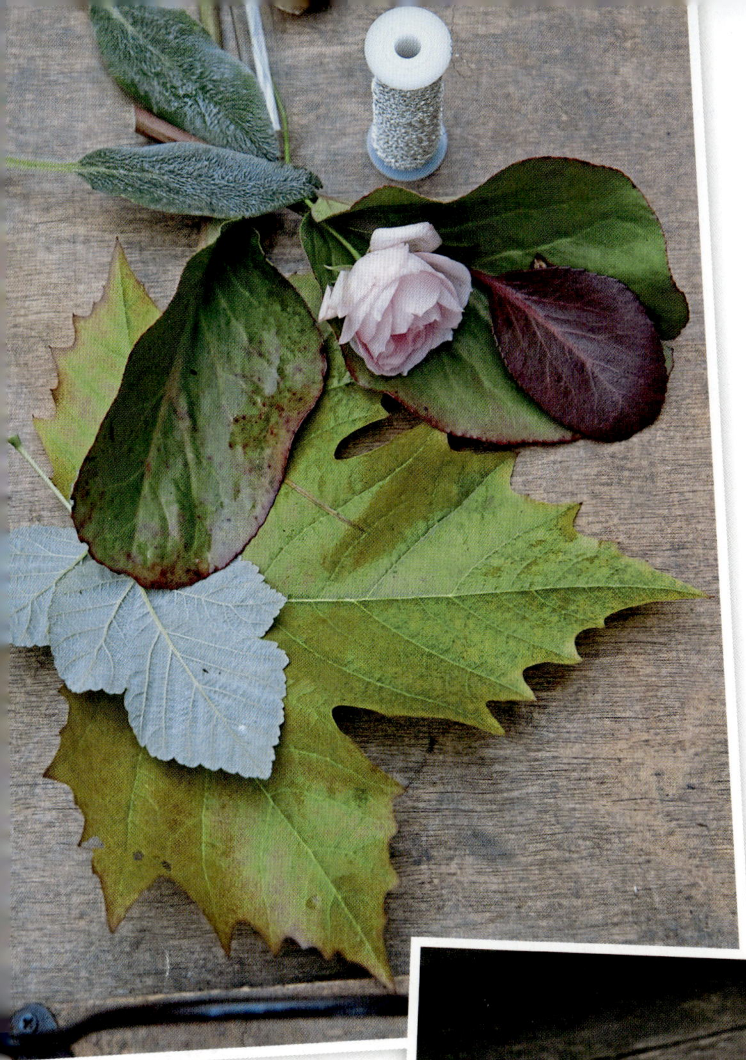

Schöne Blätter von Bergenien und Efeu lassen sich das ganze Jahr über im Garten finden. Aber auch graulaubige Blätter von Wollziest oder Himbeeren (Blattunterseite) eignen sich wunderbar zum Verpacken.

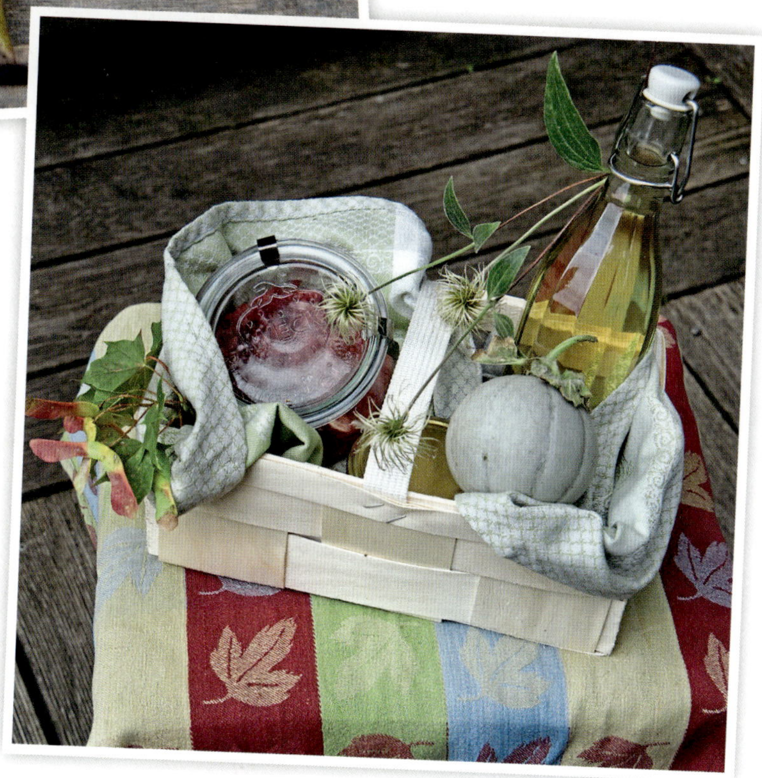

Als nützliche Beigabe zum kulinarischen Geschenk erfreuen auch schöne Geschirrtücher, kleine Küchenutensilien oder eine Rezeptidee den Beschenkten.

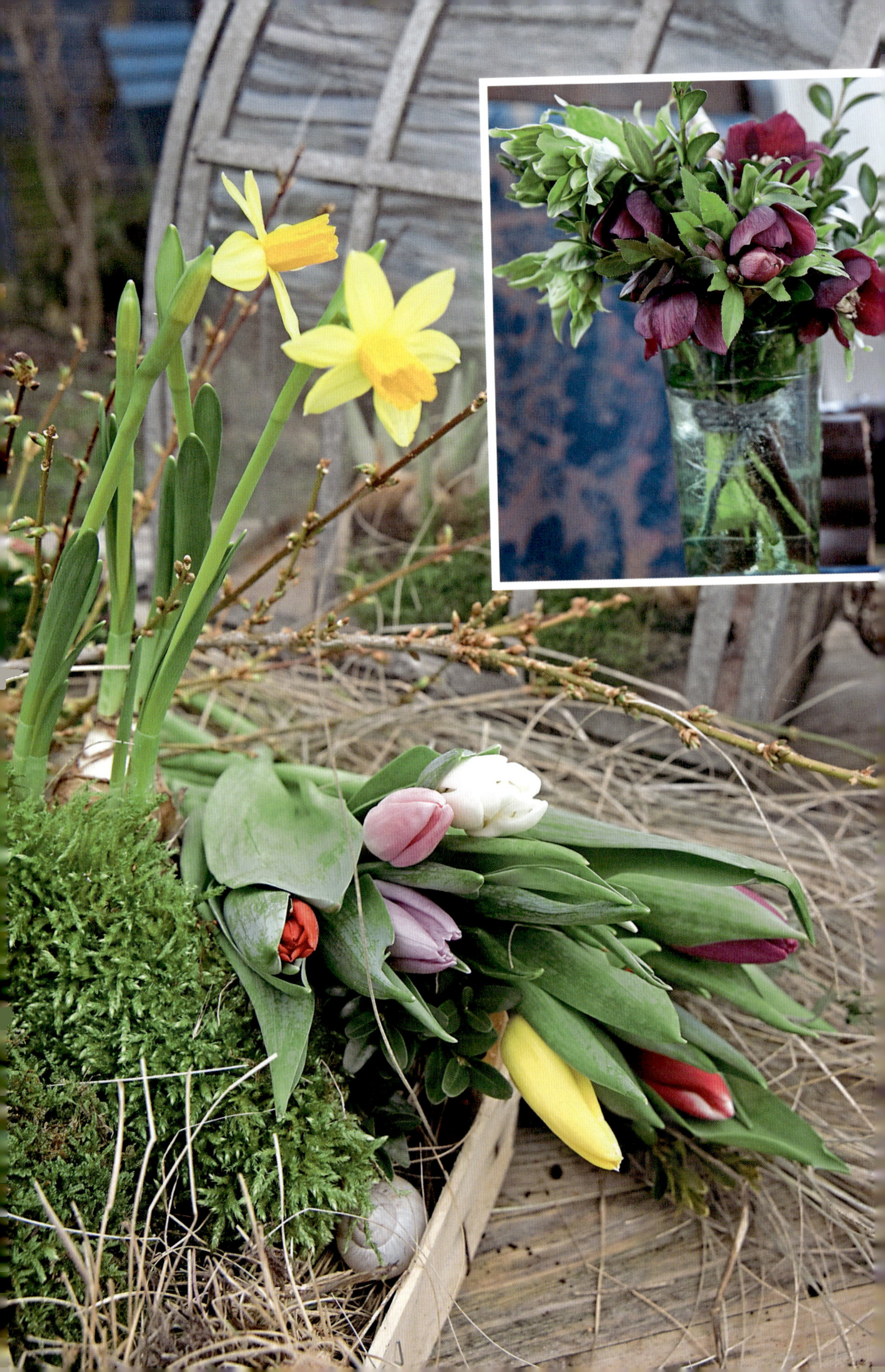

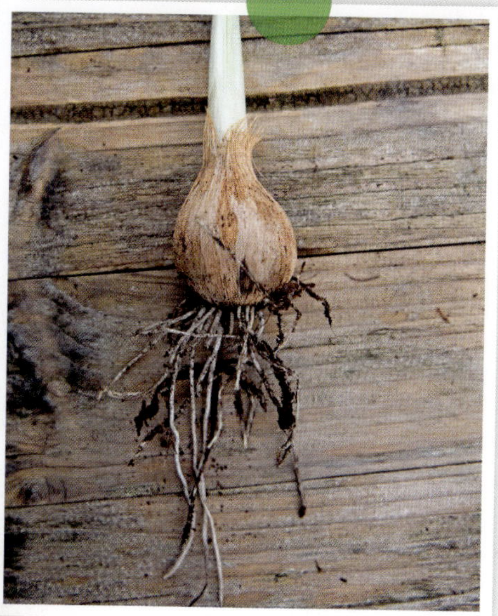

FRÜHLING – GARTENLUST & NEUBEGINN

Endlich, die Natur erwacht, es juckt in den Fingern.
Aber zuerst wird aufgeräumt, dann gesät und gepflanzt.

Langsam wird es draußen wärmer und die Tage werden etwas länger. Sind Sie auch neugierig, ob sich schon etwas Grünes aus dem Schnee oder der dicken Laubschicht emporreckt? Von Tag zu Tag nehmen die vielen Frühlingsblüher den Garten mehr und mehr ein. Sie werden bunter und größer. Wer bekommt da nicht Lust, diese Blütenschätze ins Haus zu holen? Sie sorgen tagelang für gute Laune und wer diese weiterverschenken möchte, teilt einfach den ersten Frühlingsstrauß. Anderes noch völlig Unscheinbares entpuppt sich dagegen erst auf den zweiten Blick als wahrer Gartenschatz. So warten bereits die noch blattlosen Ranken von Knöterich und Clematis auf ihren dekorativen Auftritt als Kranz oder Kugel.

WINTERBEIGE TRIFFT FRÜHLINGSBUNT

GASTGESCHENK • DANKESCHÖN

Bevor es im Frühjahr endlich flächendeckend grün und farbig wird, gehen Sie doch mal bewusst auf Entdeckungsreise durch Ihren Garten. Die ersten Blüten sind meist dort zu entdecken, wo sie gerade aus einer Schicht brauner Blätter hervorschauen. So kommen auch die bunten Tulpenblüten zwischen den trockenen Grashalmen noch intensiver daher und machen einfach Lust auf noch mehr Frühlingsfarben.

SO GEHT'S:

1. Schneiden Sie im Garten das winterdürre Gras ab.

2. Erste Tulpen ernten und die unteren größeren Blätter entfernen.

3. Wenn Sie noch keine Tulpen im Garten parat haben, besorgen Sie sich Bundware.

4. Nun legen Sie im Wechsel die Grashalme und die Tulpen zu einem Strauß an. Die Gräser dürfen locker und weit über die Tulpenblüten hervorragen.

5. Damit der Strauß gleichmäßig rund wird, den Strauß am besten zwischendurch drehen.

6. Zum Abschluss alle Blütenstiele und Grasenden mit einem Naturstrick zusammenbinden.

MATERIAL & WERKZEUG

- Tulpen *Tulpen cultivars*, bunt oder einfarbig
- Winterdürres Gras, z. B. vom Lampenputzergras *Pennisetum alopecuroides*
- Bunter Naturstrick
- Gartenschere

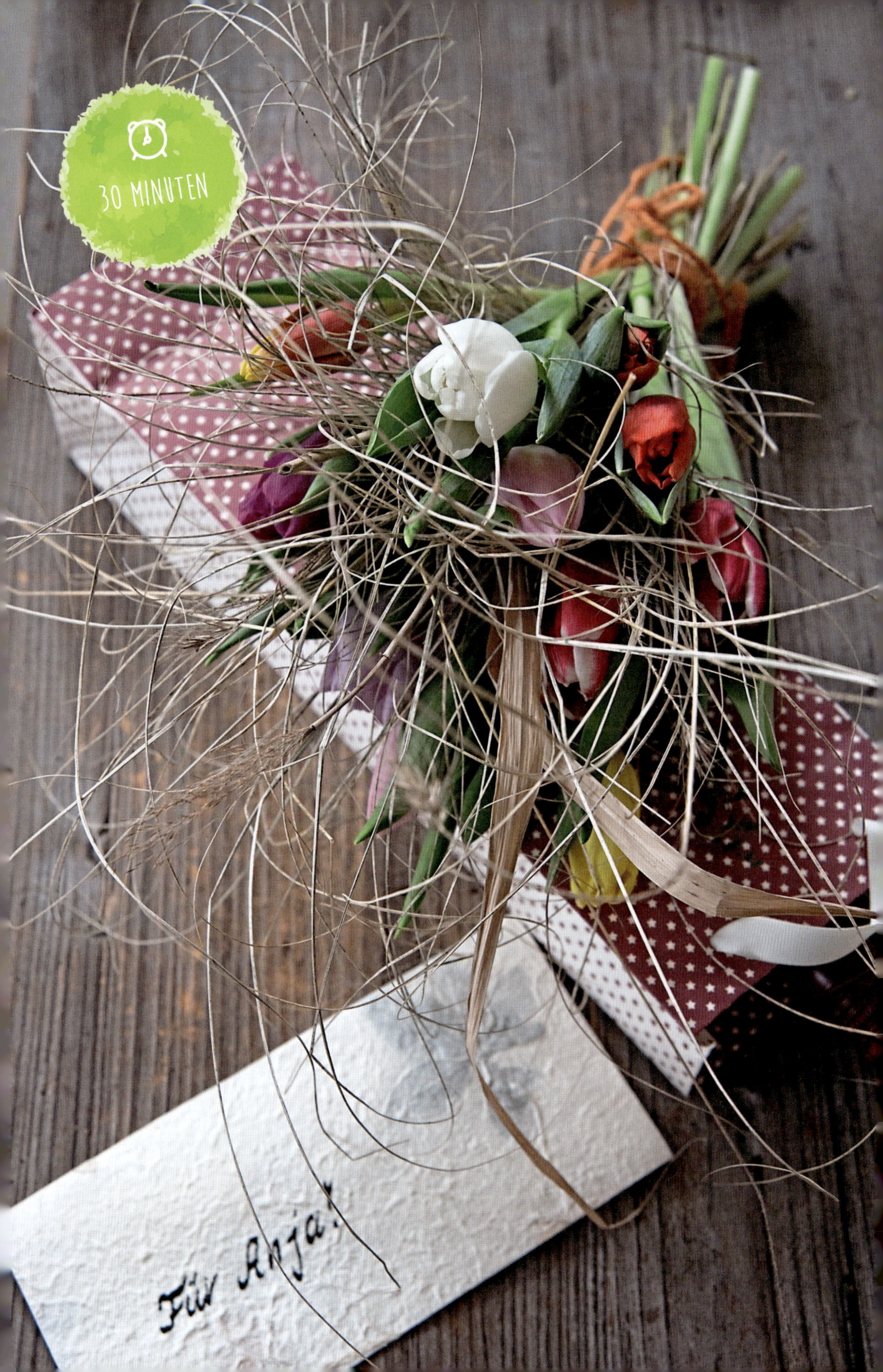
30 MINUTEN
Für Anja!

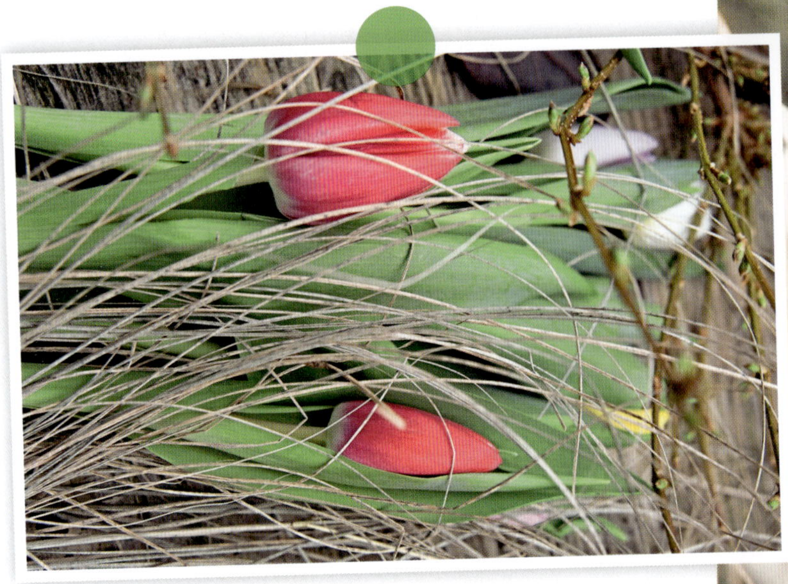

Schneiden Sie Ihre Gräser im Garten erst im zeitigen Frühjahr. Bis dahin schützen die Halme die Pflanzen vor Frost, Nässe oder Wintertrockenheit. Zudem finden im Winter einige Vögel an den Samenständen noch Nahrung und Insekten Unterschlupf.

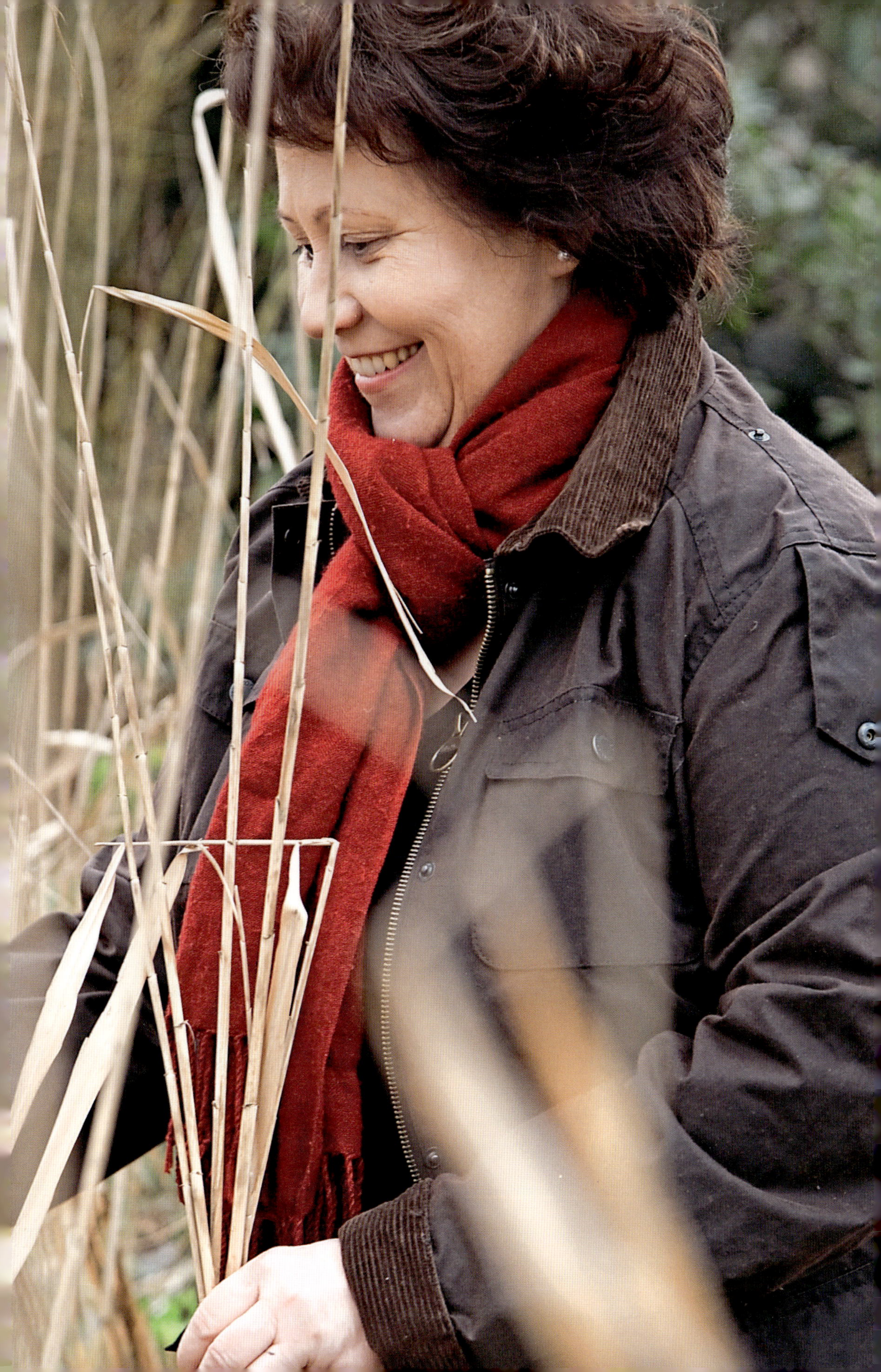

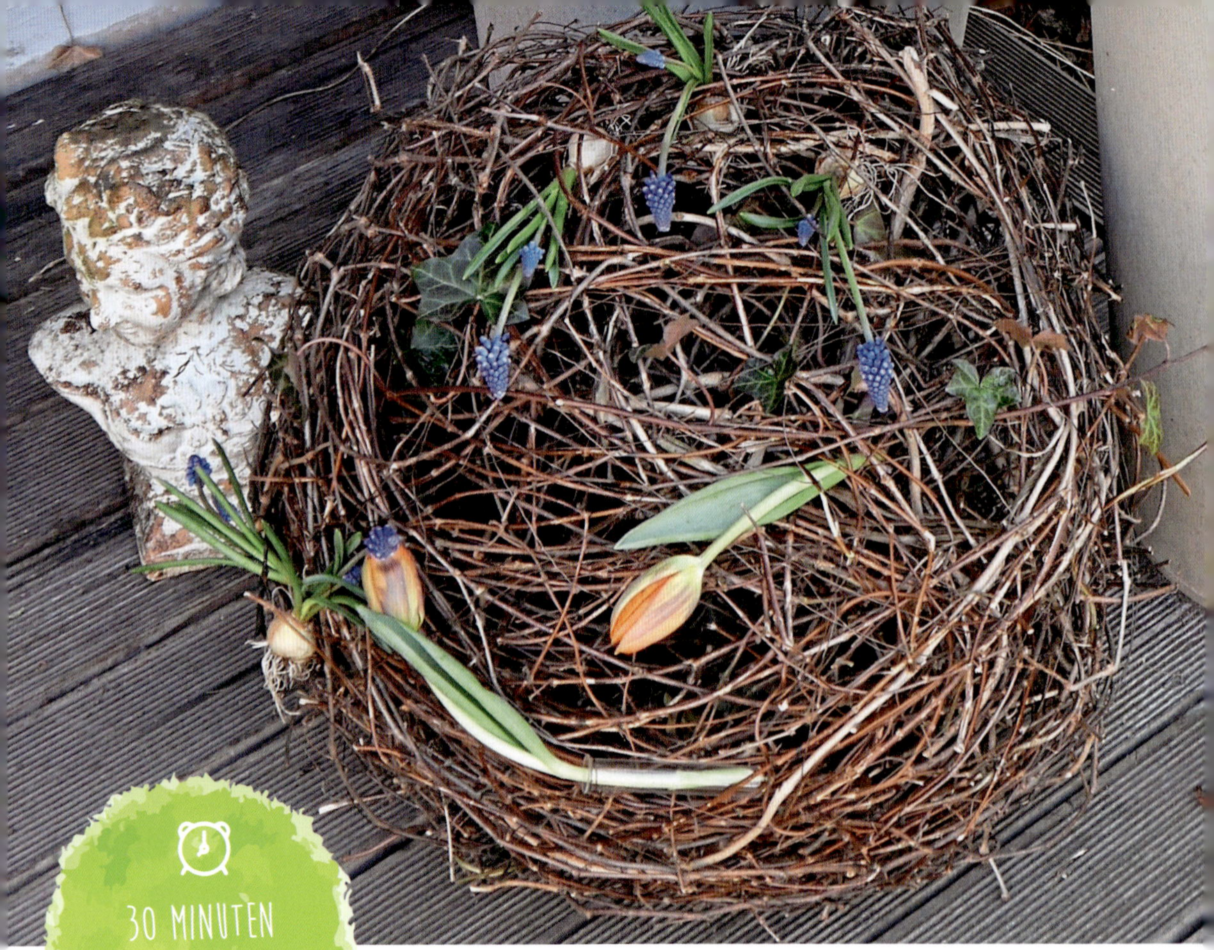

30 MINUTEN
+ 10 Minuten Auswaschzeit für die Zwiebelblüher

GESTRÜPPKUGEL

TÜRSCHMUCK • DEKO FÜR GARTEN, BALKON & TERRASSE

Schnell wachsende Schlingpflanzen wie Clematis oder Knöterich müssen im Zaum gehalten werden, denn sie wuchern gern das Nachbargrundstück zu. Außerdem steigt so die Blühfreudigkeit. Beste Rückschnittzeit ist vor dem Austrieb im zeitigen Frühjahr.

Für die Biotonne sind die blattlosen Ranken aber viel zu schade. Mit ein paar geschickten Handgriffen können Sie daraus Kränze und Kugeln winden: Eine perfekte Basis für schmückende Frühblüher.

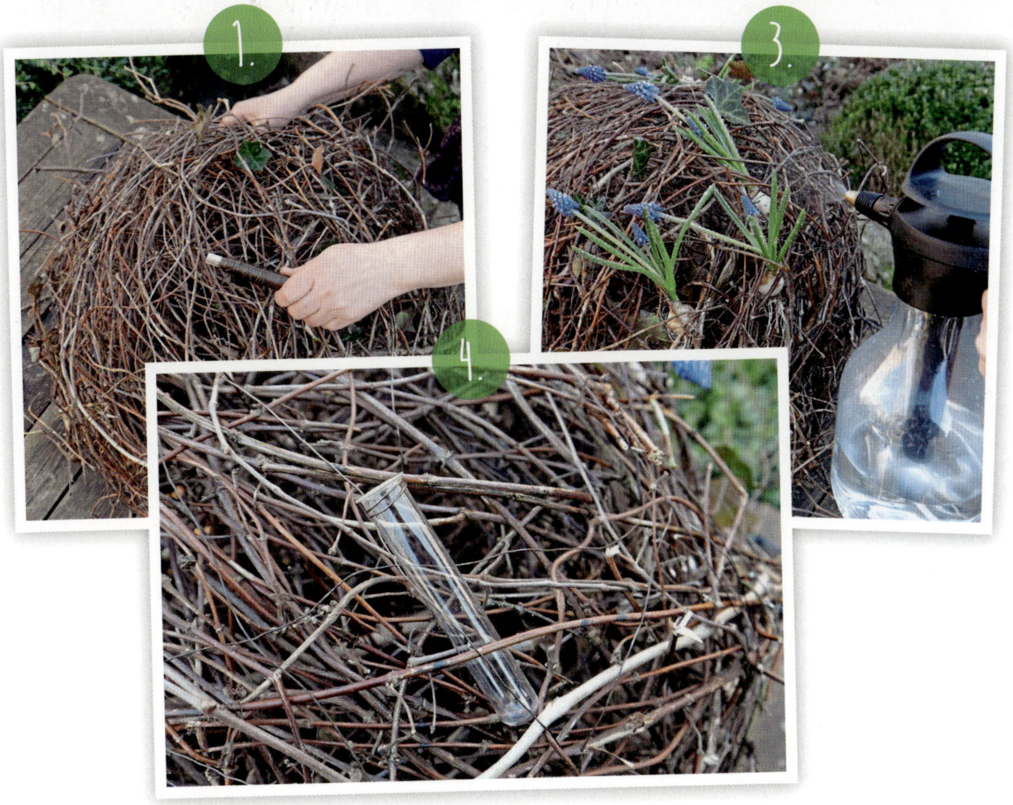

SO GEHT'S:

1. Aus den Ranken mit der Hand eine lockere, aber gut ineinander verwobene Kugel winden und stecken. Einige immergrüne Efeuzweige einbinden und alles grob mit Wickeldraht umwickeln, damit nichts aus der Form rutscht.

MATERIAL & WERKZEUG

- Rückschnitt von blattlosen Schlingern wie Schlingknöterich *Fallopia baldschuanica*, Clematis *Clematis cultivars* sowie von immergrünem Efeu *Hedera helix*
- Mindestens 50 cm lange Ranken
- Zwiebelblumen wie Tulpen oder Hyazinthen mit ausgewaschenem Wurzelballen
- Alternative: Schnittblumen und Glasröhrchen (Reagenzgläser)
- Blaugeglühter Wickeldraht
- Seitenschneider oder Gartenschere mit Drahtschneider

2. Vorsichtig die Erde von den Wurzeln der Zwiebelblüher schütteln, dann unter Wasser abspülen, bis alle Erdreste verschwunden sind.

3. Die Zwiebelpflanzen in die Gestrüppkugel setzen. Die Blüher bleiben einige Tage fit, wenn sie ab und zu mit frischem Wasser besprüht werden. Danach einfach auswechseln.

★ **Alternativ können Sie die Zwiebeln auch in wasserspeicherndes Moos einwickeln, das mit Draht befestigt wird.**

4. Für Schnittblumen einfach einige Glasröhrchen mit Draht an der Kugel befestigen. Etwas Wasser – mithilfe eines Trichters – einfüllen und die Blumen einsetzen. Die Blütenstiele vorher schräg anschneiden, damit sie gut versorgt sind.

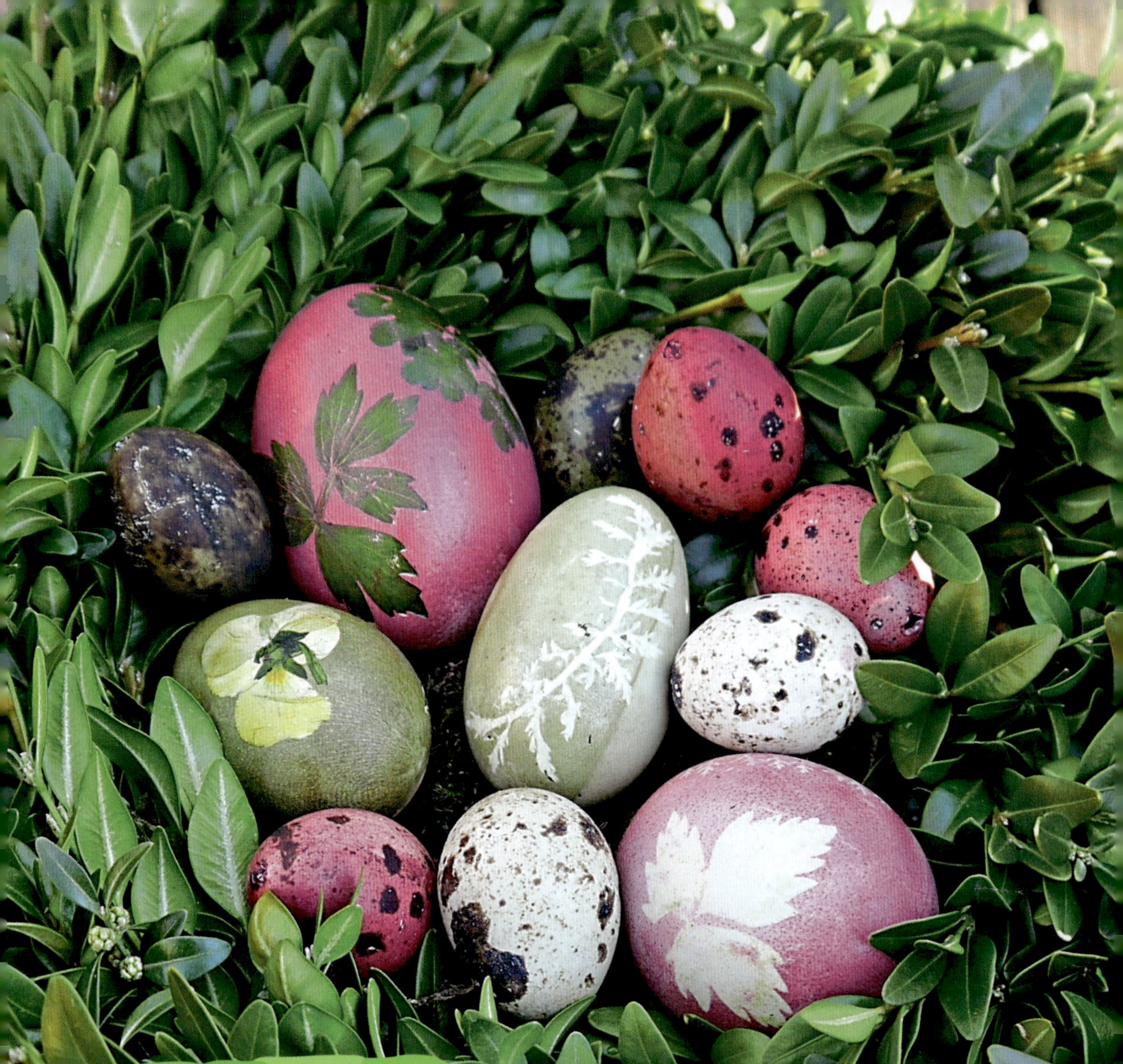

MATERIAL & WERKZEUG

- Weiße rohe Eier
- Rote und gelbe Zwiebelschalen (am besten einige Wochen vorher sammeln)
- Feine Blätter und Blüten, frisch gepflückt
- Schere
- Bindfaden
- Feinstrumpfhose oder -strümpfe
- Essig
- Speckstück oder einige Tropfen Öl
- Alter Kochtopf (wenn möglich aus Emaille, Edelstahl könnte das Farbergebnis beeinflussen)

GÄRTNEREIER

TISCHSCHMUCK • MITBRINGSEL • OSTERSTRAUẞDEKO

Ohne Ei kein Ostern! Eine versierte Gärtnerfreundin zeigte uns vor einigen Jahren, wie Frühstückseier ohne Chemie und viel Aufwand ganz natürlich mit zartem Grün aus dem Frühlingsgarten verziert werden können.

Ein bisschen „Fummelei“ ist zwar nötig, aber fast alles, was Sie für diese Eierunikate brauchen, finden Sie im Garten.

1 STUNDE
+ am Vortag Färbesud ansetzen

3.

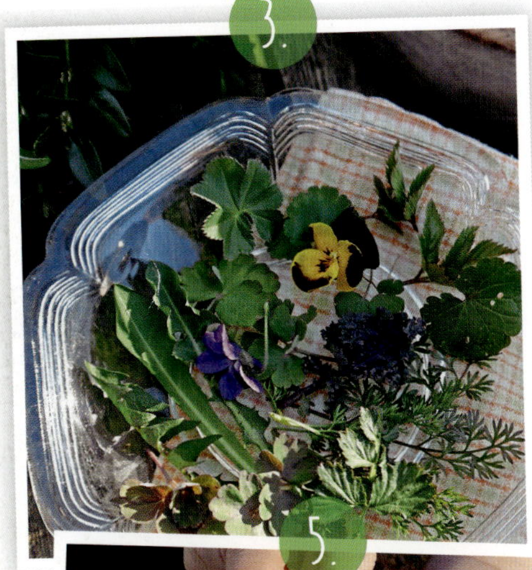

5.

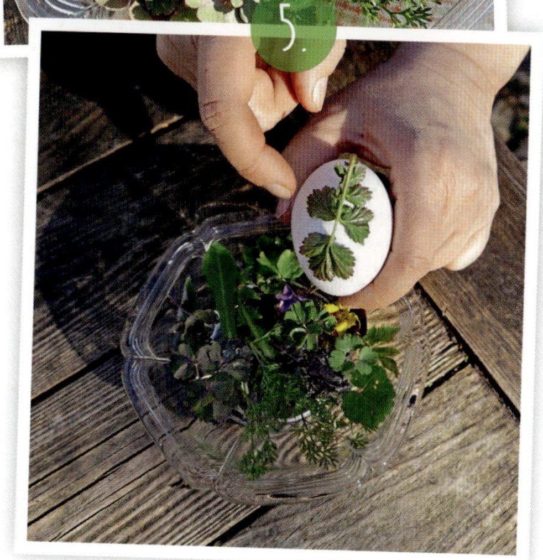

SO GEHT'S:

1. Rote oder gelbe Zwiebelschalen (die roten färben am intensivsten) in Wasser einweichen und über Nacht stehen lassen.

Gut färbt auch frische Rote Bete. Die Rote Bete kann anschließend gegessen werden. Grünlich werden die Eier mit Spinatsud. Das Gemüse muss immer mindestens 30 Minuten vorgekocht werden, damit die Farbe austritt.

2. Die Eier für 5 Minuten in lauwarmes Essigwasser einlegen. Danach lässt sich der Eierstempel leicht abreiben.

3. Frische, flache, zarte Blättchen oder Blüten im Garten suchen und vorsichtig abpflücken.

4. Schere, Bindfaden und ca. 15 cm lange, aufgeschnittene Teile der Feinstrumpfhose bereitlegen.

5. Das Frühlingsgrün kurz in warmes Wasser eintauchen und dann mit sanftem Druck flach auf der Eischale platzieren.

Weniger ist mehr! Pro Ei-Seite reicht ein hübsches, fein gefiedertes Blatt. Schön sind die variantenreichen Blüten von Hornveilchen.

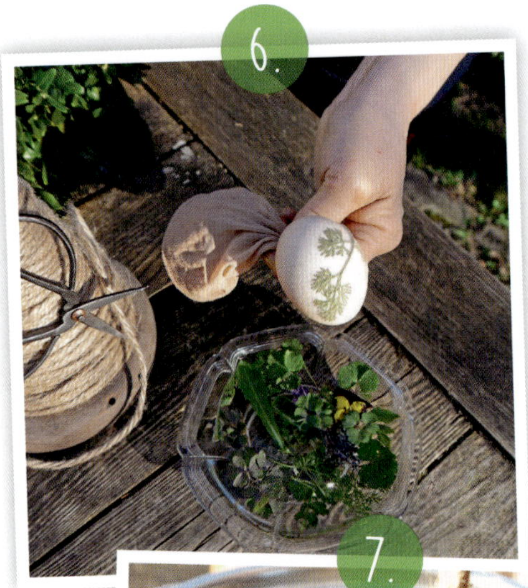

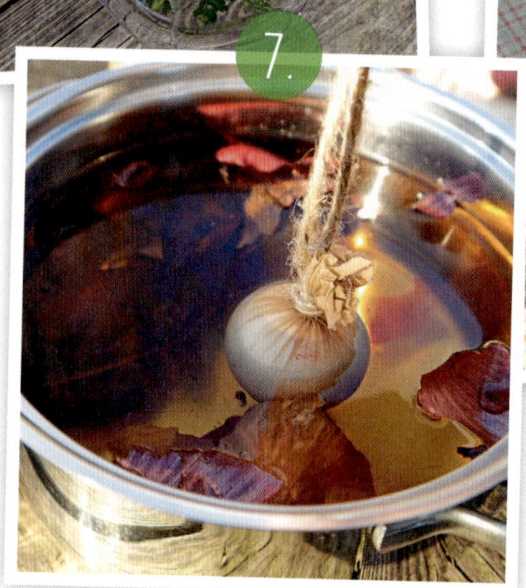

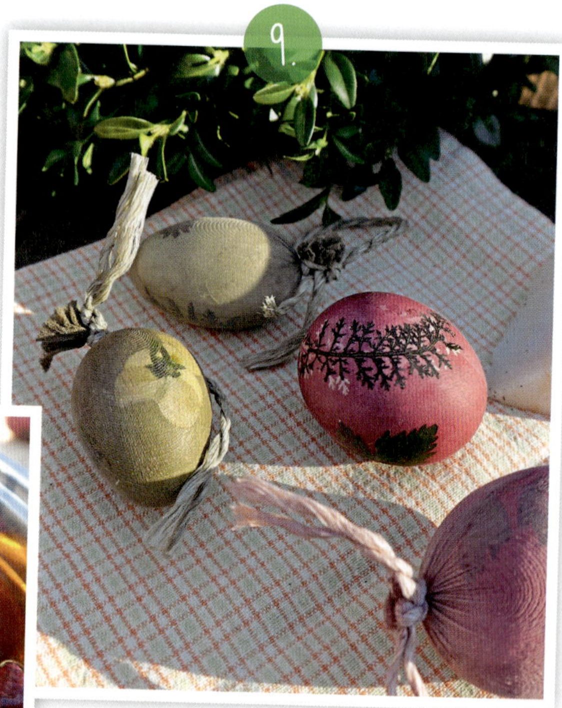

6. Jetzt vorsichtig die Feinstrumpfhose über das beklebte Ei ziehen. Oben zusammenzwirbeln, sodass alles straff sitzt und dann mit Bindfaden festbinden. Den Bindfaden mindestens 10 cm lang lassen.

7. Die Eier in den Topf legen. Einen Teelöffel Essig dazugeben. Den Sud zum Kochen bringen und mindestens 10 Minuten kochen lassen.

8. Die Eier am Bindfaden aus dem Sud nehmen und abschrecken. Handschuhe sind nicht nötig, denn die Haut wird durch die Naturfarben kaum gefärbt.

9. Um originelle Pflanzenabdrücke zu erhalten, die Eier vorsichtig auspacken und die Blüten oder Blätter entfernen. Falls die Blüten und Blätter jedoch auf dem Ei kleben bleiben sollen, die Eier gut trocknen lassen und erst danach das Netz entfernen.

10. Zum Schluss die Eier mit Speck oder mit etwas Öl vorsichtig mit den Händen einfetten, sodass sie glänzen.

30 MINUTEN
+ Hartriegel schneiden

EIERBECHER AUS ZWEIGEN UND ZWIEBELN

TISCHSCHMUCK • OSTERGESCHENK

Frisch gekochte Eier sind zur Osterzeit ein Muss. Eine schöne Tischdekoration ebenfalls. Warum also nicht beides kombinieren? Passend zu Frühblühergestecken lassen sich schnell Osternester aus Zweigen oder Steckzwiebeln anfertigen, die sich prima als Eierbecher eignen. Das Ei bekommt damit einen Logenplatz auf dem Frühstückstisch.

Rote, gelbe oder gelbgrüne Hartriegelzweige sehen besonders schön aus. Das robuste Gartengehölz sollte im Winter geschnitten werden, denn nur die neuen Triebe zeigen ihre wunderbare Färbung.

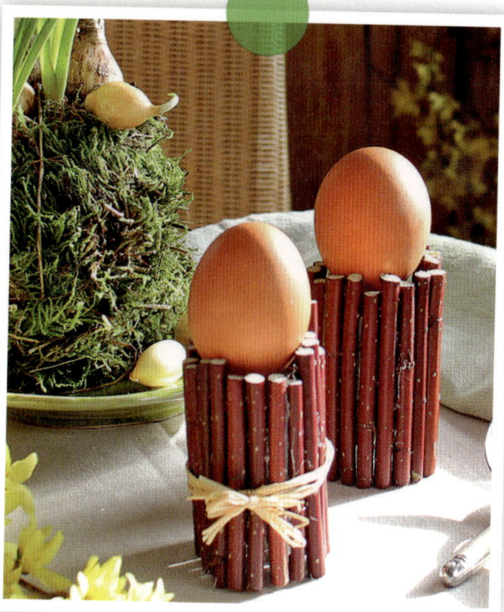

MATERIAL & WERKZEUG

- Hartriegeltriebe *Cornus mas*
- Papprollen von Geschenk- oder Toilettenpapier
- Heißklebepistole
- Buchenlaub
- Spraydose mit Goldfarbe
- Steckzwiebeln
- Wickeldraht
- Gartenschere
- Cutter oder Schere
- Spitzzange

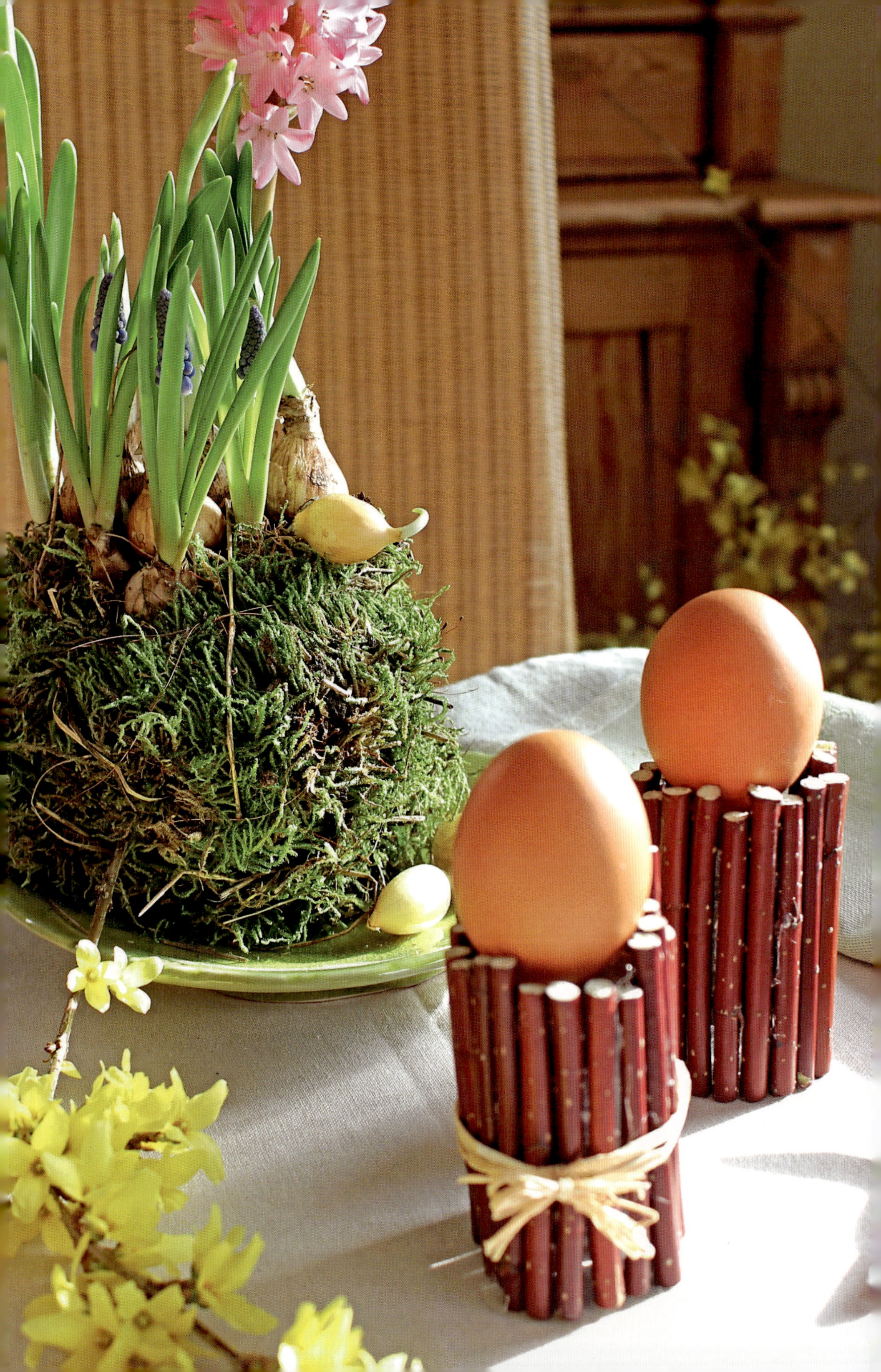

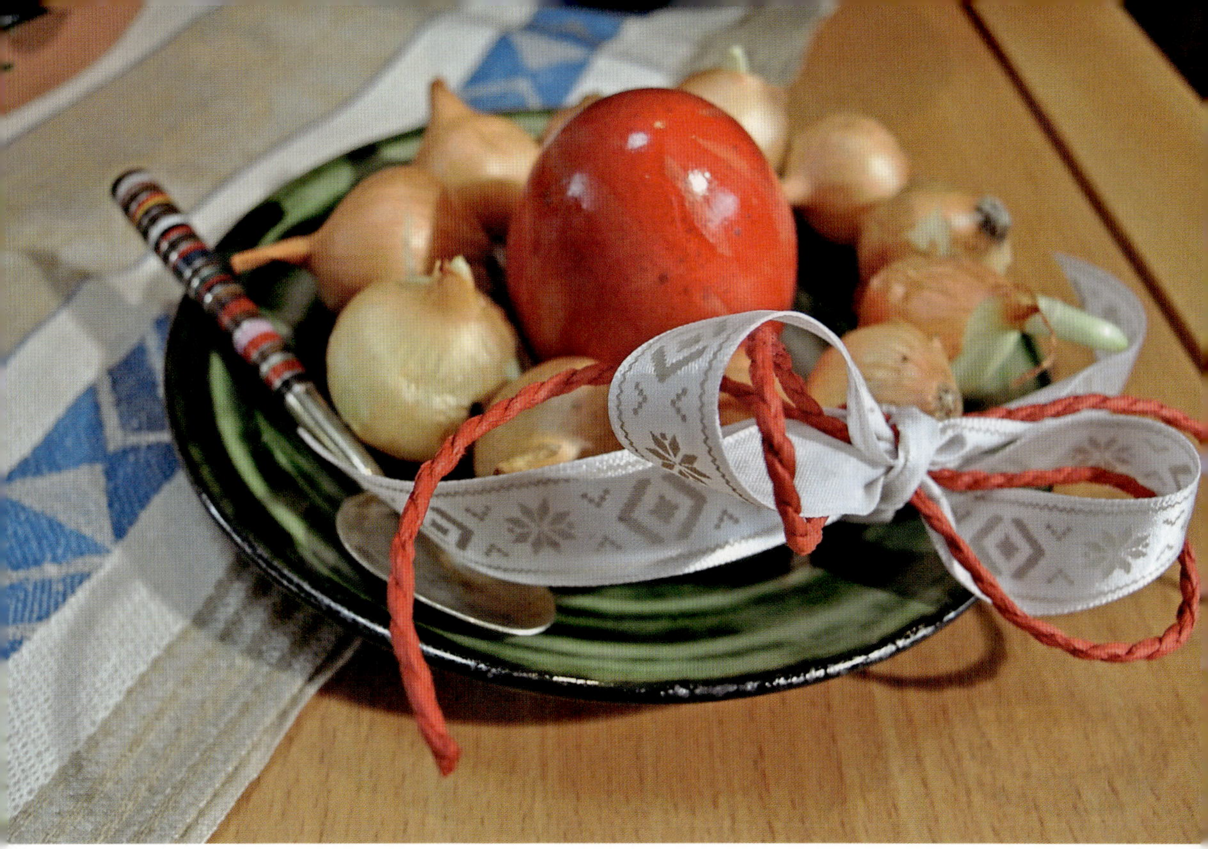

SO GEHT'S:

FÜR DEN EIERBECHER AUS ZWEIGEN

1. Einige Tage vorher Hartriegeltriebe schneiden.

2. Papprollen von Geschenk- oder Toilettenpapier mit einem Cutter in ca. 4 bis 6 cm lange Stücke schneiden.

3. Die Hartriegeltriebe in ca. 6 bis 8 cm lange Abschnitte schneiden und mit der Heißklebepistole rund um die Papprolle kleben. Die Zweige dürfen am oberen Rand ruhig unterschiedlich lang sein, das sieht natürlicher aus.

Wer mag, kann um den Eierbecher aus Zweigen noch eine Schleife aus Naturbast oder Satinband binden.

FÜR DEN ZWIEBELKRANZ

1. Den Wickeldraht ca. 15 cm lang abschneiden und auf einer Seite zu einer kleinen Öse biegen.

2. Die Steckzwiebeln auf den Wickeldraht fädeln, sodass ein Ei hineinpasst. Dann wieder eine Öse biegen und mit dem anderen Ende verbinden.

3. Die Drahtösen mit einem Schleifenband kaschieren.

Als Tischdeko stecken Sie einfach einen größeren Kranz. Übrigens, in den Zwiebeln ist so viel Lebenskraft, dass auch in diesem Zustand nach einigen Tagen erste grüne Triebe sprießen.

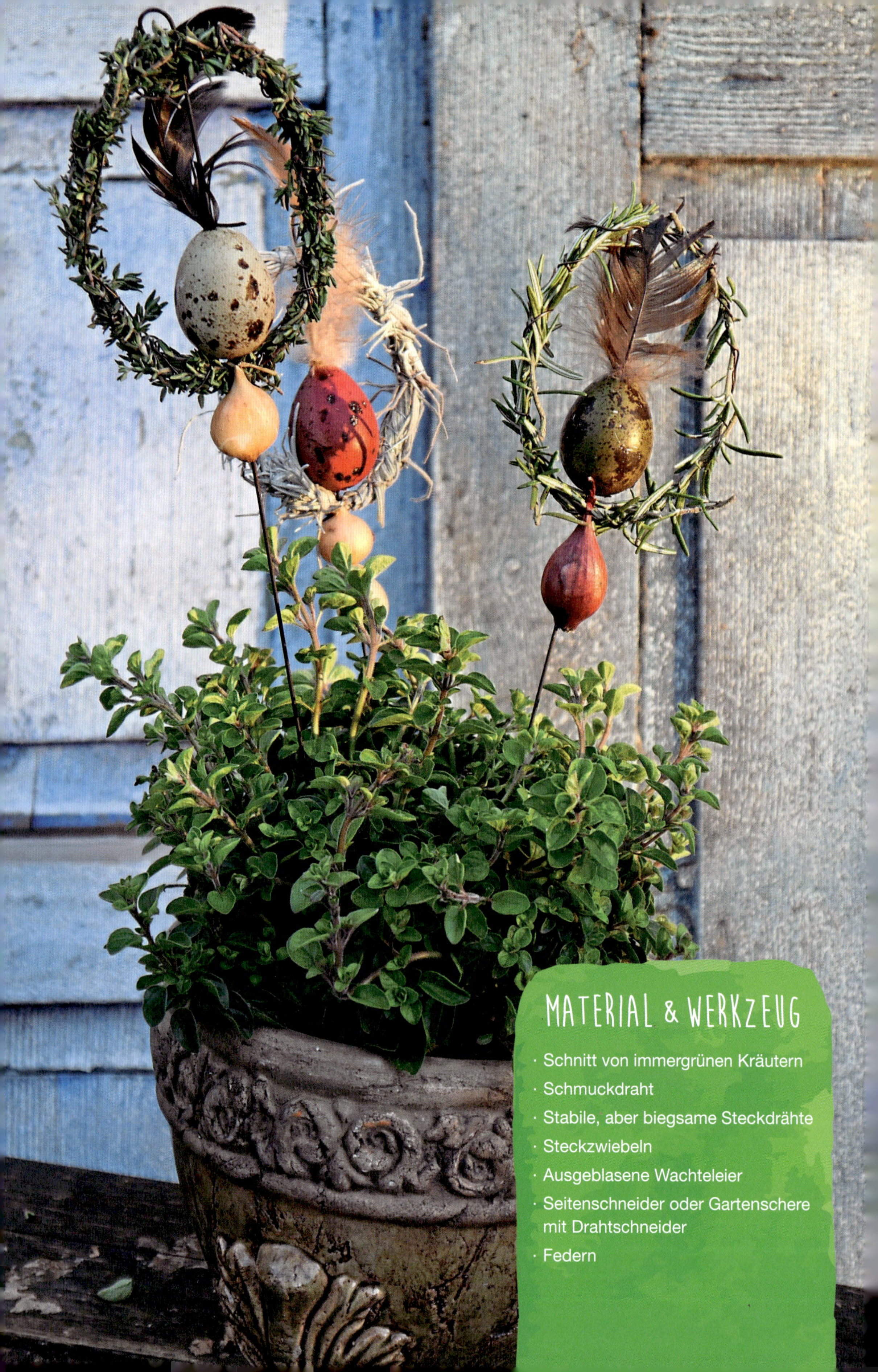

MATERIAL & WERKZEUG

- Schnitt von immergrünen Kräutern
- Schmuckdraht
- Stabile, aber biegsame Steckdrähte
- Steckzwiebeln
- Ausgeblasene Wachteleier
- Seitenschneider oder Gartenschere mit Drahtschneider
- Federn

EI IM KRÄUTERKRANZ

10 MINUTEN

KÜBEL- & TISCHSCHMUCK • MITBRINGSEL

Rosmarin, silbriges Currykraut, Lavendel und Thymian brauchen jetzt einen Rückschnitt. Doch wohin mit dem duftenden Schnittgut? Binden Sie einfach kleine Kränzchen daraus. Auf Draht gesetzt, werden daraus hübsche Blumenstecker für Topfpflanzen oder Vasen. Mit Wachtelei, Frühlingszwiebel und Feder entsteht daraus ein symbolträchtiger Osterschmuck.

3.

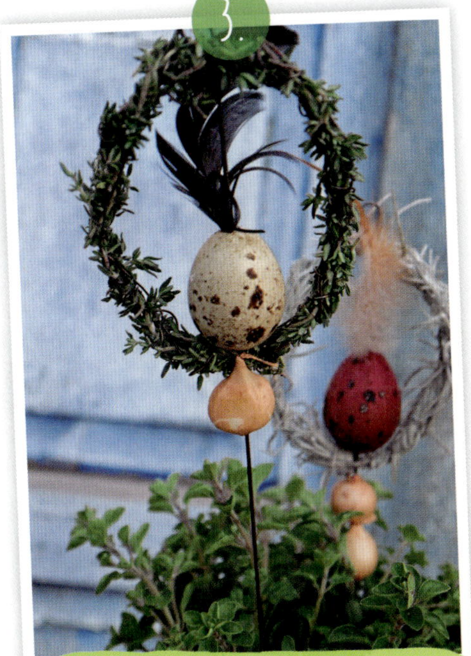

SIE KÖNNEN DAS EI AUCH WEGLASSEN UND EINFACH UNTERSCHIEDLICH GROSSE KRÄUTERKRÄNZCHEN AM DRAHTSTECKER BEFESTIGEN.

SO GEHT'S:

1. Kräuterschnittgut sortieren. Mit dem längsten Trieb (5 bis 8 cm pro Trieb reichen) beginnen und einen kleinen Kranz winden. Damit alles fest sitzt, Schmuckdraht einbinden. Der Kranz lässt sich so zum Oval biegen und ist stabil.

2. Auf einen Steckdraht ein oder zwei Steckzwiebeln aufstecken, dann den Draht um das Kräuterkränzchen biegen, um anschließend das Wachtelei aufzuspießen. Den Draht am oberen Kranzende nochmals umbiegen. Störende Drahtreste mit dem Seitenschneider abknipsen.

3. Zum Schluss eine Feder in das Ei stecken. Damit wird gleichzeitig der noch sichtbare Drahtteil kaschiert.

Die Kräuterkränzchen duften die ersten Tage intensiv. Nach dem Eintrocknen verfliegt der Geruch zwar etwas, sie sehen aber immer noch gut aus.

KRESSEBOX

MITBRINGSEL • OSTERDEKO • TISCHSCHMUCK

Kresse kann man tatsächlich beim Wachsen zusehen. Die gesunden Keimlinge ergeben in wenigen Tagen vitaminreiches, frisches Grün für Salate oder das Butterbrot.

Die Samen gibt es das ganze Jahr über zu kaufen. Ausgesät werden können sie sogar auf Küchenpapier.

Unsere Empfehlung: Verschenken Sie die Kressesaat in einer aufgehübschten Käseschachtel.

30 MINUTEN
+ 2 Stunden Trocknen der Farbe

SO GEHT'S:

1. Pappschachtel außen und rundherum mit Tafelfarbe bestreichen und ca. 2 Stunden trocknen lassen. Tropffrei gelingt das mit einer kleinen Schaumgummiwalze aus dem Bastelbedarf.

2. Ausreichend Kressesamen in ein Glas einfüllen und die doppelte Menge Wasser dazugeben. Schütteln, damit alle Samen gewässert werden. Einige Stunden im Schatten quellen lassen.

3. Am oberen inneren Rand des Schachtelunterteils doppelseitiges Klebeband anbringen. Dann die passend zurechtgeschnittene Gefriertüte einkleben und am Rand rundherum abschneiden.

Sie brauchen nicht ganz genau zu arbeiten, da die Kresse schnell alles überdeckt.

4. 4 Lagen Küchenpapier übereinanderlegen, auf das Schachtelmaß zuschneiden und in die Schachtel legen. Dann gut wässern.

5. Die aufgequollenen Kressesamen auf die feuchte Unterlage kippen und vorsichtig verteilen.

6. Auf den Deckel können nun mit Kreide Glückwünsche, Sprüche oder Botschaften geschrieben werden. Wichtig: Den Deckel nur zum Transport schließen.

7. Die Kresseaussaat nicht austrocknen lassen und offen auf ein Fensterbrett stellen. Bereits am nächsten Tag sind kleine, grüne Spitzen zu sehen.

Schenken Sie das restliche Saatgut gleich mit. Wenn die Kresse abgeerntet ist, kann auf neuem Küchenpapier in derselben Box erneut ausgesät werden.

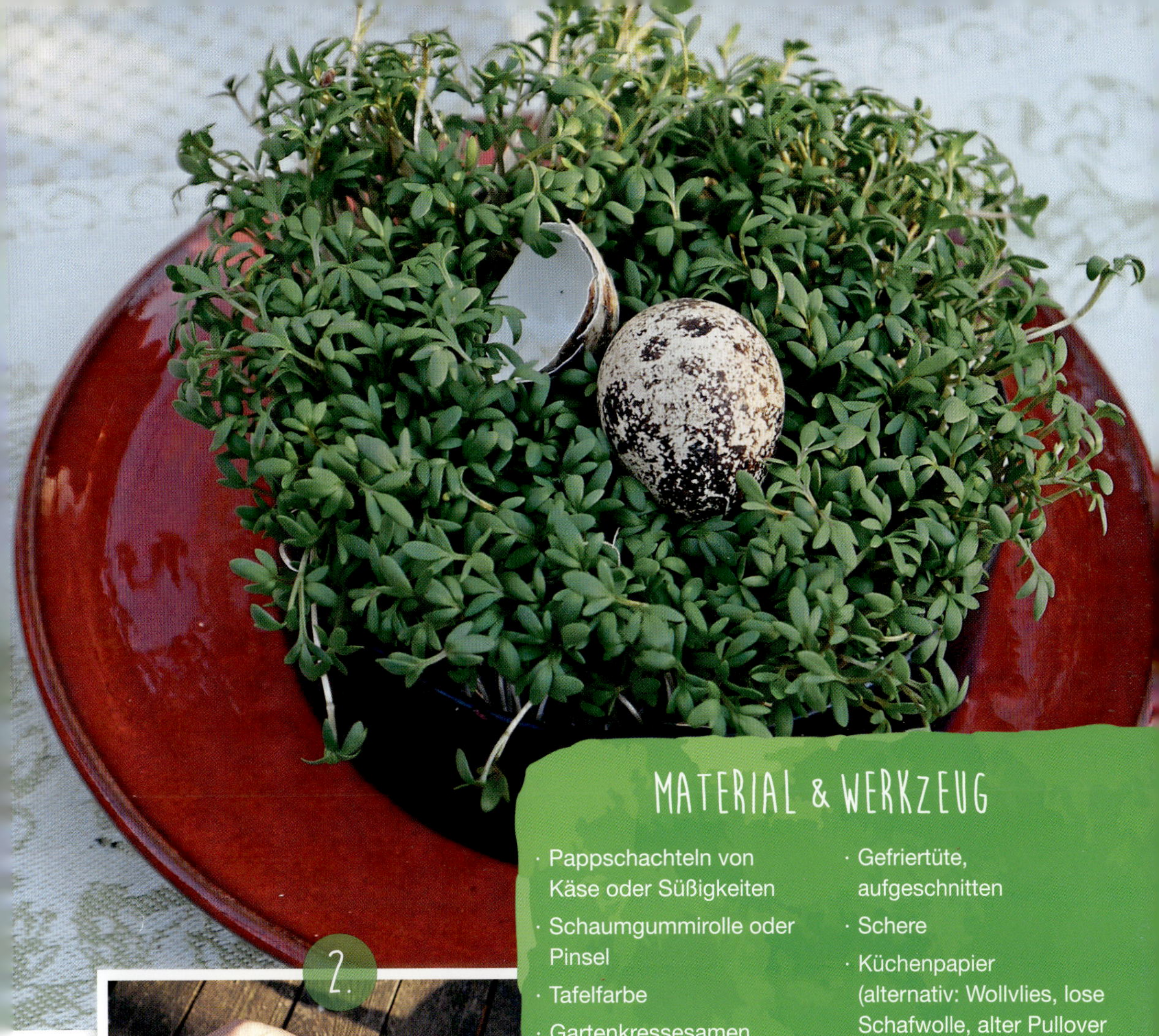

MATERIAL & WERKZEUG

- Pappschachteln von Käse oder Süßigkeiten
- Schaumgummirolle oder Pinsel
- Tafelfarbe
- Gartenkressesamen
- Glas mit Wasser
- Doppelseitiges Klebeband
- Gefriertüte, aufgeschnitten
- Schere
- Küchenpapier (alternativ: Wollvlies, lose Schafwolle, alter Pullover oder Wattepads)
- Kreide oder Filzmarker

2.

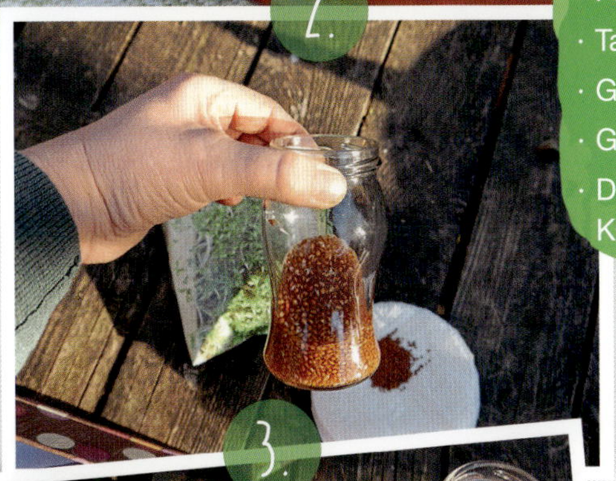

3.

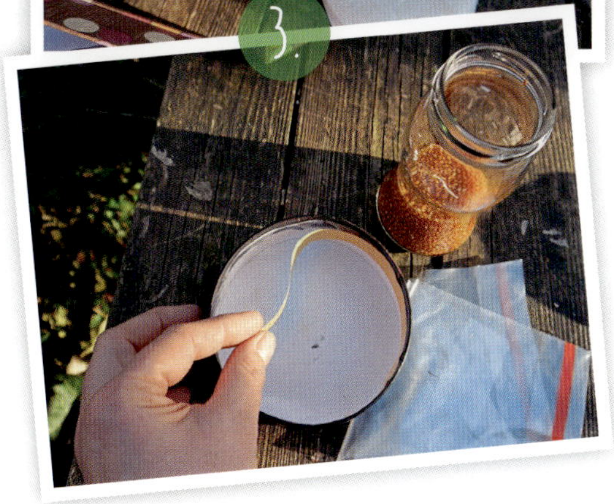

6.

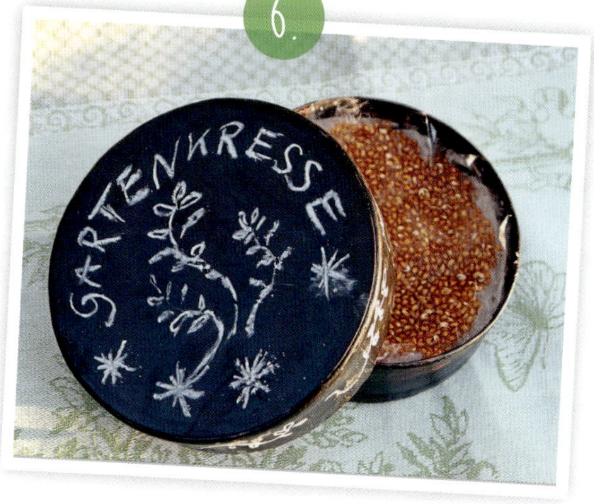

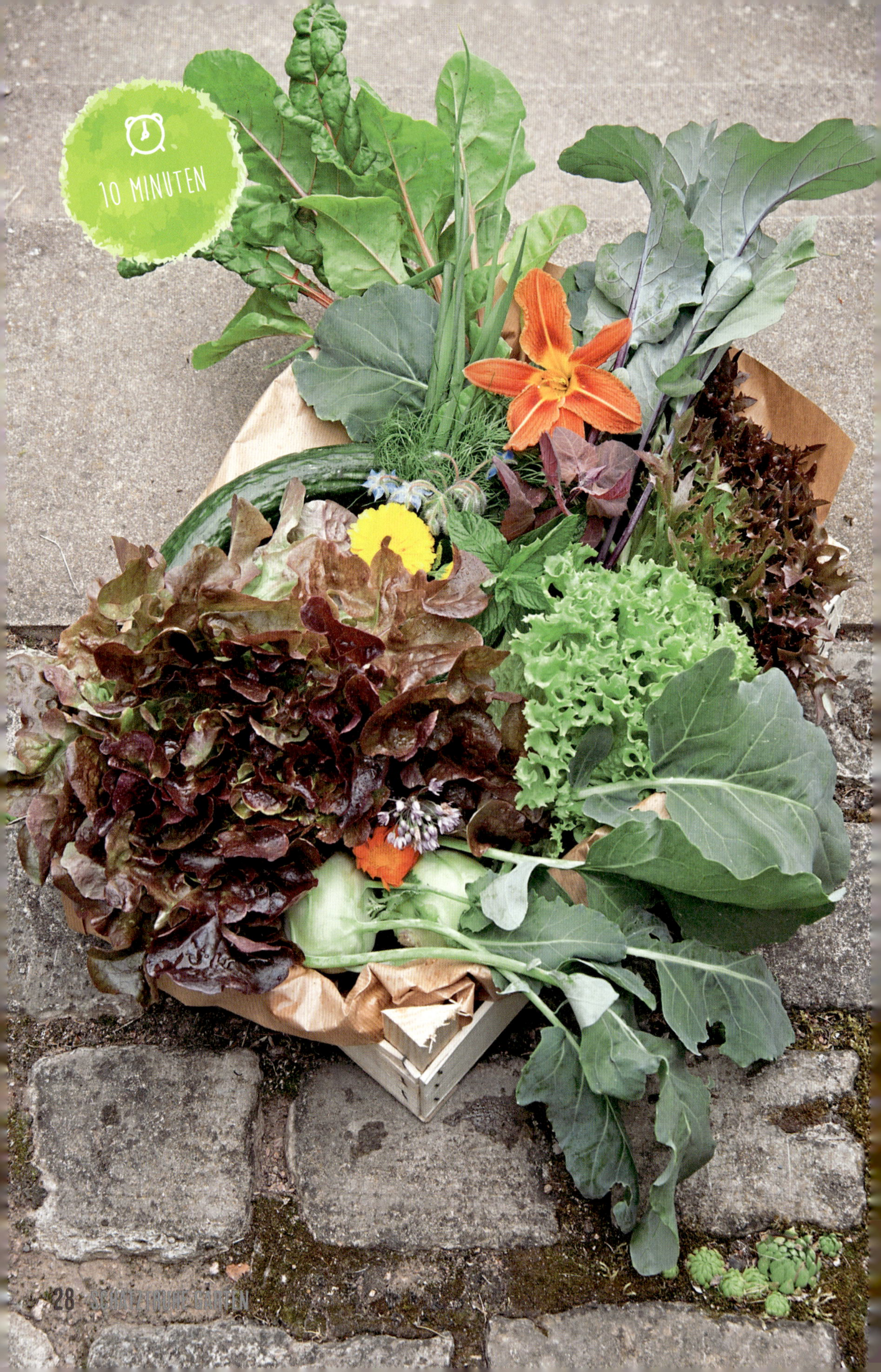
10 MINUTEN

SAISONALE ERNTESCHÄTZE

GESCHENK

Zu den schönsten Tätigkeiten im Garten gehört das Ernten der ersten frischen Salate und knackigen Kohlrabis. Und weil das so viel Freude bereitet, machen Sie noch eine Kiste für gute Freunde zurecht. Gesundes Gemüse liegt das ganze Jahr über voll im Trend, zumal dies nicht nur regional und saisonal, sondern auch noch bio ist. Frischer geht es nicht. Am besten, Sie verabreden sich gleich noch zum gemeinsamen Kochen. Guten Appetit!

SO GEHT'S:

1. Frisches Gemüse, Kräuter und essbare Blüten nach Verfügbarkeit im Garten ernten.

2. Zuerst die Holzkiste mit einer Lage Packpapier auslegen und das Gemüse schön einsortieren.

3. Dann das Arrangement mit den Kräutern, am besten als Sträußchen, und den essbaren Blüten drapieren.

4. Wer mag, kann noch eine leckere Rezeptidee hinzufügen.

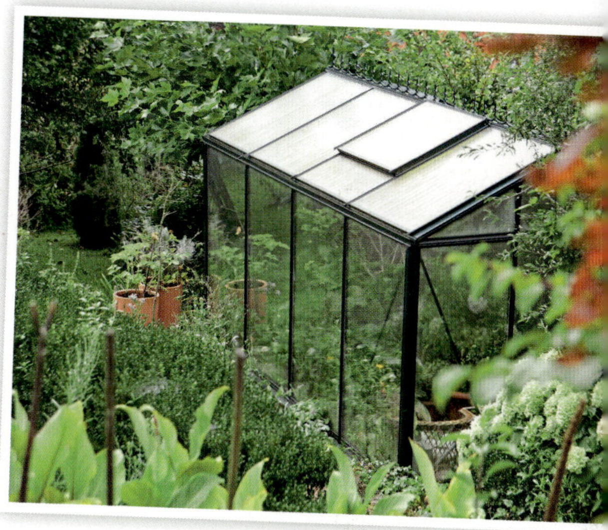

Wer nicht gleich ein Gewächshaus zur Verfügung hat, verlängert die Erntesaison durch das Abdecken der Pflanzen mit Vlies oder Folie. Dazu können Sie schnell wachsende Salate, Spinat, Feldsalat oder Schnittkohl wie 'Red Giant', 'Green Boy' oder 'Mizuna Early' auch sofort in Holzkisten aussäen.

MATERIAL & WERKZEUG

- Gemüse, Kräuter und essbare Blüten nach Verfügbarkeit aus dem Garten
- Holzkiste
- 1 Lage Packpapier
- Gartenmesser

KISTENGARTEN

GARTENSCHMUCK • GESCHENK FÜR BALKON & TERRASSE

Dickblattgewächse wie Sempervivum oder Sedum sind absolut anspruchslos und zudem auch noch immergrün. Sie kommen mit extrem wenig Erde aus, halten Trockenheit und sogar unseren Winter gut aus.

Die hübschen Rosetten des Sempervivum, der im Deutschen übrigens Dach- oder Hauswurz heißt, blühen sogar im Alter. Für einen Kistengarten eignen sich die kleinen Tochterrosetten, die sich zahlreich an älteren Pflanzen bilden, hervorragend. Sie können von der Mutterpflanze einfach abgezogen werden und bilden schnell eigene Wurzeln. Das gilt auch für Sedum.

Die von uns verwendete Holzkiste war übrigens ursprünglich eine Erdbeerverpackung aus dem Supermarkt. Weiß angemalt und auf Patina getrimmt, wirkt sie fast schon edel.

SO GEHT'S:

1. Am Vortag die Kiste mit einem Pinsel rundherum mit weißer Außenfarbe einpinseln. Trocknen lassen und anschließend mit einem schwarzen Wachsmalstift mit leichtem Druck einschwärzen. Die Wachsstiftlinien dabei mit den Fingern verreiben. An den Kistenkanten dunklere Konturen setzen.

2. Wenn der Kistenboden nicht vollständig geschlossen ist, zuerst die aufgeschnittene Gefriertüte als Boden einlegen. So kann später keine Erde herausrieseln. Je nach späterem Standort der Kiste eventuell noch Abzugslöcher in die Folientüte schneiden.

3. Über die Folie 2 bis 3 cm mit Sand gemischte Erde einfüllen.

4. Jetzt die Rosetten Reihe für Reihe einsetzen. Dabei in jeder Reihe die Art oder Sorte wechseln. Ab und zu dekorative Steine oder Schneckenhäuser dazwischensetzen. Schön sieht auch eine komplette Kieselsteinreihe aus.

5. Freie Stellen können mit Schneckenhäusern und blühenden Sedumsprossen aufgefüllt werden. Diese müssen auch einfach nur auf die Erde gedrückt werden. Sie bilden bei Erdkontakt schnell Wurzeln und wachsen an.

MATERIAL & WERKZEUG

- Kleine, flache Holzkiste
- Weiße Wandfarbe für den Außenbereich
- Schwarzer Wachsmalstift
- Aufgeschnittene Gefriertüte
- Erde mit etwas Spielsand vermischt
- Verschiedenfarbige, kleine Sempervivumrosetten und Sedumsprossen
- Steine und Schneckenhäuser

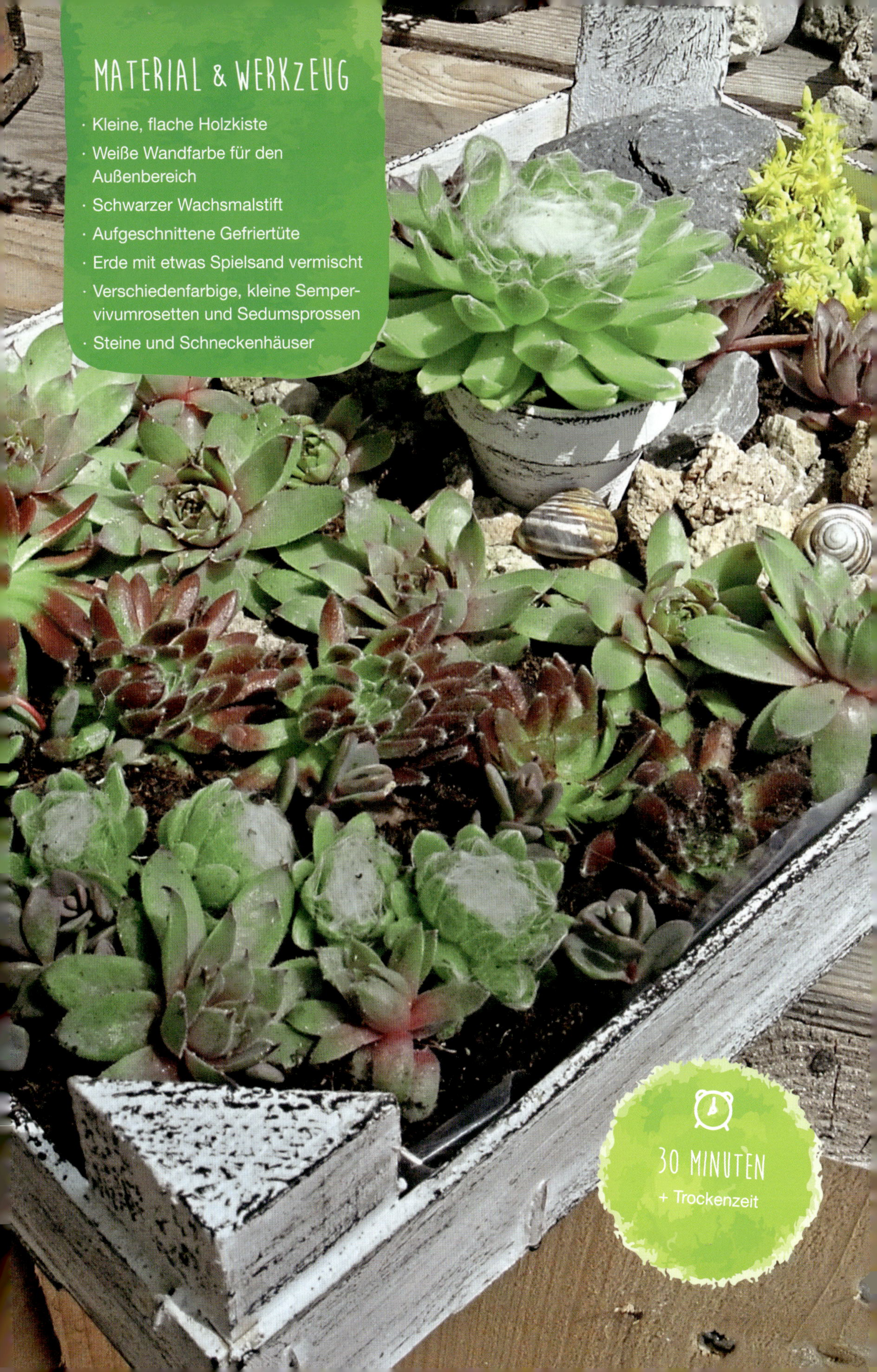

30 MINUTEN
+ Trockenzeit

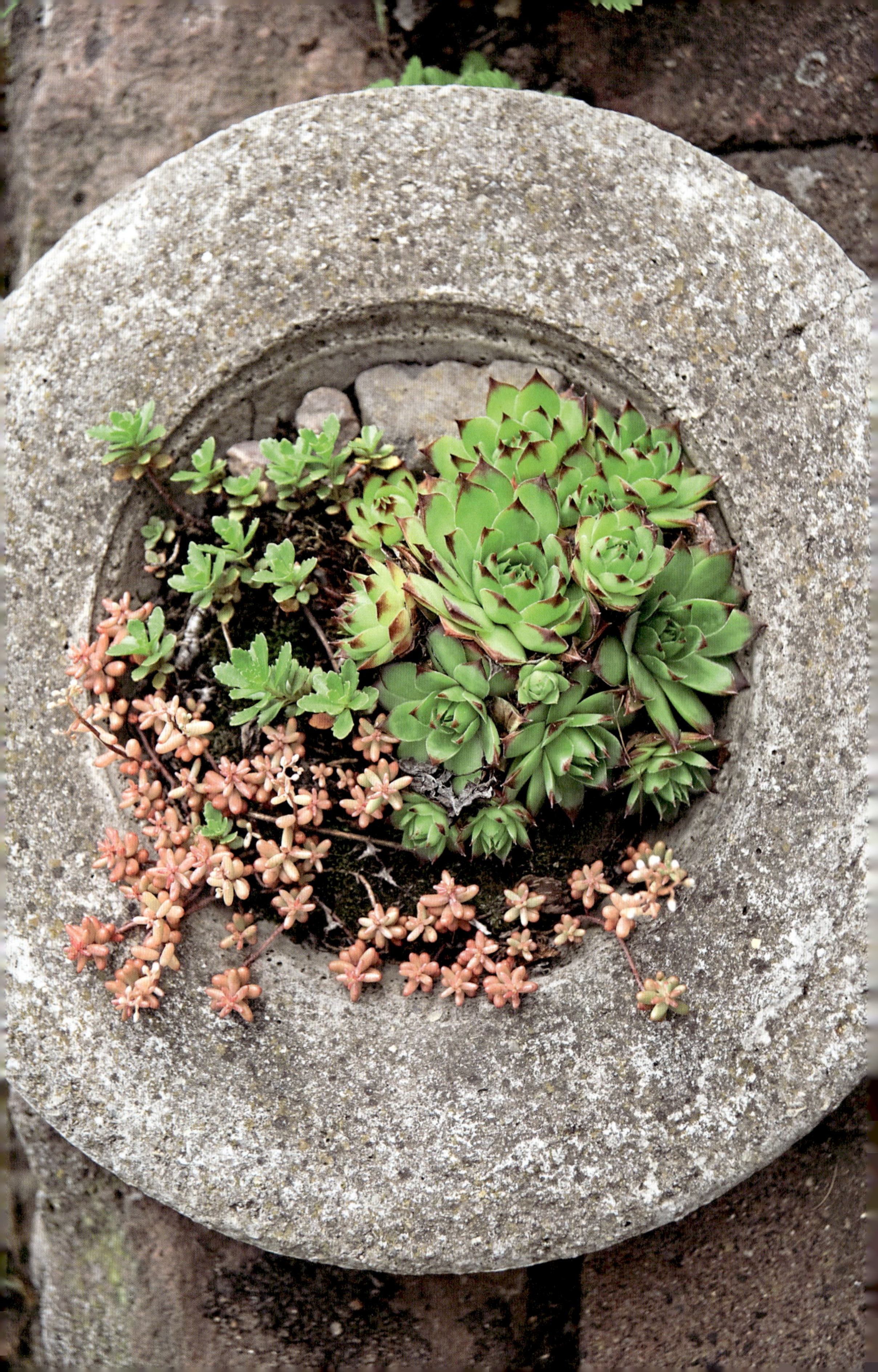

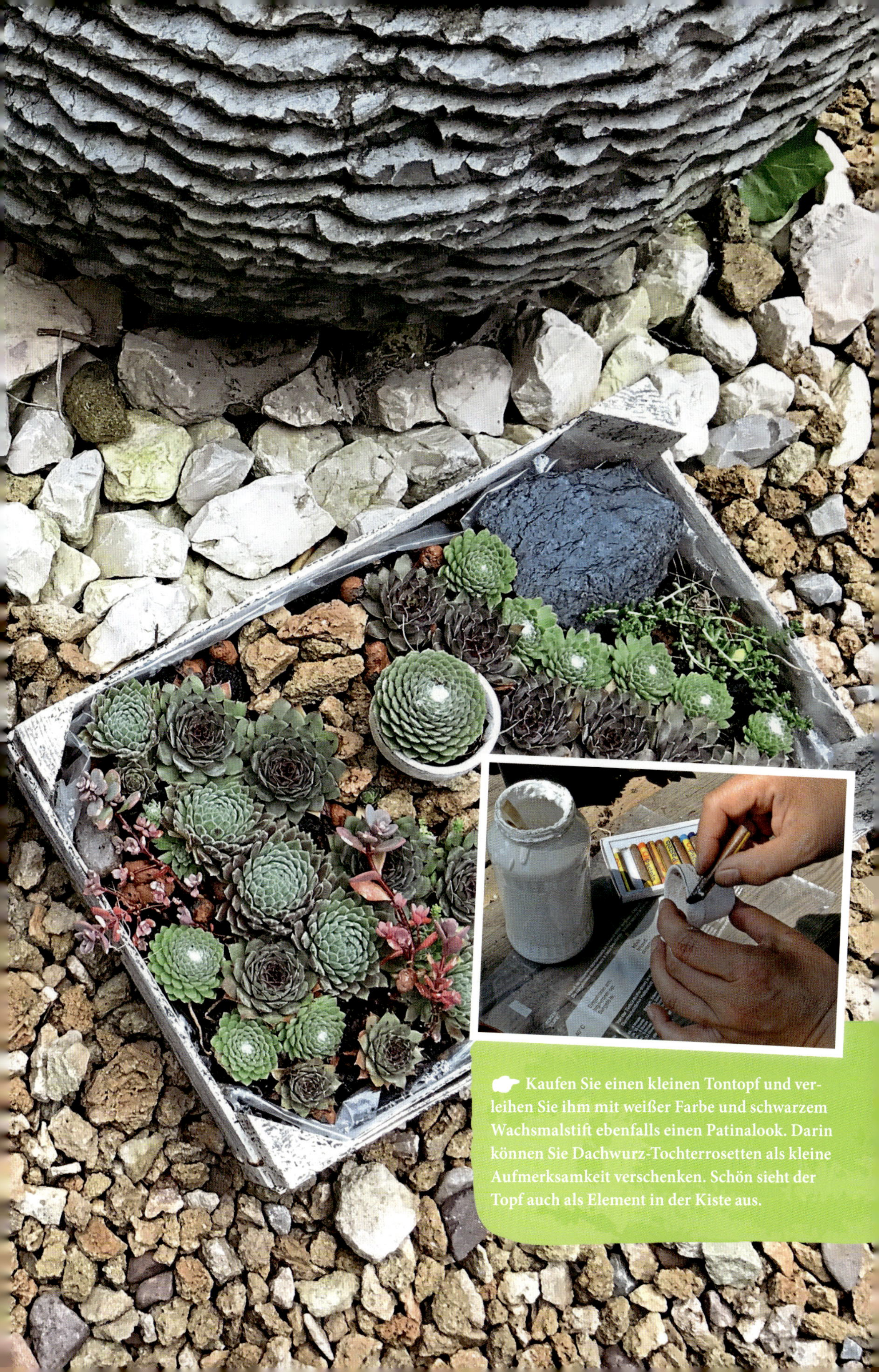

Kaufen Sie einen kleinen Tontopf und verleihen Sie ihm mit weißer Farbe und schwarzem Wachsmalstift ebenfalls einen Patinalook. Darin können Sie Dachwurz-Tochterrosetten als kleine Aufmerksamkeit verschenken. Schön sieht der Topf auch als Element in der Kiste aus.

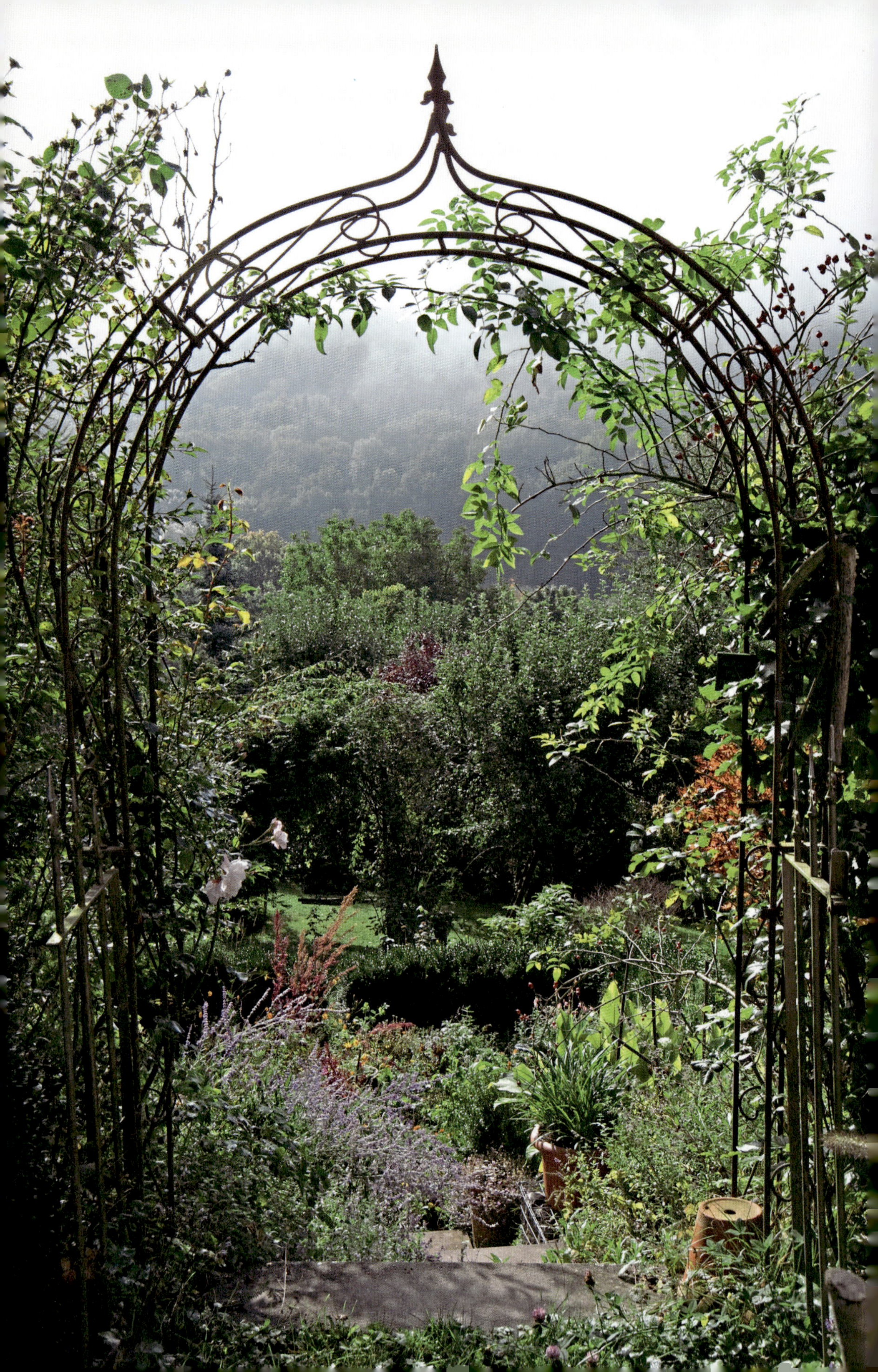

SOMMER – BLÜTENFÜLLE & GARTENDÜFTE

Nun können Sie aus dem Vollen schöpfen.

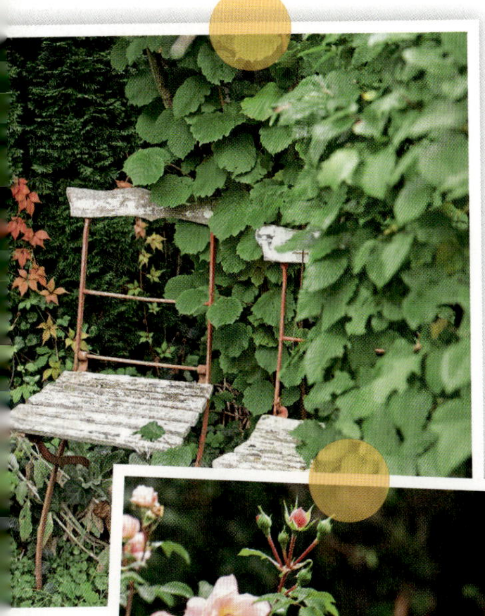

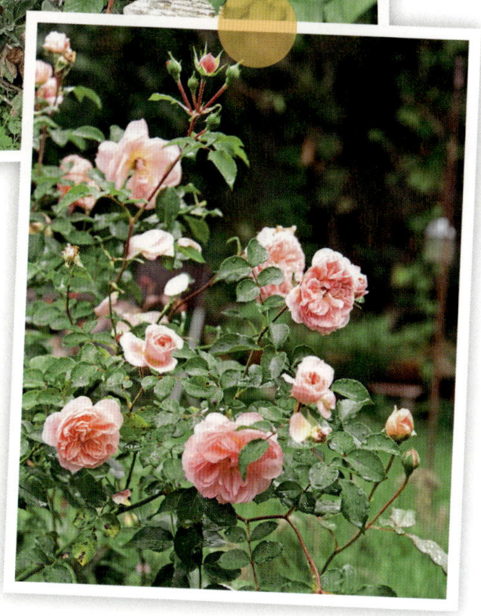

Am frühen Morgen beim Barfußlaufen im Gras oder beim Naschen der frischen Erdbeeren kommen Ihnen bestimmt die besten Ideen. Zuckersüße Erbsen, Kirschen und die ersten Augustäpfel können pur probiert werden und machen bereits Lust darauf, den Sommer zu konservieren.

Zarte Sommerblumen und prächtige Stauden zeigen jetzt ihre schönsten Farben und verführen nicht nur Insekten mit ihren Düften. Wenn sie kurze Blühpause haben, übernehmen die Rosen das Kommando. Übrigens, wer Lavendel, Frauenmantel oder Rittersporn nach der ersten Blüte beherzt zurückschneidet, erlebt im Spätsommer eine zweite.

Erstaunlich, was nun alles im Kübel wächst. Kräuter, mediterranes Gemüse, Chili und Tomaten sind die Klassiker. Pflanzen Sie verschiedene Basilikumsorten mit in den Tomatentopf, dann macht das Naschen noch mehr Spaß. Wenn die Ernte üppig ausfällt, dann mixen Sie einfach ein leckeres Ketchup aus den roten Paradiesfrüchten.

Zur Einladung für eine Sommerparty fällt die Entscheidung schon mal schwer – ob Strauß, Gemüsekiste oder doch lieber das leckere Kräutersalz? Der Sommer bietet jede Menge kulinarische Überraschungen an.

GARTENSTRAUSS

MITBRINGSEL • DANKESCHÖN • TISCHSCHMUCK

Ein Strauß ist etwas Wunderbares. Es gibt kaum eine Gelegenheit, zu der ein Strauß nicht passend wäre. Alles, was in den Beeten und am Wegesrand in Hülle und Fülle wächst, kann für einen Strauß gesammelt werden. Kräuter, Gemüseblüten und einjährige Sommerblumen bilden ein duftendes Arrangement, eine Sinfonie der Farben und Düfte.

30 MINUTEN

SO GEHT'S:

1. Blütenstiele duftender Kräuter wie Borretsch oder Fenchel, Fruchtstände von Mangold und Radieschen oder farbige Blätter von Mangold und Roter Bete ernten.

2. Die Stiele nebeneinander auf einen Tisch legen und im unteren Bereich alle Blätter und Seitentriebe entfernen.

3. Nun die Blütenstiele zu einem runden Strauß binden. Als Bindematerial am besten Naturbast oder -strick verwenden.

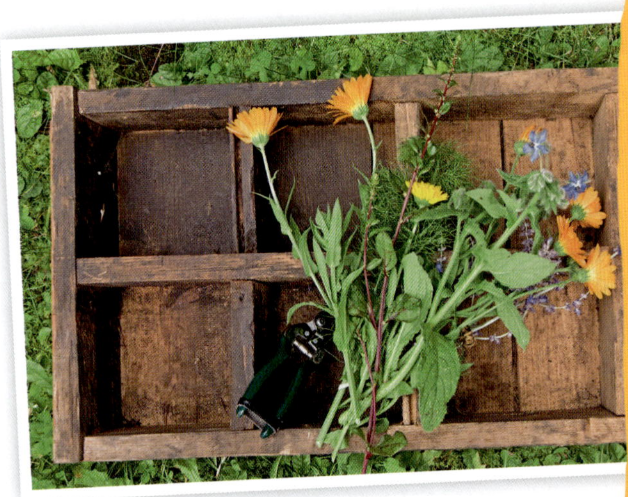

MATERIAL & WERKZEUG

- Blütenstiele von Ringelblume *Calendula officinalis*, Lavendel *Lavandula angustifolia*, Rosmarin *Rosmarinus officinalis*, Thymian *Thymus vulgaris*, Salbei *Salvia officinalis*, Beifuß *Artemisia vulgaris* oder Borretsch *Borago officinalis*
- Blätter von Knollenfenchel *Foeniculum vulgare* und Mangold *Beta vulgaris var. cicla*
- Fruchtstände von Mangold *Beta vulgaris var. cicla* oder Salat *Lactuca sativa*
- Naturbast oder -strick
- Gartenschere
- Blumenmesser

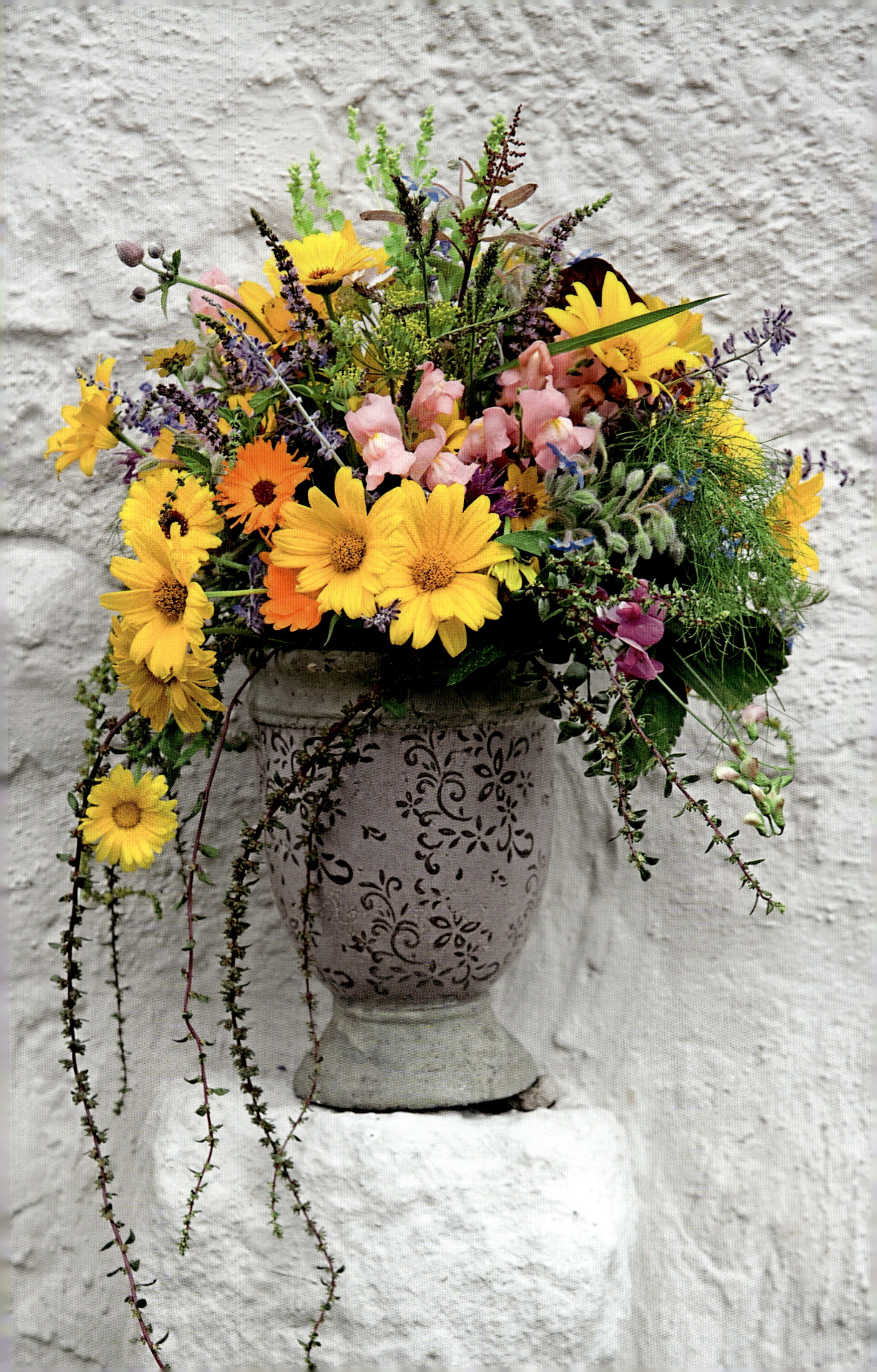

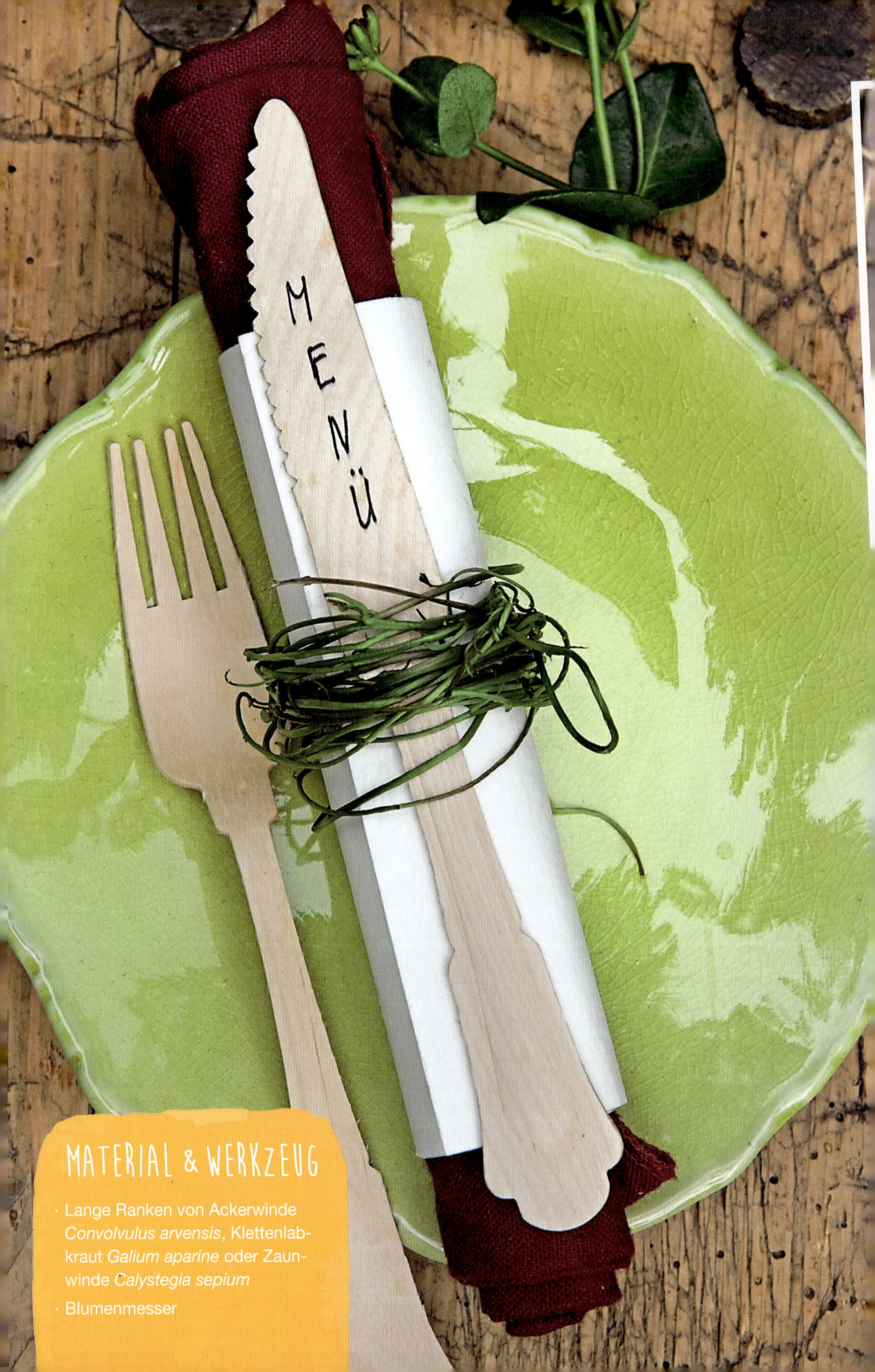

MATERIAL & WERKZEUG

- Lange Ranken von Ackerwinde *Convolvulus arvensis*, Klettenlabkraut *Galium aparine* oder Zaunwinde *Calystegia sepium*
- Blumenmesser

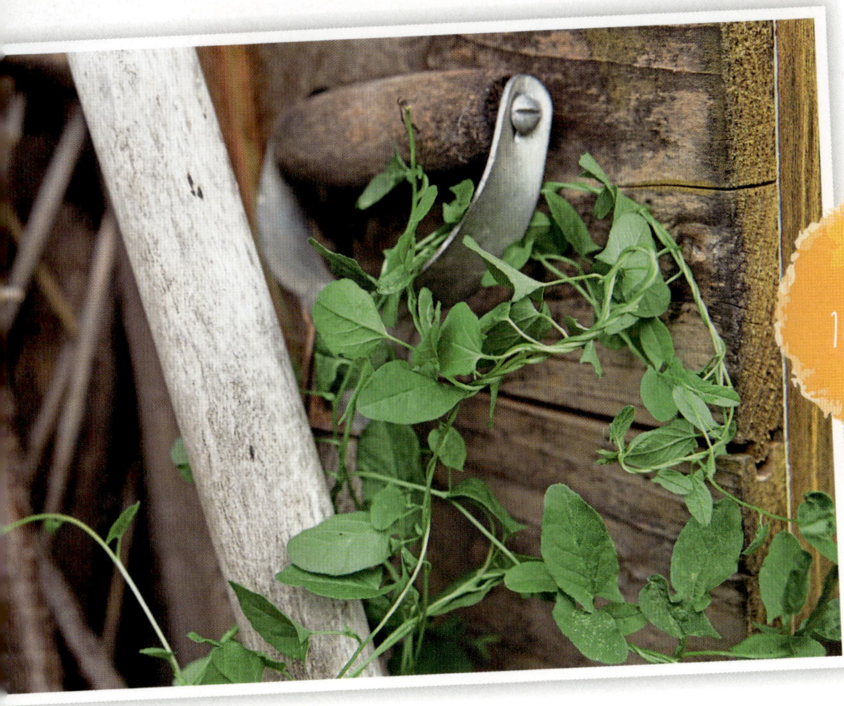

10 MINUTEN

KRÄNZCHEN AUS WINDE

SERVIETTENRING • TISCHSCHMUCK • GESCHENKBAND

Oft sind es kleine, liebevolle Gesten, die ein Lächeln oder Erstaunen in die Gesichter der Gäste oder Beschenkten zaubern. Klein, aber fein zeigt sich das Kränzchen aus Ackerwinde. Es ist kinderleicht herzustellen und eignet sich für viele Gelegenheiten.

SO GEHT'S:

1. Möglichst lange Ranken ernten und alle Blätter entfernen.

2. Nun mit den Händen ein kleines Kränzchen formen.

3. Für mehr Stabilität die längeren Ranken immer wieder in den Kranz winden und wickeln.

4. Das Windenkränzchen auf zusammengerollte Servietten aufschieben.

Im Garten gibt es zwei Möglichkeiten im Umgang mit den sogenannten Unkräutern: Entweder man ärgert sich ständig über sie oder man versöhnt sich mit der unbändigen Natur und gewinnt sogar noch Genuss und Freude. Giersch gehört zum Beispiel zu den wertvollsten Wildkräutern im Garten und schmeckt als Pesto, in Smoothies und Suppen oder zum Aromatisieren von Apfelsaft.

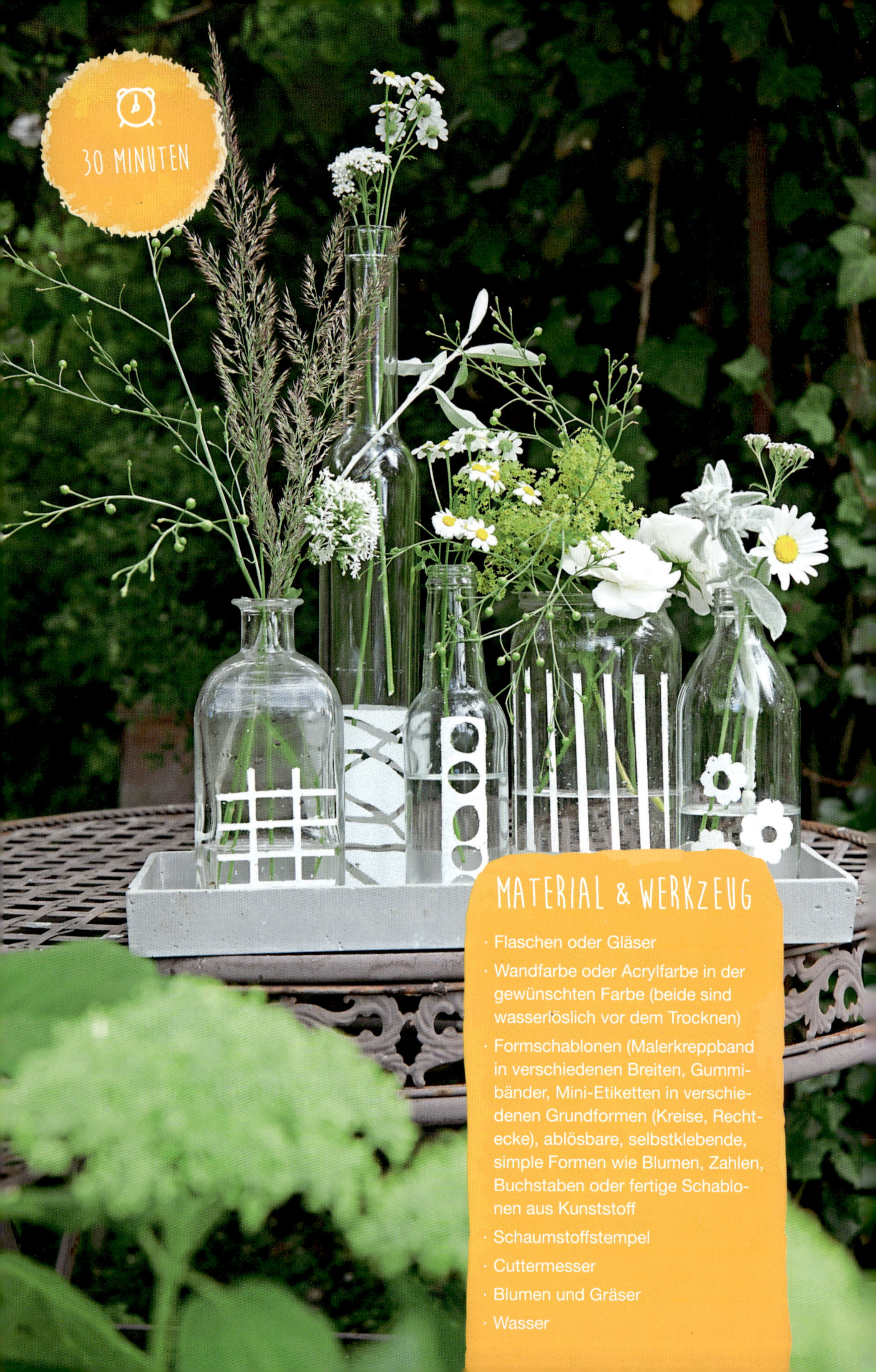

30 MINUTEN

MATERIAL & WERKZEUG

- Flaschen oder Gläser
- Wandfarbe oder Acrylfarbe in der gewünschten Farbe (beide sind wasserlöslich vor dem Trocknen)
- Formschablonen (Malerkreppband in verschiedenen Breiten, Gummibänder, Mini-Etiketten in verschiedenen Grundformen (Kreise, Rechtecke), ablösbare, selbstklebende, simple Formen wie Blumen, Zahlen, Buchstaben oder fertige Schablonen aus Kunststoff
- Schaumstoffstempel
- Cuttermesser
- Blumen und Gräser
- Wasser

BLÜTEN IN BEDRUCKTEN FLASCHEN UND GLÄSERN

TISCHSCHMUCK • MITBRINGSEL

Nicht immer muss es ein ganzer Blumenstrauß sein, weniger ist auch hier oft mehr. Setzen Sie frisch geschnittene Blütenschönheiten in unterschiedlich geformte Gläser und Flaschen. Drei oder fünf in verschiedenen Höhen sollten es sein.

Sammeln Sie dafür schöne Whisky- oder Ginflaschen, Flaschen von regionalen Limonadenmarken oder schlanke Einweckgläser. Oft reicht es schon, die Etiketten zu entfernen, um daraus eine Vase zu machen. Sie können die Gläser auch dekorieren. Schnell geht das zum Beispiel mit Malerkrepp, Etiketten oder Gummibändern und ein bisschen Farbe. Dabei können auch Kinder helfen. Zu bunt und wild sollte es aber nicht werden, denn die Blüten sollen wirken.

SO GEHT'S:

Am Vortag Flaschen und Gläser einweichen, um die Etiketten abziehen zu können. Gegen hartnäckige Kleberreste hilft ein Glasschaber für Ceranglasflächen.

FLASCHEN MIT SCHLÄNGELLINIEN

1. Breite Gummibänder um das untere Drittel einer Flasche ziehen, sodass sie sich überkreuzen und dabei Kurven formen. Als Abschluss oben ein Malerkreppband rundherum aufkleben.

2. Farbe mit dem Schaumstoffstempel auftupfen und trocknen lassen.

3. Nun vorsichtig Gummibänder sowie Malerkrepp abziehen.

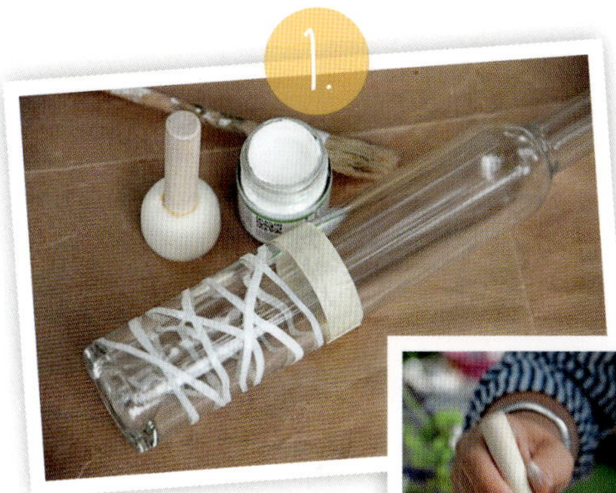

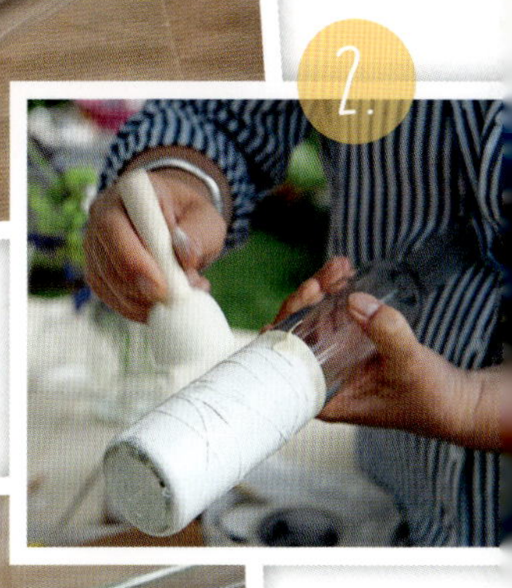

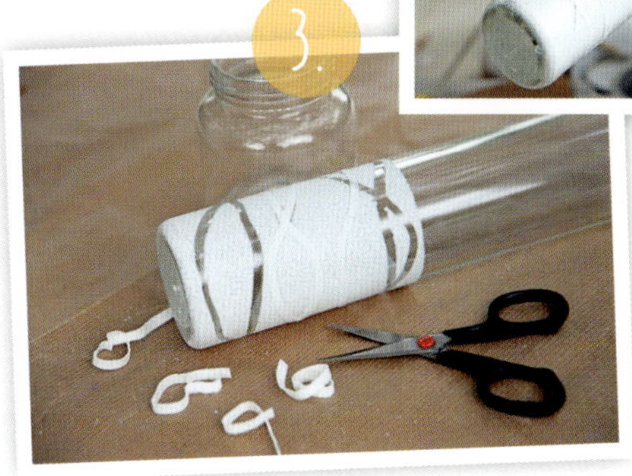

GINFLASCHE MIT KAROMUSTER

1. Kleine, rechteckige Etiketten so auf die Flasche kleben, dass ein rechteckiges Feld entsteht. Oben und unten Malerkrepp als Begrenzung aufkleben.

2. Farbe mit dem Schaumstoffstempel auftupfen und trocknen lassen.

3. Vorsichtig die Etiketten sowie den Malerkrepp abziehen. Dafür eignet sich ein Cuttermesser.

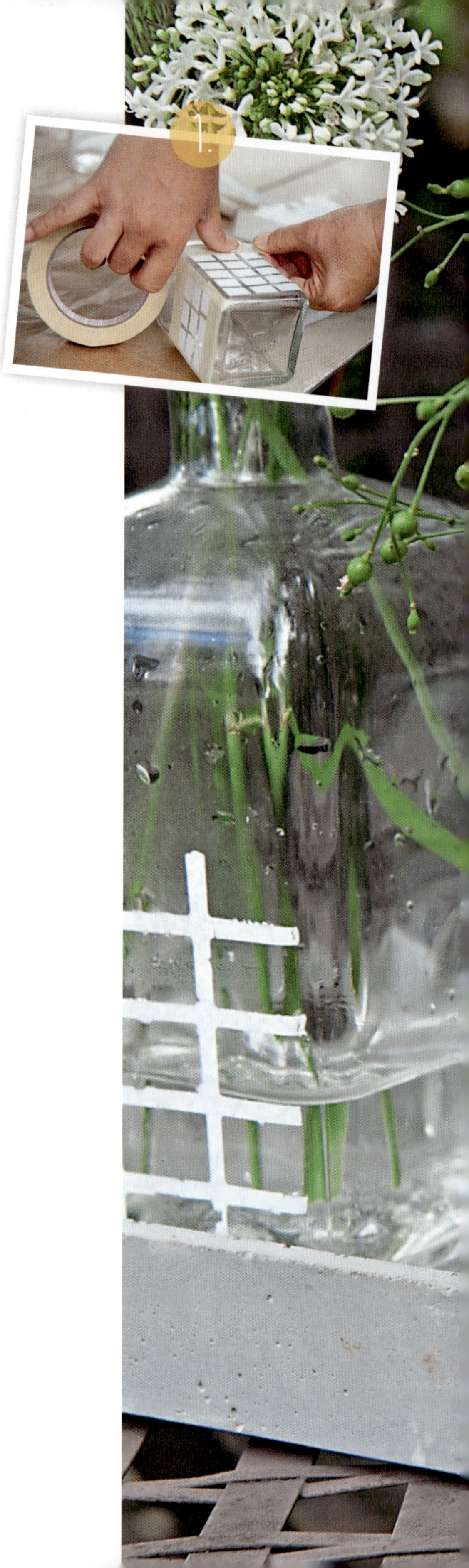

EINWECKGLAS MIT LÄNGSSTREIFEN

1. Etwa 10 cm lange Malerkreppstreifen mit ca. 5 mm Abstand auf eine Fläche von ca. 10 cm aufkleben. Unten und oben rundherum Malerkrepp als Begrenzung anbringen.

2. Farbe mit dem Schaumstoffstempel auftupfen und trocknen lassen.

3. Malerkrepp vorsichtig abziehen.

FLASCHEN MIT KREIS- & BLUMENMOTIV

1. Die Gegenformfolie eines Aufklebers vom Untergrund trennen und auf die Flaschen kleben. Falls die Ränder zu knapp sind, alles zusätzlich mit Malerkrepp abkleben.

2. Farbe mit dem Schaumstoffstempel auftupfen und trocknen lassen.

3. Aufkleberfolie vorsichtig abziehen.

Sie können auch Schablonen aus dem Hobbymarkt mit Zahlen oder Buchstaben benutzen. Diese sind auf runden Körpern aber nicht so leicht anzubringen. Sie können sie am besten mit Malerkrepp fixieren.

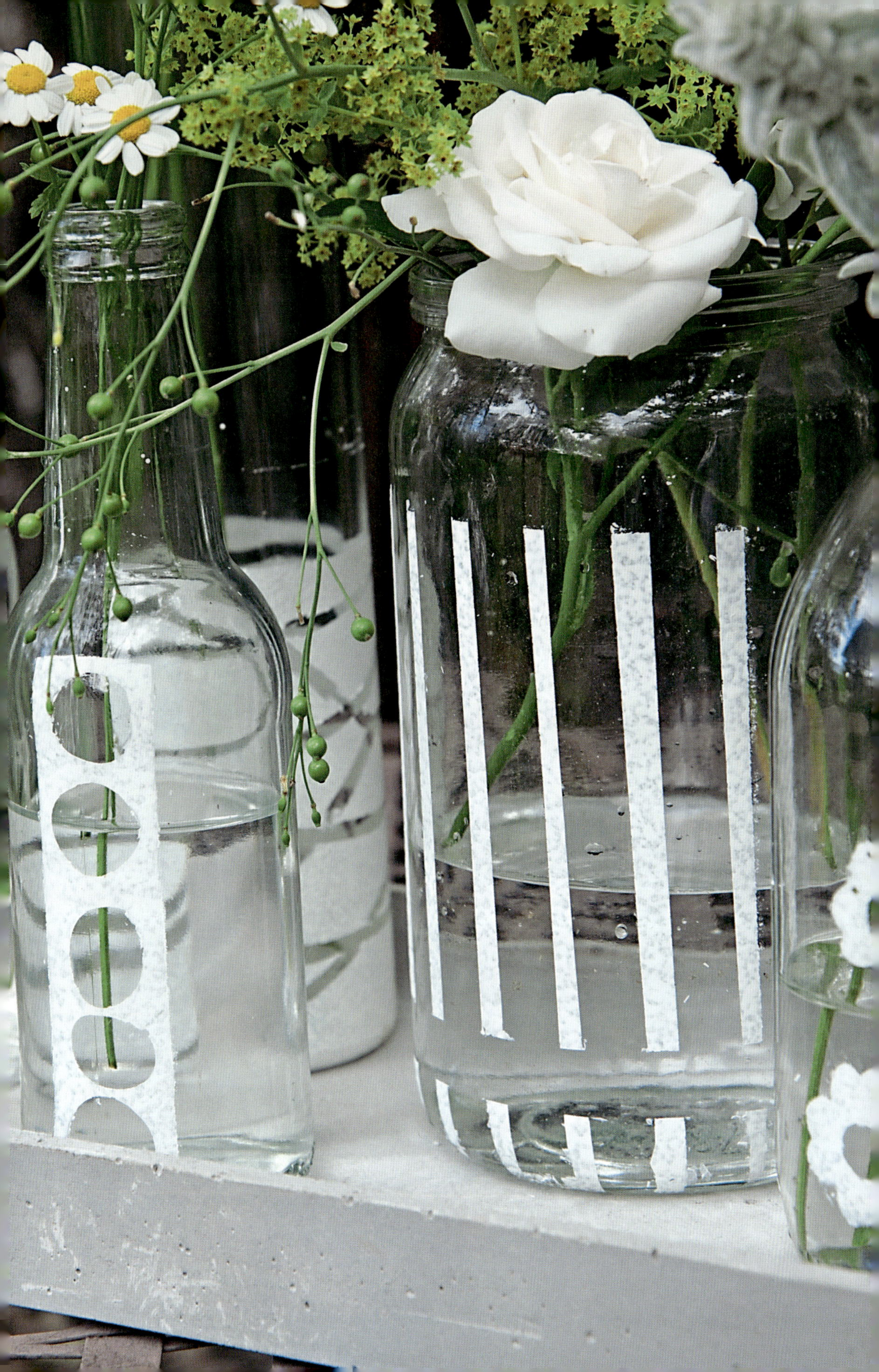

BLÜTENPOESIE

GLÜCKWUNSCHKARTE • GERAHMT ALS BILD

Glückwunschkarten werden etwas ganz Besonderes, wenn man sie mithilfe von Blütenschönheiten aus dem Garten selbst entwirft. Behutsam gepflückte feine Salbeiblüten, rosarote Blütensterne des Sempervivum, zarte Kamillenblüten oder junge Schafgarbendolden zerstören nicht das Blütengemälde im Garten, machen aber auf einer selbst gelegten Karte einiges her.

MATERIAL & WERKZEUG

- Frische kleine Blüten in unterschiedlichem Look, auch Blätter oder Halme
- A4- oder A3-Papier oder Karton als Unterlage
- Feiner Bleistift
- Eventuell eine Pinzette
- Fotoapparat oder Smartphone

SO GEHT'S:

1. Mit gespitztem Bleistift ganz fein die Buchstaben des gewünschten Namens, Spruchs oder Bildes vorzeichnen.

2. Die Blüten mit trockenen Händen oder einer Pinzette auf die Bleistiftmarkierung legen.

3. Digital fotografieren (Bildgröße mindestens 1 MB) und postkartengroß selbst ausdrucken bzw. ausdrucken lassen.

Schönes Naturmaterial, um Namen damit zu legen, finden Sie das ganze Jahr im Garten. Sie können auf diese Weise auch Tischkarten oder Namensanhänger für Geburtstage, Hochzeiten oder Weihnachtsgeschenke gestalten.

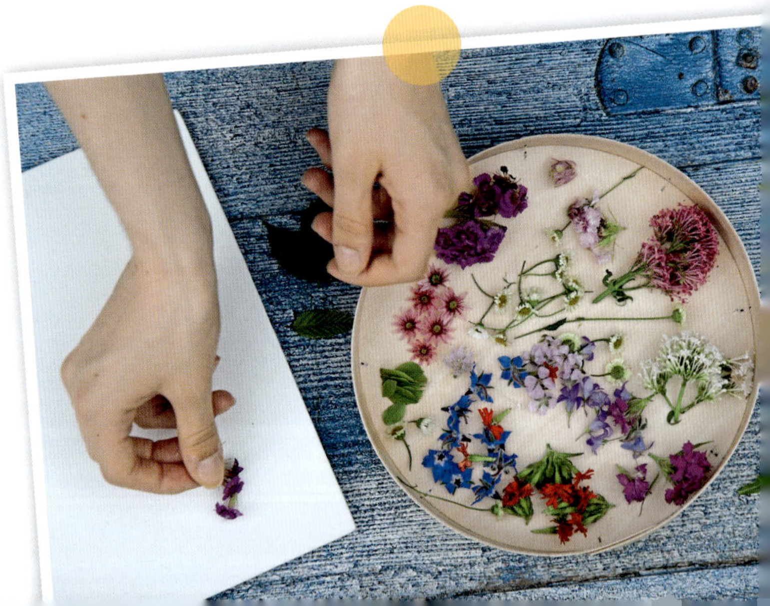

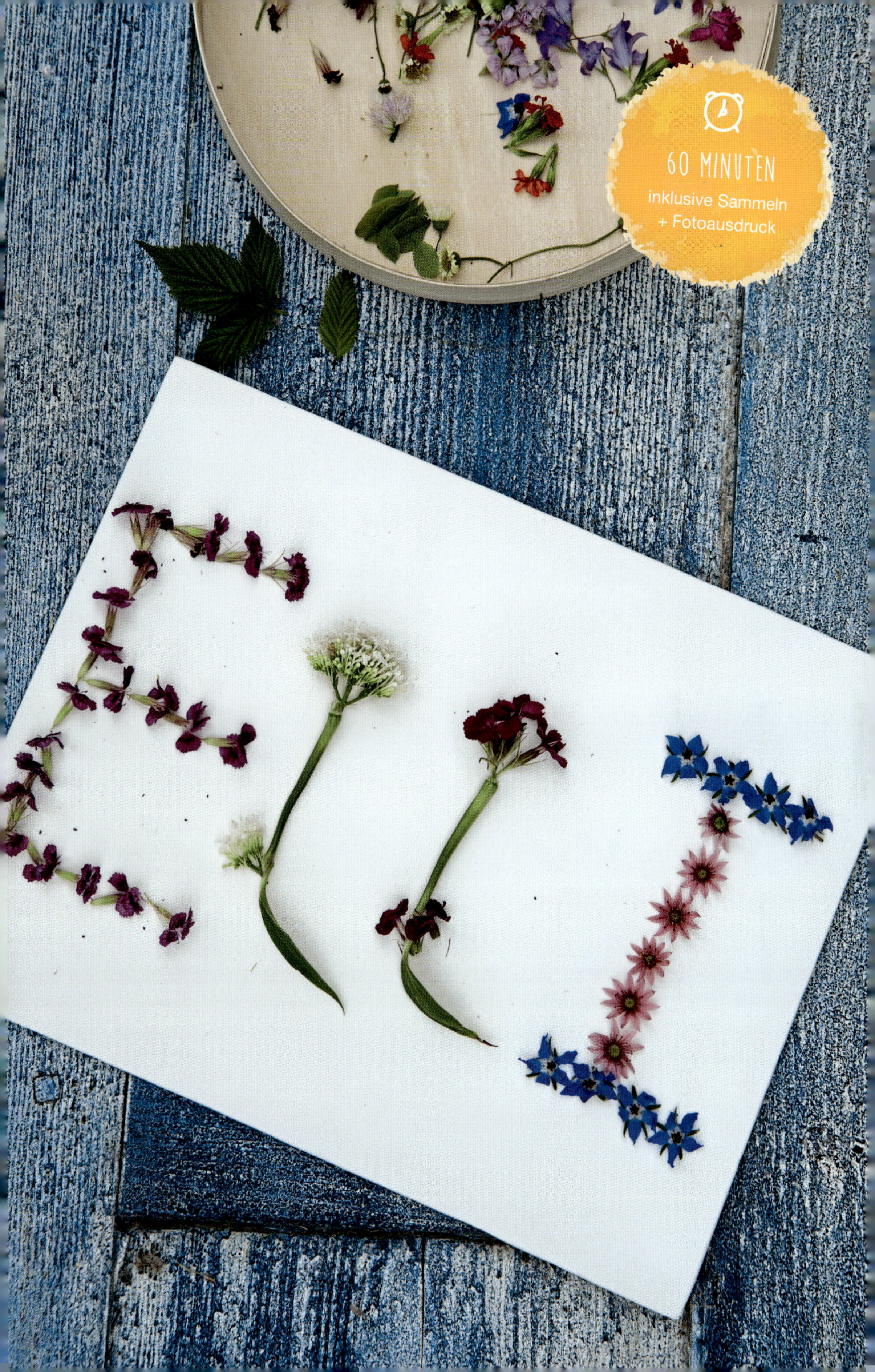

60 MINUTEN
inklusive Sammeln
+ Fotoausdruck

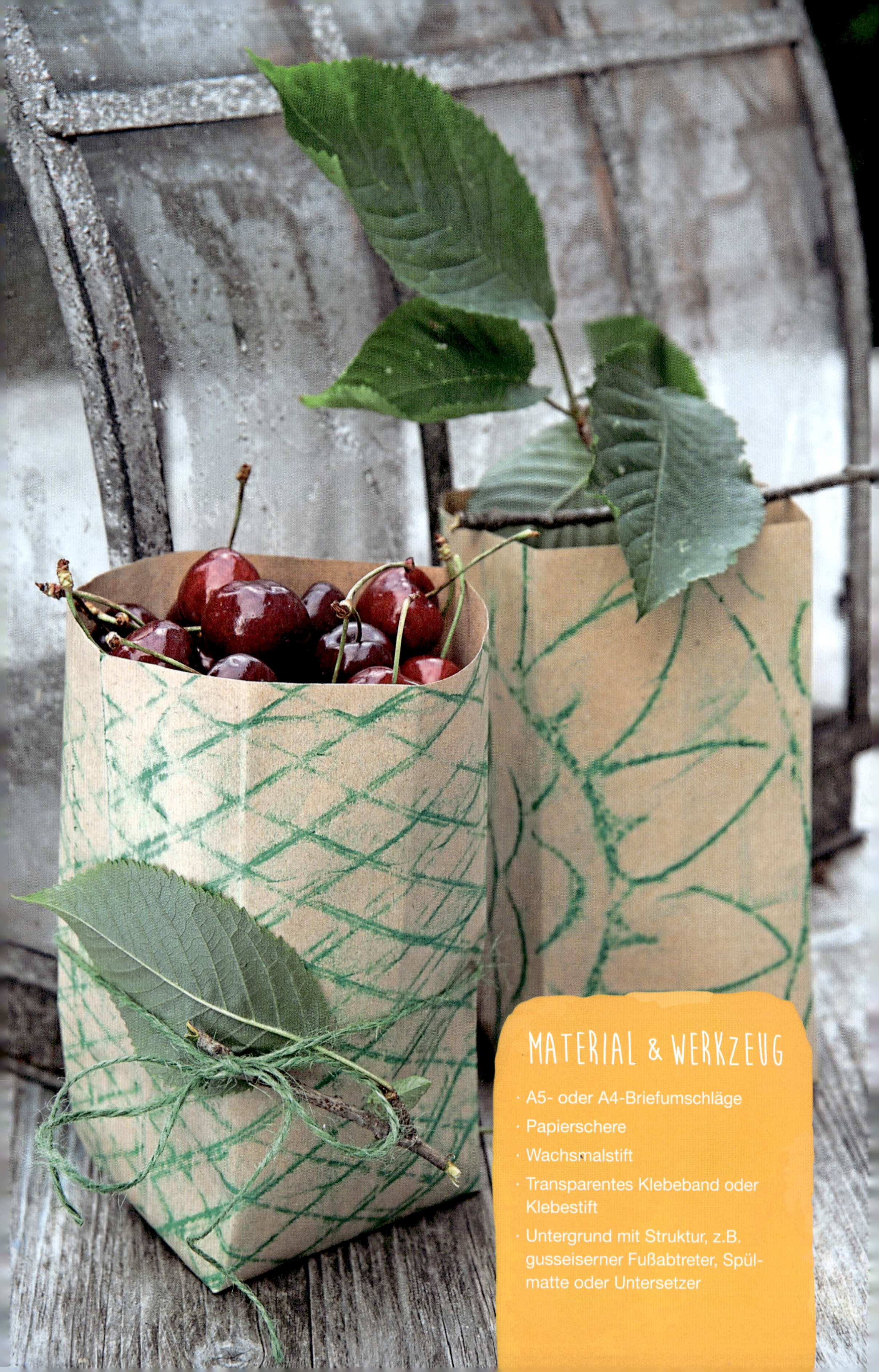

MATERIAL & WERKZEUG

- A5- oder A4-Briefumschläge
- Papierschere
- Wachsmalstift
- Transparentes Klebeband oder Klebestift
- Untergrund mit Struktur, z.B. gusseiserner Fußabtreter, Spülmatte oder Untersetzer

10 MINUTEN

OBSTTÜTE

TRANSPORTTÜTE • MITBRINGSEL • GESCHENKVERPACKUNG

Keine Tüte zur Hand – das macht nichts. In Ihrem Schreibtisch liegen sicher ein paar größere Briefumschläge. Die werden mit Wachsmalstiften und wenigen Handgriffen zur Tüte mit Dessin umgewandelt. Und schon können Erdbeeren, Kirschen und Co. eingetütet werden.

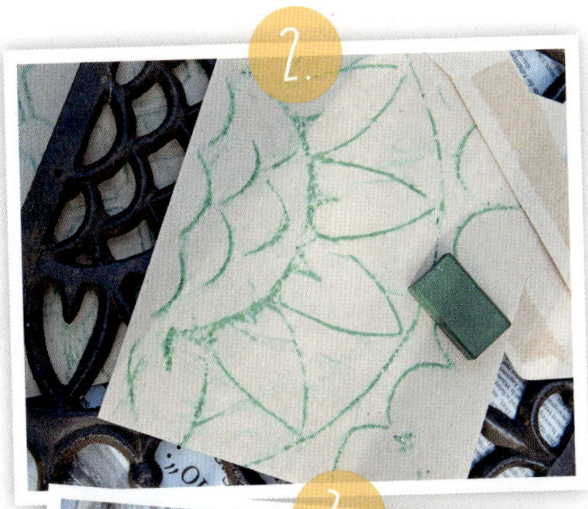

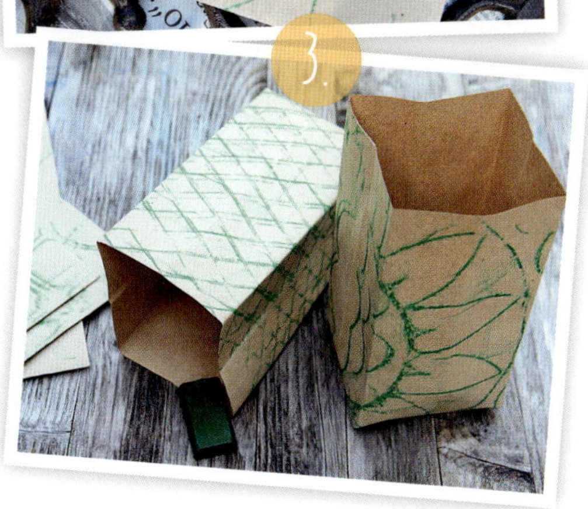

SO GEHT'S:

1. Schneiden Sie vom Briefumschlag den oberen beleimten Teil ab.

2. Legen Sie den Umschlag auf den Untergrund und reiben Sie mit einem Wachsstift über die Oberfläche, sodass durch den Abrieb ein Muster auf dem Papier entsteht.

3. Fahren Sie nun mit der Hand in das Kuvert und knicken Sie an beiden äußeren Seiten des Bodens die Ecken so nach innen, dass ein rechteckiger Tütenboden entsteht.

4. Die umgeschlagenen Ecken mit einem transparenten Klebeband oder einem Klebestift fixieren.

5. Die Tüte können Sie nun mit leckeren Kostbarkeiten aus dem Garten befüllen.

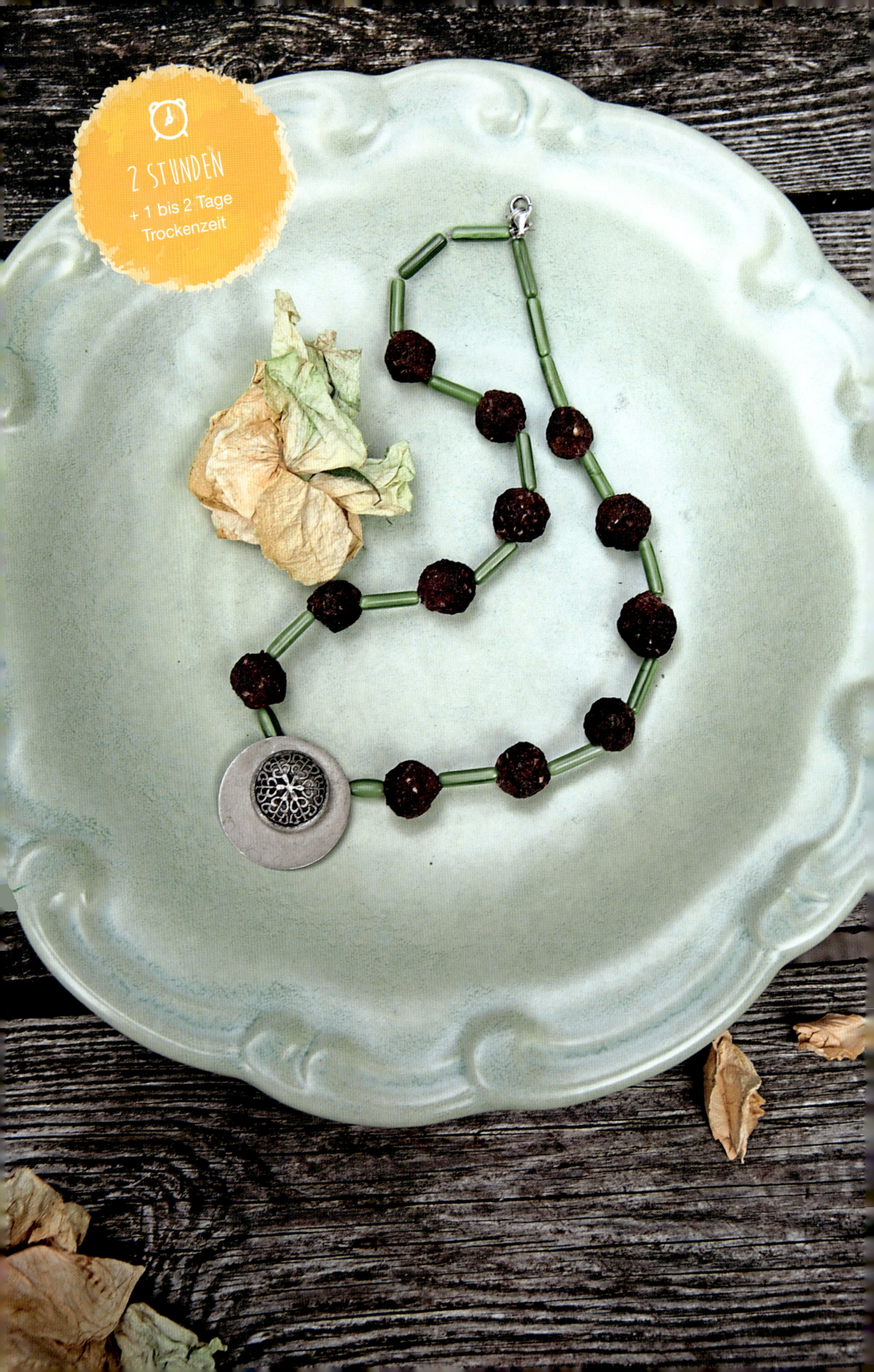
2 STUNDEN
+ 1 bis 2 Tage
Trockenzeit

ROSENPERLEN

KÖRPERSCHMUCK • AUCH GEEIGNET FÜR DEN BAU VON MOBILES UND TRAUMFÄNGERN

Diese Perlen erinnern an die schönste Zeit im Rosengarten. Sie sind fest wie Holz, obwohl sie aus den zarten Blättern voll aufgeblühter Rosenblüten bestehen. Pflücken Sie Blüten mit bereits deutlichen Anzeichen der Welke am Abend eines sonnigen Tages. Vergessen Sie dabei nicht, den ganzen Trieb bis zum ersten fünfteiligen Blatt zurückzuschneiden, so bildet die Rose bald neue Blüten.

SO GEHT'S:

1. Rosenblüten am Vortag schneiden, die Blätter abzupfen und ausgebreitet trocknen lassen.

2. Die trockenen Blütenblätter ganz fein hacken oder einfach mit dem Pürierstab zerkleinern.

3. Das feine Gemenge mit etwas Leim vermischen. Alle Leimarten sind farblos und lassen sich mit Wasser verdünnen und auswaschen. Das Gemisch darf nicht zu feucht und nicht zu trocken sein.

2.

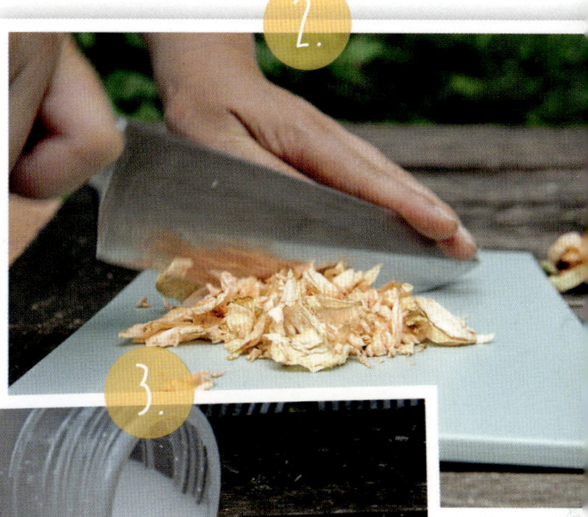

3.

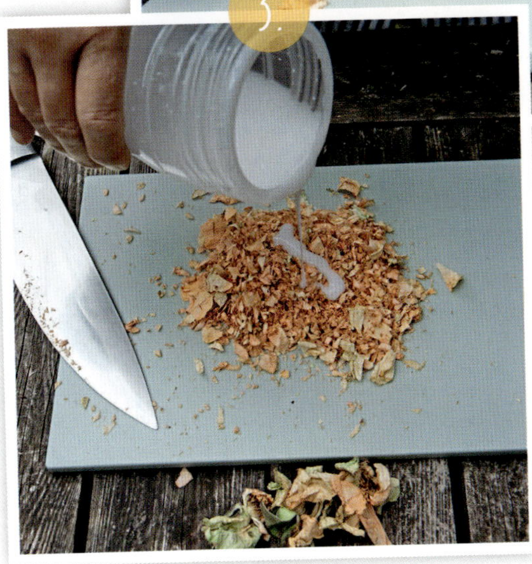

MATERIAL & WERKZEUG

- Fast verblühte Rosen
- Messer und Schneidebrett oder Pürierstab
- Farbloser Holzkalt- oder Tapetenleim, vermischt mit Latex-Bindemittel
- Holzzahnstocher
- Ein Stück einer Styroporverpackung
- Ggf. Sandpapier zum Bearbeiten

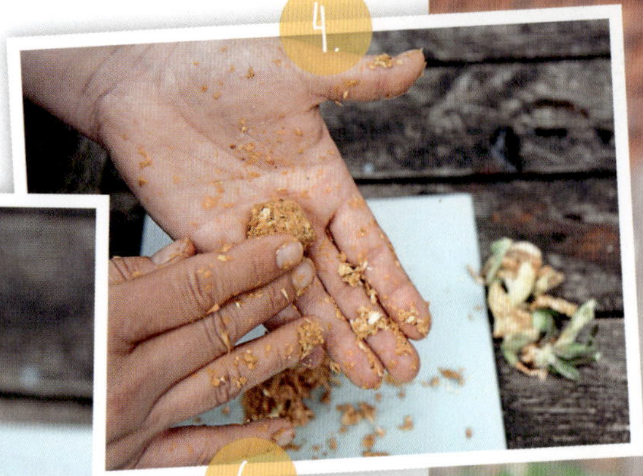

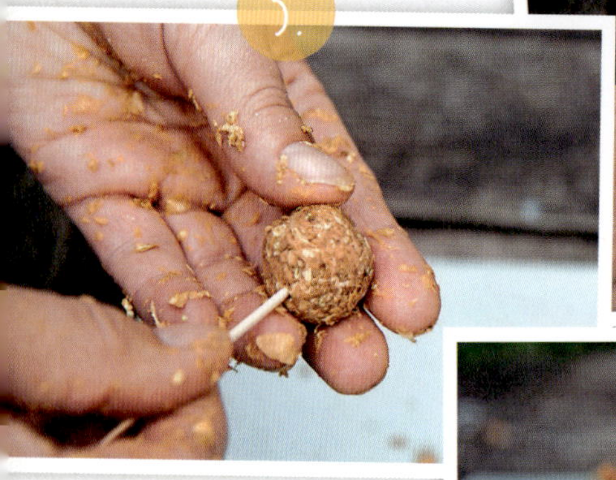

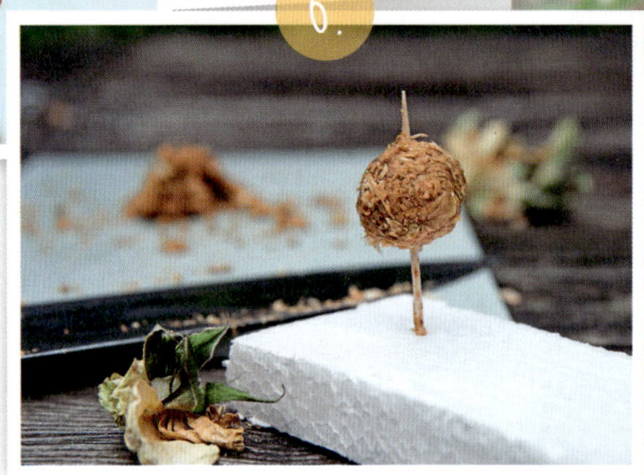

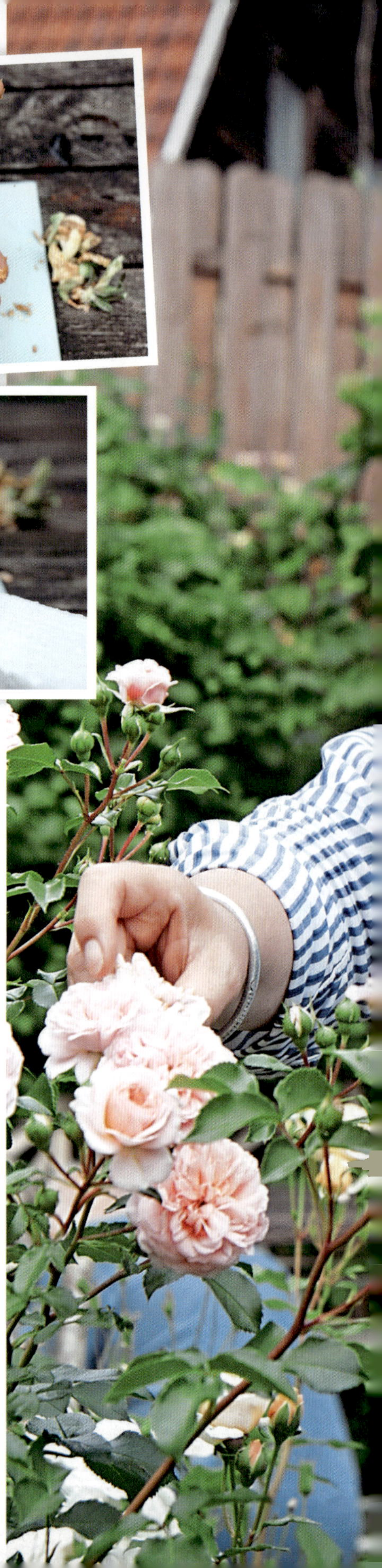

4. Daraus mit der Hand Kugeln von ca. 2 cm Durchmesser formen, denn die Perlen trocknen ein und verlieren an Größe.

5. Kurz antrocknen lassen. Danach mit einem Holzzahnstocher durchstechen. Das Loch durch sanfte Bewegungen etwas weiten. Der Zahnstocher klebt dadurch nicht an.

6. Die Perlen aufgespießt auf Styropor in der Wohnung trocknen lassen.

7. Die Rosenperlen können mit Sandpapier bearbeitet werden, damit sie keine Fäden am Strickpullover ziehen oder auf der Haut kratzen. Erst danach auffädeln und zu Ketten oder Dekorationen verarbeiten.

Dunkelrote Rosen werden beim Trocknen bordeauxrot bis braun, alle anderen Rosen werden hellbraun. Sie können verschiedene Farben nacheinander verarbeiten und die Perlen auch unterschiedlich groß formen, dann in eine Schale legen, mit etwas Rosenöl beträufeln und den herrlichen Duft genießen.

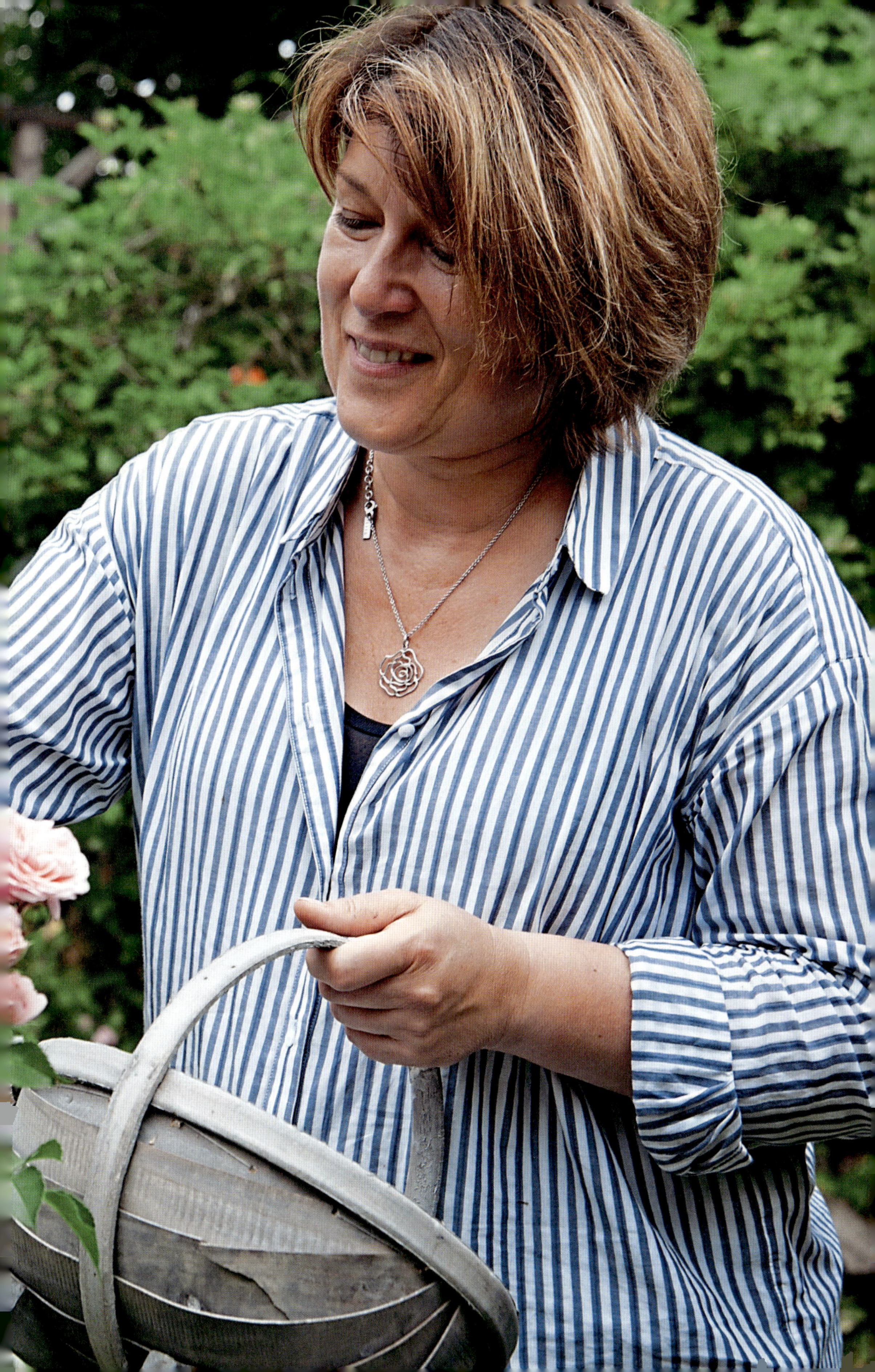

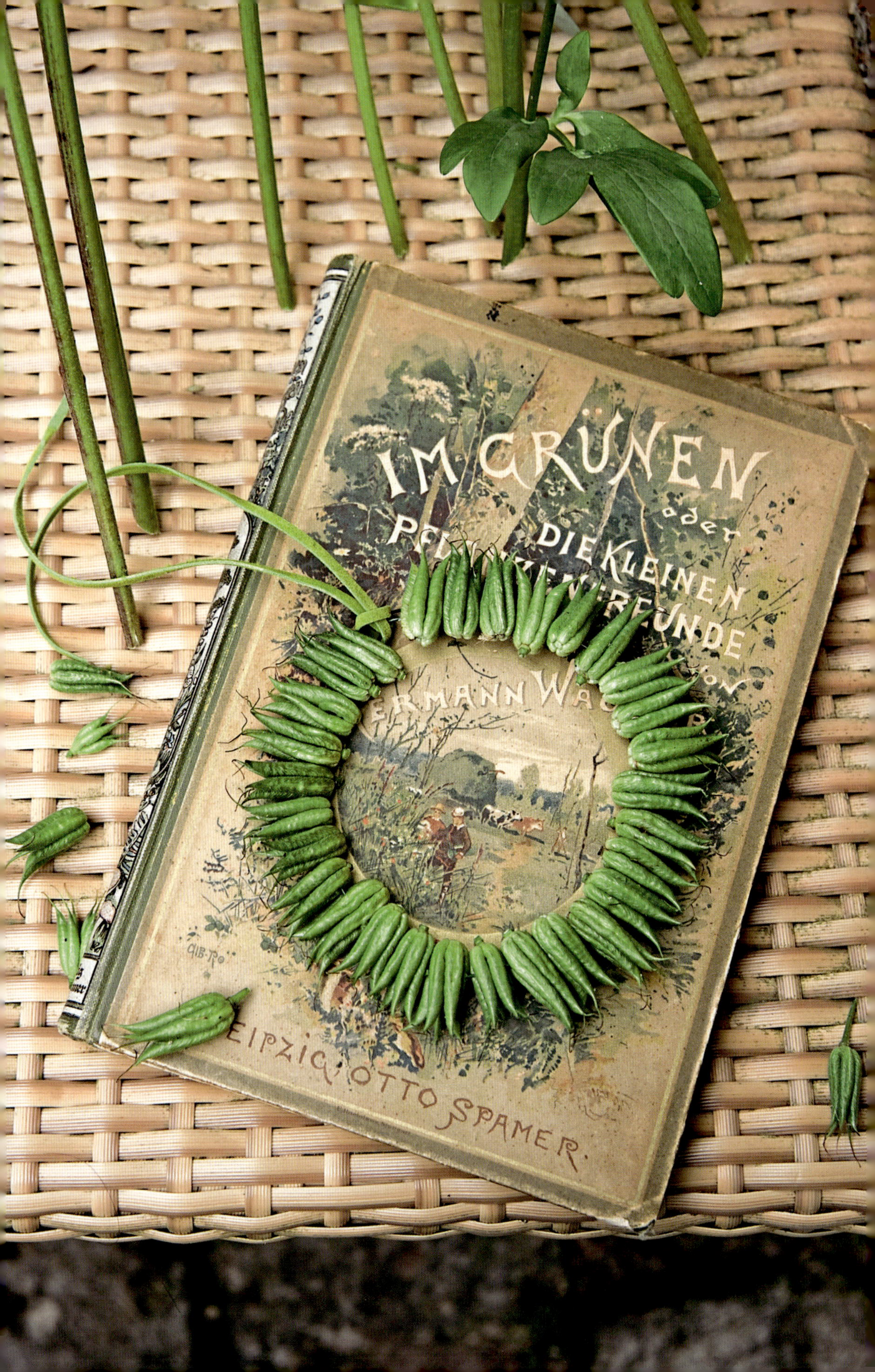
IM GRÜNEN
oder
DIE KLEINEN
OTTO SPAMER.

ROMANTIK AUS BLÜTEN UND SAMEN

TISCH- UND RAUMSCHMUCK • GESCHENKANHÄNGER

Kleine Geschenke erhalten die Freundschaft – besonders wenn sie liebevoll verpackt sind. Statt der üblichen Schleife bekränzen Sie doch Ihre Päckchen mit Blüten, Blättern oder Samenständen. Blüten können sprechen. Sie können Botschaften von Liebe und Zuneigung vermitteln oder einfach nur Danke sagen. Kleine Kränzchen sind schnell gebunden. Für besonders nette Zeitgenossen auch gern in Herzform.

SO GEHT'S: SAMEN AUFFÄDELN

10 MINUTEN

1. Eine kleine Öse in den Drahtanfang biegen. Dann den Draht vorsichtig durch die Samenstände stecken. Dabei immer eine Stelle wählen, die nicht so leicht aufreißen kann.

2. Um das Kränzchen zum Kreis zu schließen, den Draht mit den aufgefädelten Samenständen zu einem Ring formen und eine Endöse biegen. Eventuell vorher den Draht einkürzen.

3. Nun jeweils die Anfangs- und Endöse verschließen. Die Verschlussstelle mit dem Schleifenband überdecken.

MATERIAL & WERKZEUG

- Samenstände der Akelei *Aquilegia vulgaris*
- Steckdraht oder Wickeldraht
- Schmales Schleifenband

IM HERBST UND WINTER können Sie Heidekränzchen binden. Die am meisten verkaufte Knospenblüherheide trocknet gut ein. Weil sie nie aufblüht, können Sie jederzeit einige Triebe für ein romantisches Kränzchen opfern.

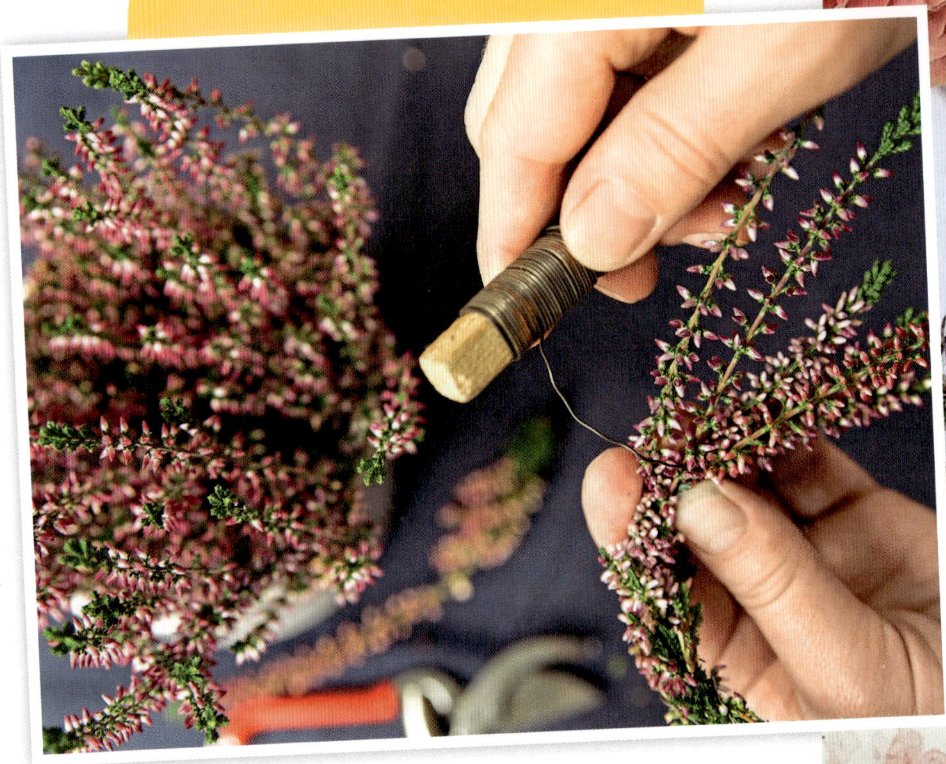

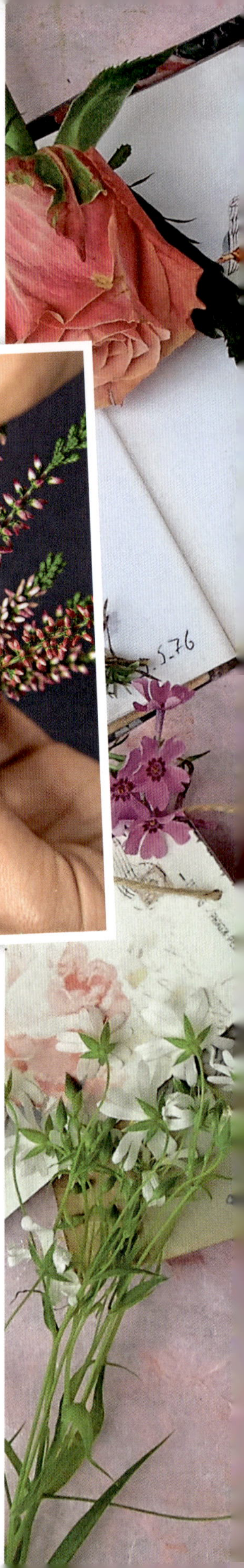

SO GEHT'S: BLÜTENKRÄNZE

1. Einen möglichst langen, stabilen Blütentrieb suchen und ihn als Kranzbasis in Form biegen. Einen oder zwei weitere lange Triebe darüberlegen und beide Anfänge mit dem Bindedraht zusammenbinden. Jetzt im Abstand von ca. 2 cm überlappend kürzere Triebe aufbinden, bis der Kranz rundherum die gewünschte Form und Stärke hat.

2. Den Draht dann abschneiden und im Kranz verstecken.

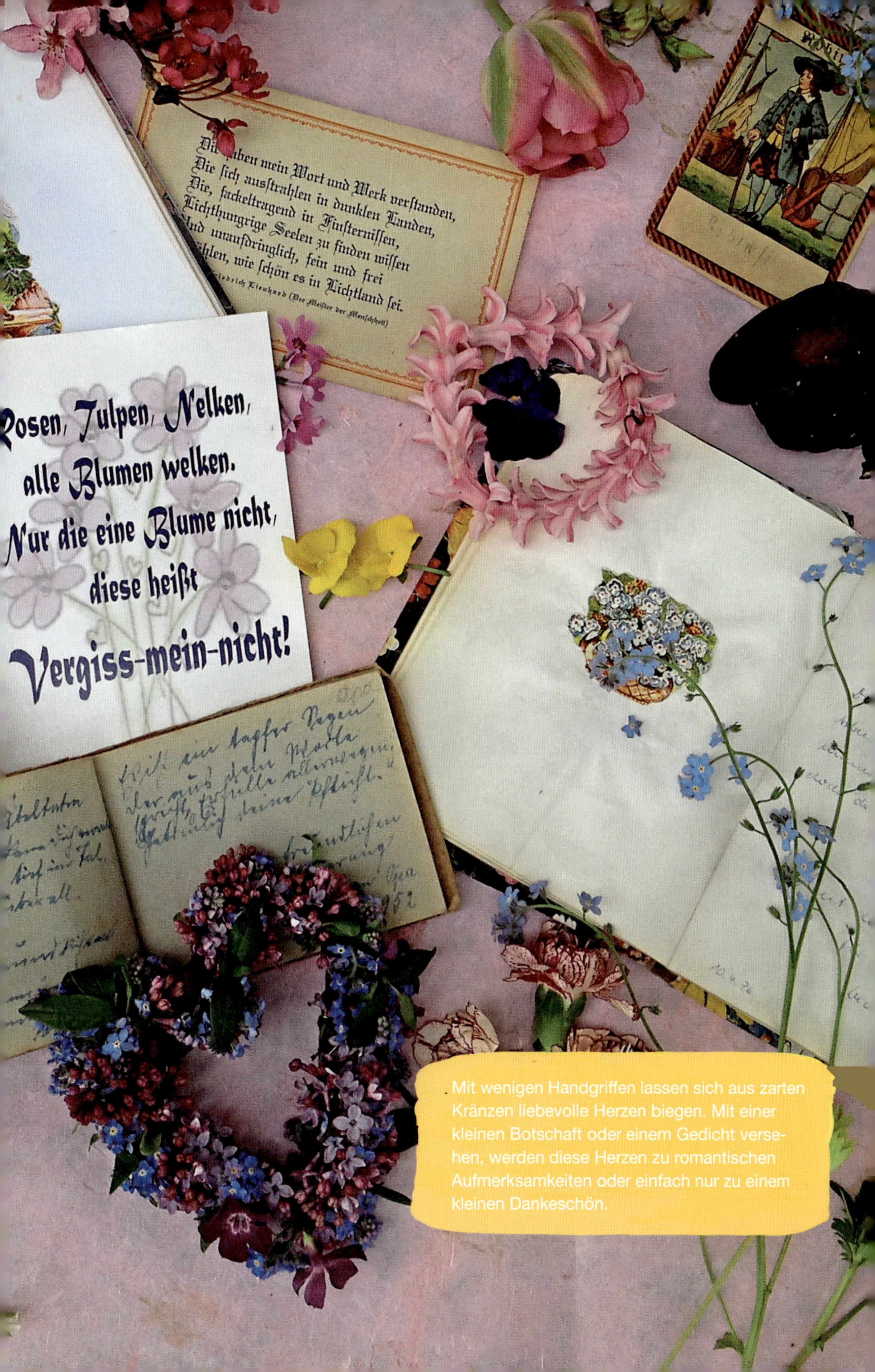

Mit wenigen Handgriffen lassen sich aus zarten Kränzen liebevolle Herzen biegen. Mit einer kleinen Botschaft oder einem Gedicht versehen, werden diese Herzen zu romantischen Aufmerksamkeiten oder einfach nur zu einem kleinen Dankeschön.

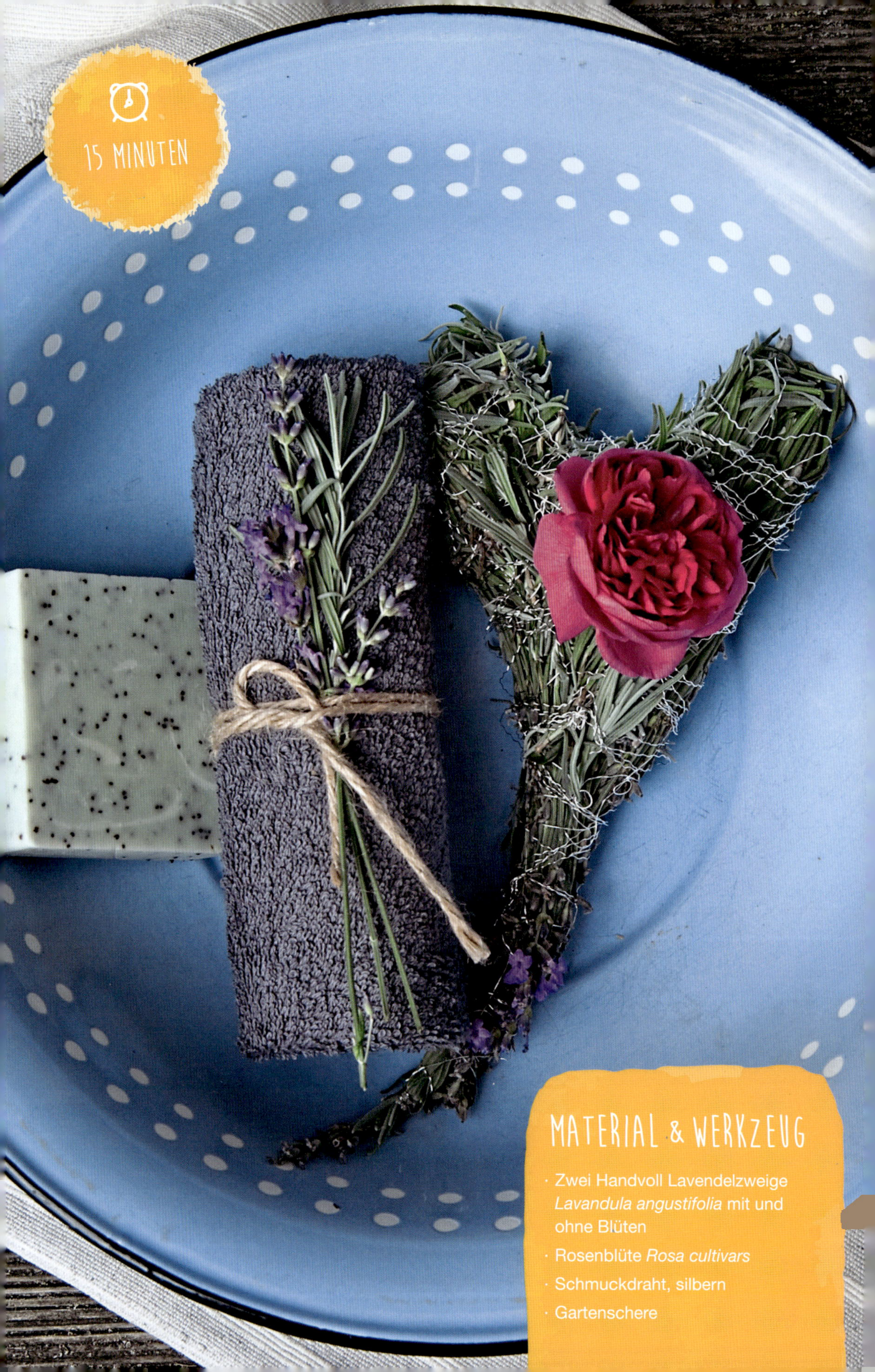

15 MINUTEN

MATERIAL & WERKZEUG

- Zwei Handvoll Lavendelzweige *Lavandula angustifolia* mit und ohne Blüten
- Rosenblüte *Rosa cultivars*
- Schmuckdraht, silbern
- Gartenschere

LAVENDELHERZ

DEKO • DANKESCHÖN • MITBRINGSEL

Nicht nur die Lavendelblüten duften großartig, sondern auch das Laub dieses Halbstrauches. Nutzen Sie abgeschnittene Zweige zum Beispiel für ein liebevolles Herz. Es ist ein wunderschönes Gastgeschenk und schnell gefertigt.

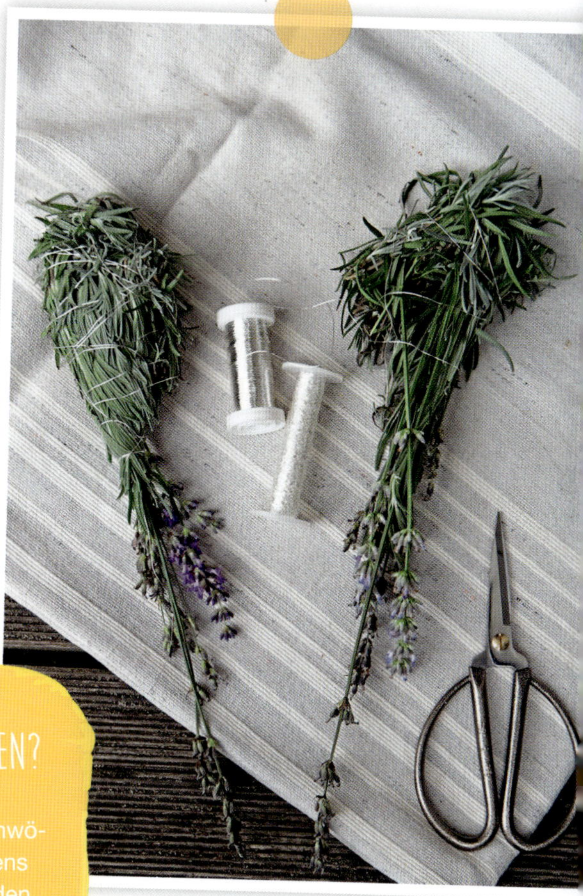

SO GEHT'S:

1. Eine Handvoll Lavendelzweige mit den Blütenständen nach unten in die Hand nehmen.

2. Die Zweige mit Draht umwickeln, sodass eine Herzhälfte entsteht. Den Vorgang wiederholen.

3. Die zwei Hälften nun zu einem Herz zusammenfügen und mit dem Schmuckdraht stabilisieren, bis eine schöne Herzform entsteht.

4. Nun das Herz nach Belieben mit Lavendel- oder Rosenblüten ausdekorieren.

WANN WIRD LAVENDEL ZURÜCKGESCHNITTEN?

Hierfür gibt es zwei Gärtnermeinungen: Die einen schwören auf den Schnitt im April vor Beginn des Austreibens der neuen Sprosse und Blätter und die anderen auf den Rückschnitt nach der Hauptblütezeit des Lavendels im August. Einigkeit besteht darin, dass die Pflanzen auf jeden Fall nicht zu spät im Jahr geschnitten werden sollten, damit sie sich vor Eintritt des Frostes wieder gut etabliert haben. Es kommt also immer auf die standortbedingten Winterverhältnisse an und ob Sie sich z. B. auch über den Raureif an den Fruchtständen im Winter erfreuen wollen. Am besten, Sie probieren beide Varianten aus!

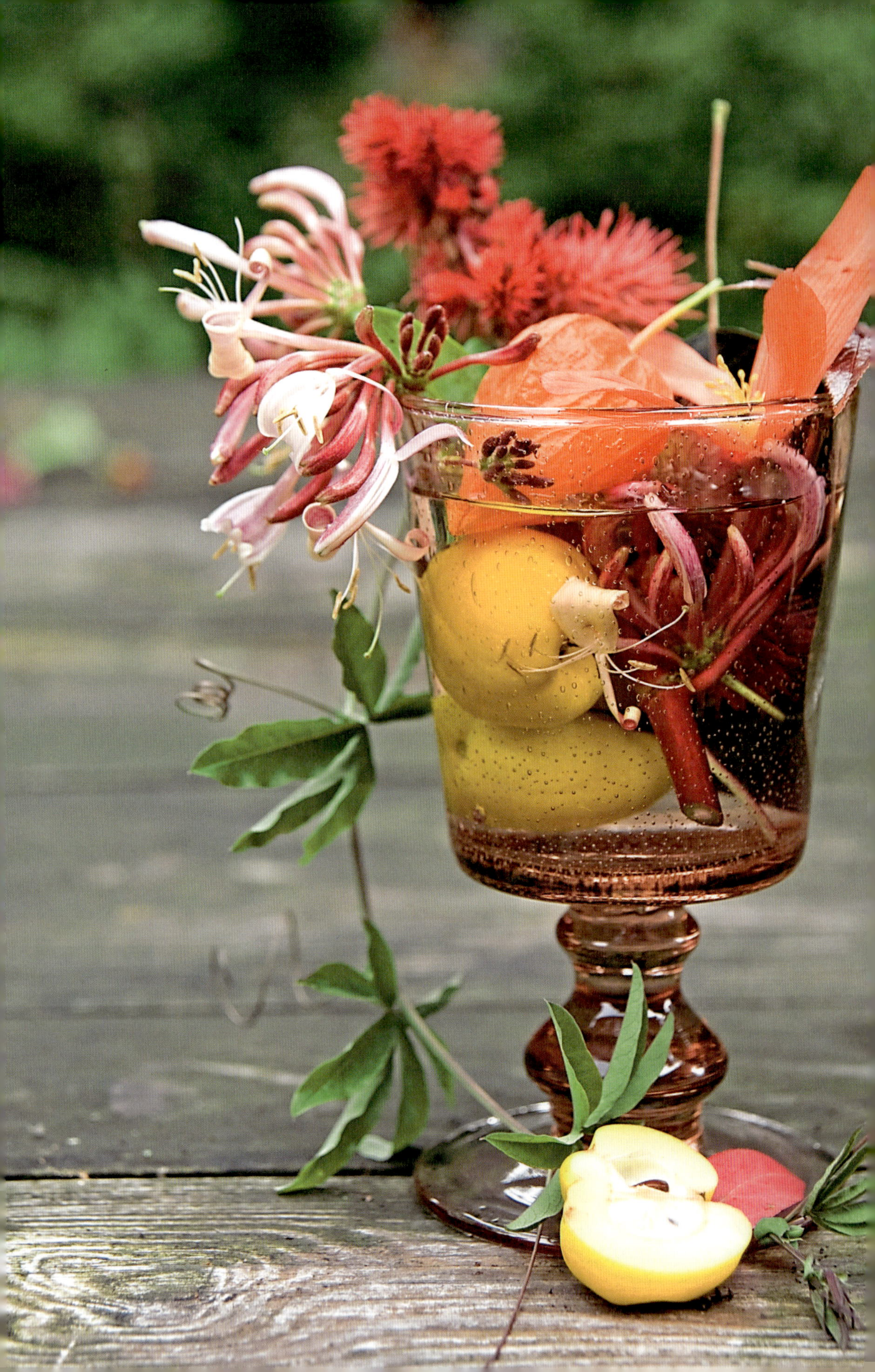

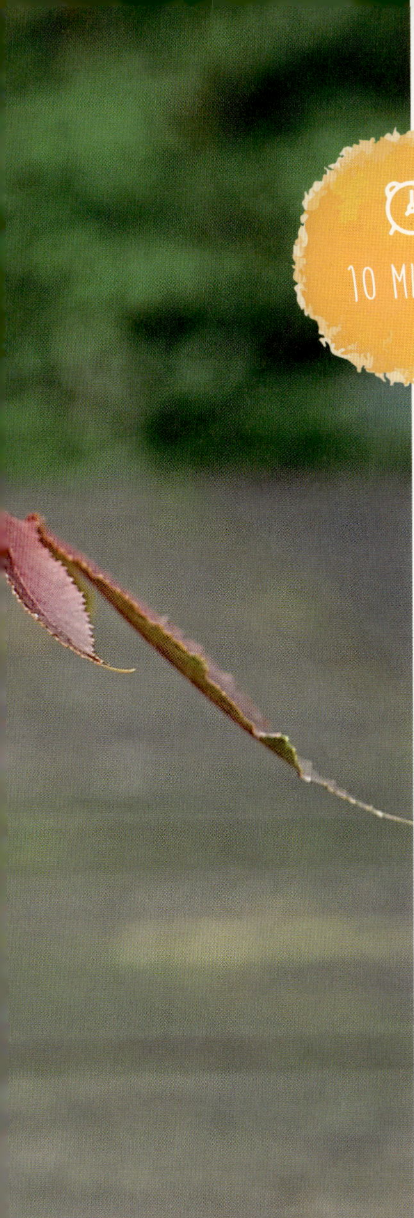

10 MINUTEN

EXOTIK IM GLAS

TISCHSCHMUCK

Viele Kübelpflanzen bringen einen Hauch Exotik auf Balkon, Terrasse oder in den Garten. Mit ihren Blüten und Früchten lassen sich im Handumdrehen kleine Schmuckstücke gestalten. In farbigen Gläsern arrangiert, sorgen sie schnell für Sommerlaune und Urlaubsfeeling.

MATERIAL & WERKZEUG

- Blüten von Begonien *Begonia cultivars*, Cannas *Canna indica*, Dahlien *Dahlia cultivars*, Passionsblume *Passiflora* und Geißblatt *Lonicera caprifolium*
- Blätter von Rizinus *Ricinus communis* und Ranken von Passionsblume *Passiflora*
- Rizinusfrüchte *Ricinus communis*, Zierquitten *Chaenomeles* und Lampionblume *Physalis alkekengi*
- Glas

SO GEHT'S:

1. Schöne Blüten und Fruchtstände von Kübelpflanzen abschneiden.
2. Diese in einem Glas arrangieren.
3. Das Glas bis unter den Rand mit Wasser füllen.

Rizinusfrüchte sehen zwar exotisch aus, sollten allerdings nicht verzehrt werden, da sie giftig sind.

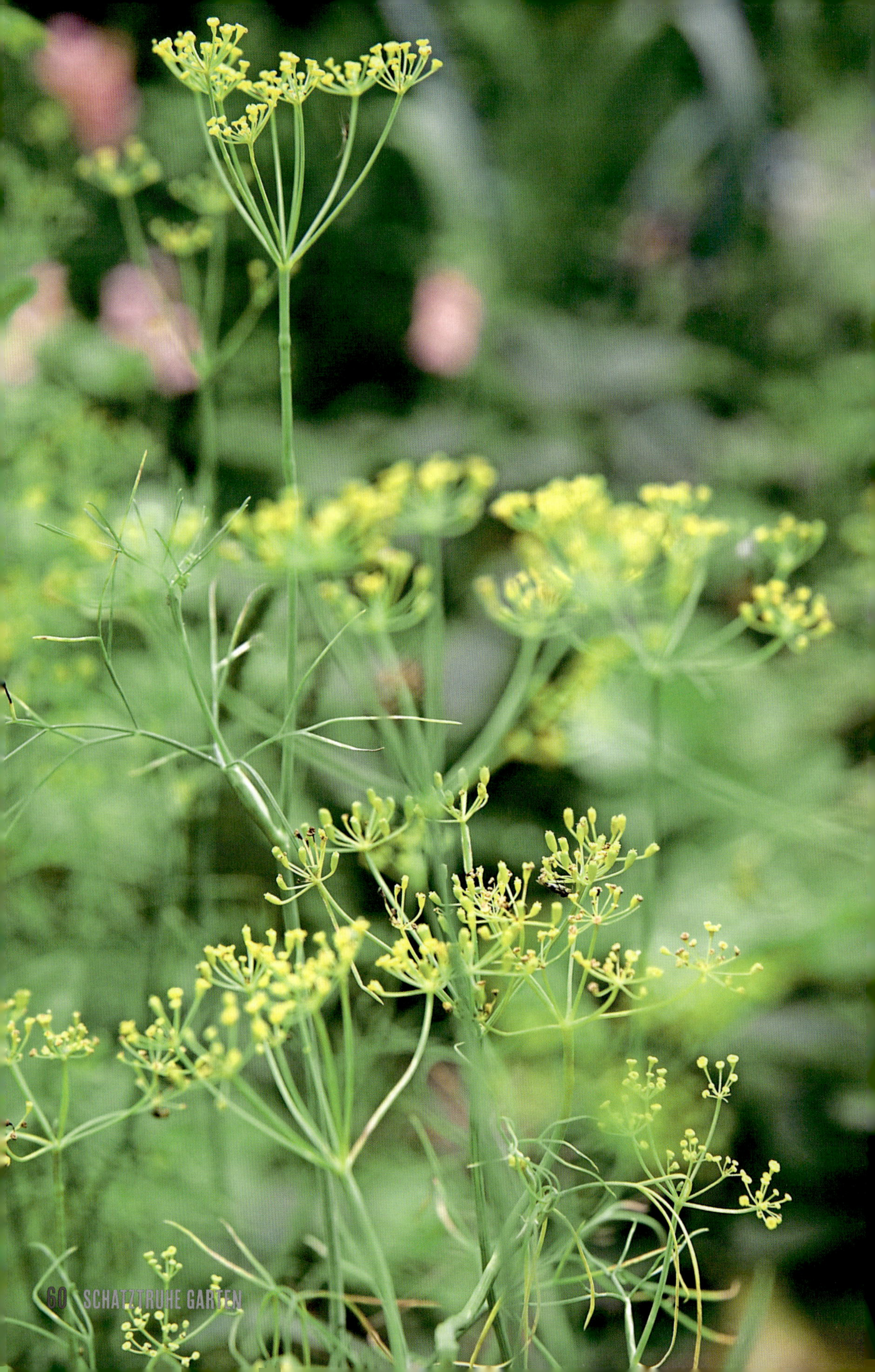

KULINARISCHES IM SOMMER

Das kulinarische Buffet ist eröffnet, greifen Sie zu duftendem Dill und Fenchel oder erobern Sie die ganze Geschmackspalette verschiedener Minze- und Basilikumsorten.

Knackige Kirschen sollten Sie schnell vom Baum ernten, damit Ihnen die Vögel nicht zu viele Früchte wegstibitzen.
Jetzt reifen verführerische Erdbeeren und Himbeeren. Kosten Sie weiße Ananaserdbeeren und gelbe Himbeerfrüchte. Testen Sie bunte Möhrensorten und die Vielfalt an Tomaten.
Der Garten quillt im Sommer über, aber auch auf Balkon und Terrasse können jetzt Gaumenfreuden geerntet werden. Machen Sie etwas daraus. Damit meinen wir aber nicht nur das Kochen und Backen.

Verschenken Sie einfach ein Sträußchen Grillkräuter oder ein ganzes Bouquet an Gartengenüssen. Probieren Sie ruhig mal etwas Ungewöhnliches aus. Legen Sie bereits im Sommer die noch grünen Walnüsse ein oder lassen Sie Radieschen in die Samen schießen. Alles ist essbar und lecker.

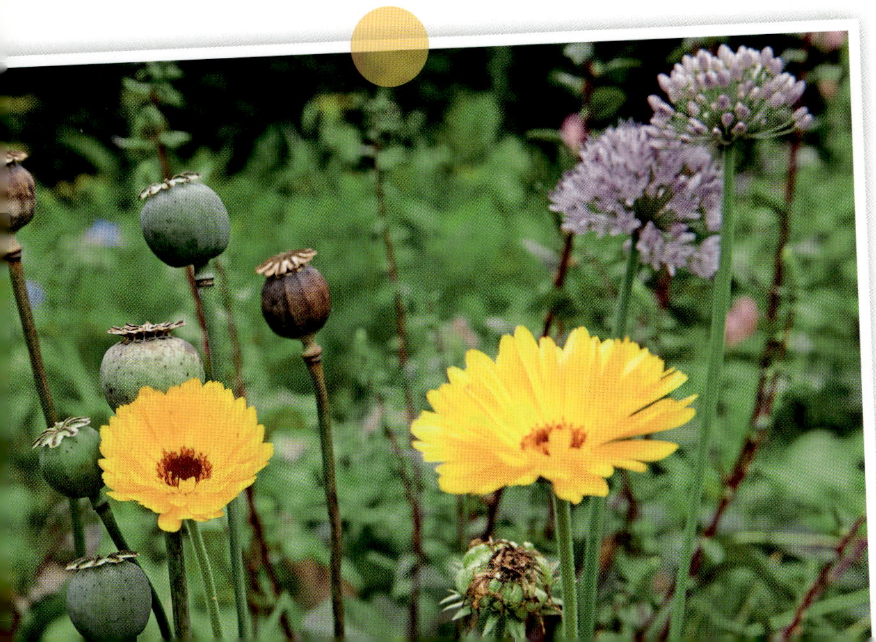

KRÄUTERBOUQUET

Ohne frische Küchenkräuter geht gar nichts! Am liebsten bereits zum Frühstück – auf dem Butterbrot, im Smoothie oder als bunter Farbklecks auf dem Tisch. Zu Mittag schmecken Salate und Suppen am besten mit viel Dill, Schnittlauch und Petersilie. Zum Abendbrot sind Quark und Dips perfekt – und ohne Kräuter undenkbar. Kräuter gehen immer, auch als kleines Präsent mit einer selbst geernteten Gurke.

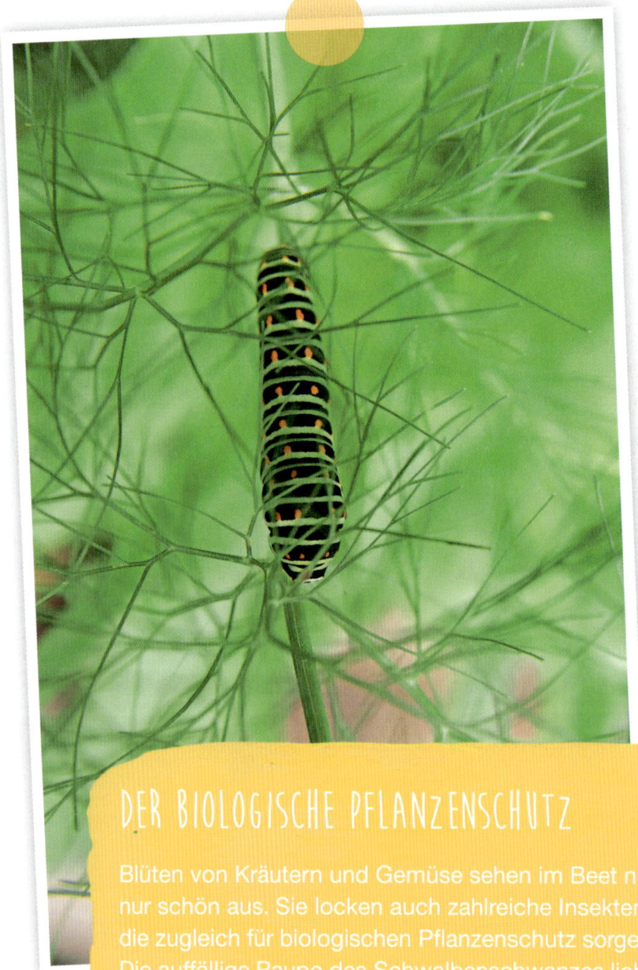

DER BIOLOGISCHE PFLANZENSCHUTZ

Blüten von Kräutern und Gemüse sehen im Beet nicht nur schön aus. Sie locken auch zahlreiche Insekten an, die zugleich für biologischen Pflanzenschutz sorgen. Die auffällige Raupe des Schwalbenschwanzes liebt als Futterpflanze fast alle Doldenblütler. Und da die Raupen einzeln auftreten, richten sie keinen spürbaren Schaden an und sollten unbedingt geschont werden.

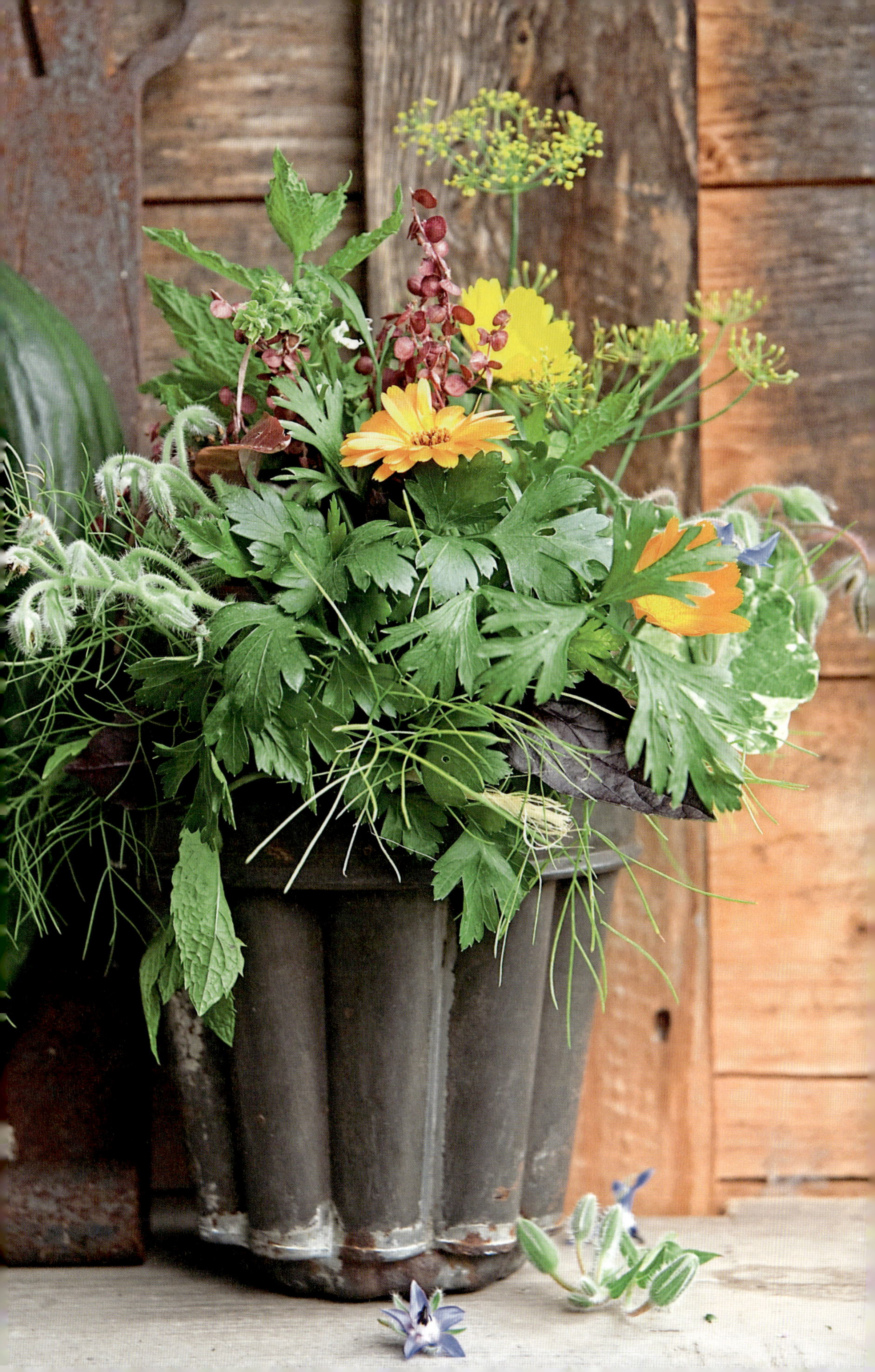

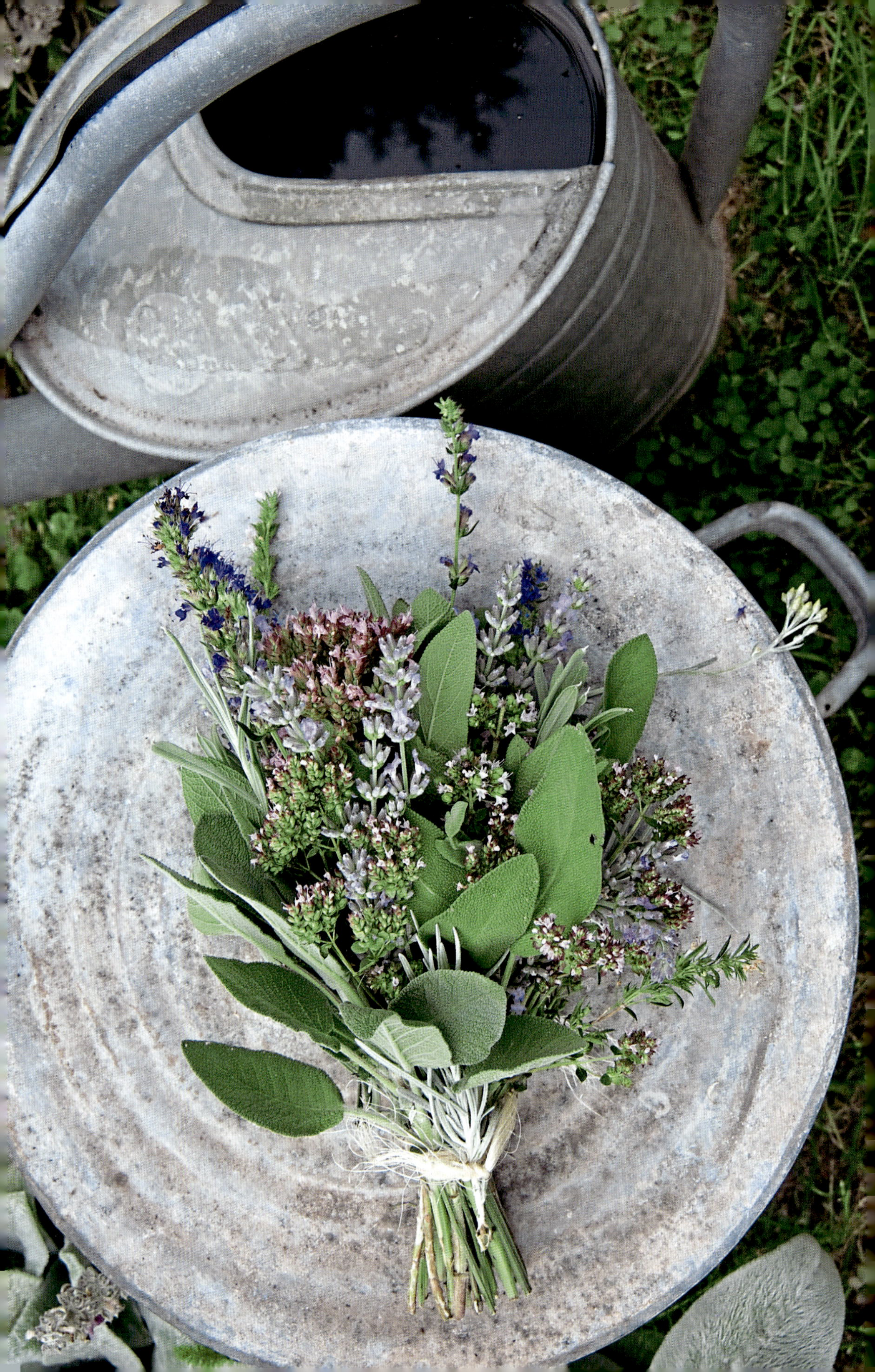

GRILLKRÄUTER

GRILLGEWÜRZE • MITBRINGSEL

Kein Sommer ohne Grillparty! Eine super Geschenkidee für spontane Einladungen oder als kleine Zugabe zum großen Geschenk – Kräutersträuße kommen immer gut an. Entweder werden sie gleich frisch verwendet oder an einen luftigen, schattigen Ort zum Trocknen gehängt.

10 MINUTEN

SO GEHT'S:

1. Zweige verschiedenster Kräuter und Blüten abschneiden.

2. Nun einen hübschen Strauß binden. Die Blüten sollten möglichst mittig angeordnet werden.

3. Das fertige Sträußchen mit Naturbast oder Jutestrick zusammenbinden.

Mediterrane Kräuter eignen sich hervorragend zum Marinieren von Fleisch und Gemüse oder auch direkt zum Grillen. Dafür legen Sie einfach eine Handvoll Kräuter auf die Glut. Der Kräuterrauch macht nicht nur Appetit, sondern aromatisiert das Grillgut zusätzlich mit einem würzigen Geschmack.

MATERIAL & WERKZEUG

- Zweige und Blätter von Rosmarin *Rosmarinus officinalis*, Thymian *Thymus vulgaris*, Salbei *Salvia officinalis*, Majoran *Origanum majorana*, Estragon *Artemisia dracunculus*, Bohnenkraut *Satureja* oder Pfefferminze *Mentha × piperita*
- Blumenmesser
- Naturbast oder Jutestrick

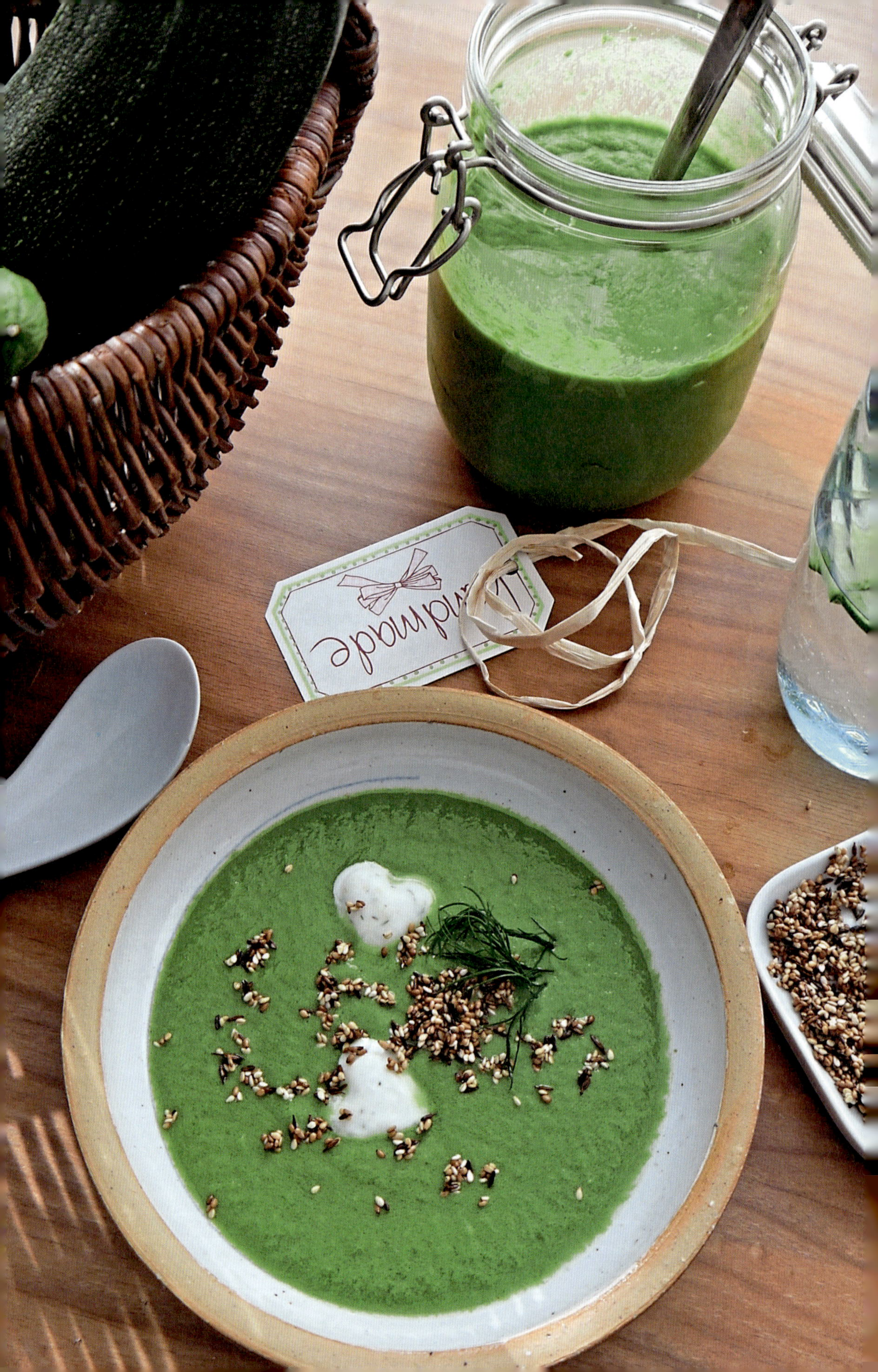

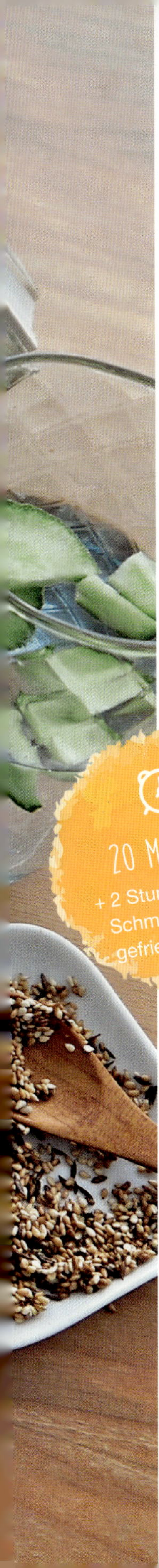

GRÜNE GURKENSUPPE IM GLAS

MITBRINGSEL • PARTYFOOD

Gurken sind dankbare Gartengewächse. Wenn sie genug gewässert werden, legen sie los und produzieren ihre schlanken Früchte mit dem typischen Geschmack von Grün. Oft leider viel zu viele. Aber kein Problem, im Sommer gibt es nichts Erfrischenderes als eine gut gewürzte Gurkensuppe. Da sie kalt genossen wird, ist sie ein tolles Mitbringsel im Glas.

Bereiten Sie die Suppe am besten mit den intensiver schmeckenden Einlegegurken zu. Garniert wird sie mit tiefgefrorenen Schmandherzen und in Butter geröstetem Sesam. Nicht nur optisch ein reizvoller Mix.

20 MINUTEN
+ 2 Stunden vorher Schmandherzen gefrieren lassen

ZUTATEN

- 4 bis 5 Einlegegurken oder 2 Salatgurken, in dicke Scheiben geschnitten
- Meersalz
- Ca. 4 Zweige frischer Dill, fein gehackt
- Ca. 4 Zweige frische Pimpernelle, klein geschnitten
- 2 EL Olivenöl
- 1 EL Chili
- 2 EL Mangoessig oder ein anderer heller, fruchtiger Essig
- Pfeffer
- 1 Prise Zucker
- Sesamkörner, in etwas Butter geröstet
- Mixer oder Pürierstab

FÜR DIE SCHMANDHERZEN:

- 1 Becher Schmand oder Joghurt
- Zitronenschalenabrieb, fein gehackt
- Etwas Salz
- Etwas vom gehackten Dill
- Flache Pralinenformen aus Kunststoff oder Silikon in Herzform

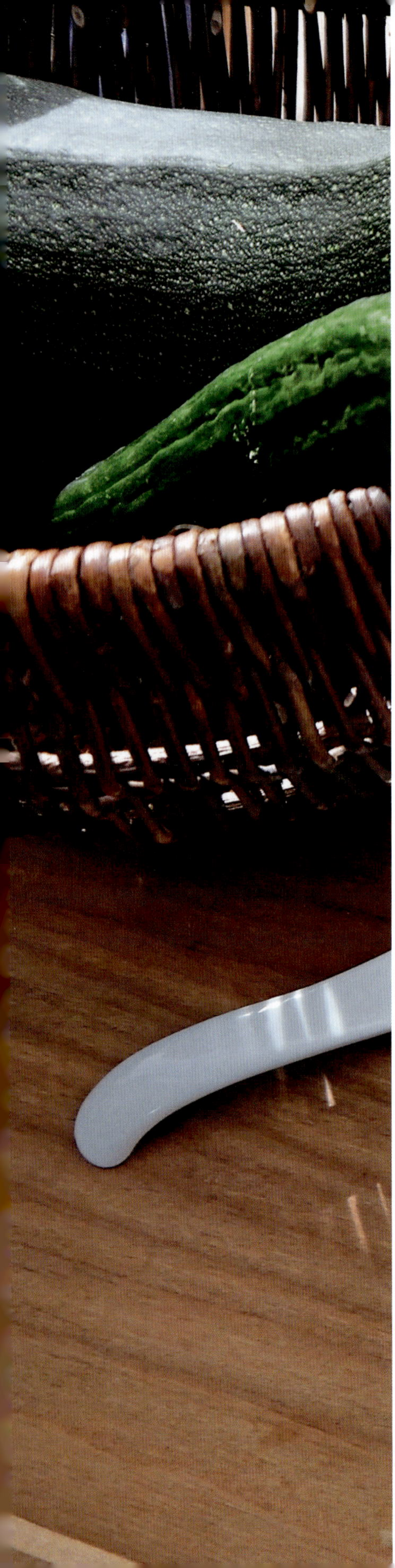

SO GEHT'S:

1. Den Schmand mit dem Zitronenschalenabrieb verrühren, etwas Salz und den gehackten Dill dazugeben. Den Mix in die Pralinenformen füllen und im Tiefkühlschrank gefrieren lassen.

2. Die Gurkenscheiben gut salzen und etwas ziehen lassen.

3. Inzwischen die Kräuter hacken.

4. Gurkenscheiben, Kräuter und Gewürze sowie Essig und Öl in eine Schüssel geben und so lange mixen, bis keine festen Stücke mehr zu sehen sind. Abschmecken, ins Glas füllen und im Kühlschrank ziehen lassen und aufbewahren.

5. Vor dem Servieren die gefrorenen Schmandherzen und den gerösteten Sesam zur Suppe geben.

Aromatisieren Sie mit einigen grünen Gurkenwürfeln stilles Trinkwasser. Das erfrischt herrlich an heißen Sommertagen.

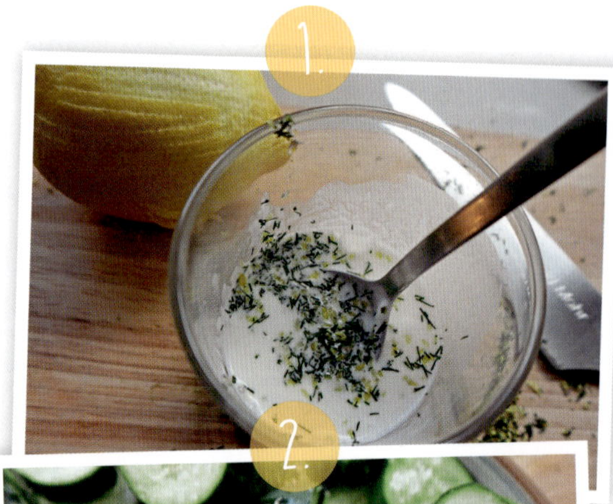

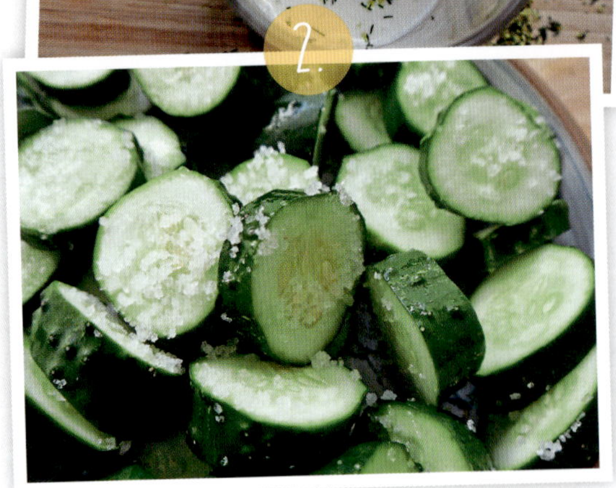

MINZEZUCKER

MITBRINGSEL • GRILLPARTY • FRUCHTWÜRZE

Minze ist ein vielseitiges Gartenkraut. Eine Handvoll Blätter im Wasserkrug macht aus geschmacklosem Nass ein belebendes Getränk. Eine Tasse Minztee erfrischt.

Im Mischsalat wirken ein paar Minzeblätter geschmacksverstärkend. Mit den mentholhaltigen Blättern können Sie auch Zucker aromatisieren. Nehmen Sie dafür zum Beispiel Spearmint-Minze, Hemingway-Minze oder die Thüringer Minze. Drei Sorten, die besonders intensiv schmecken. Minzezucker verfeinert den Geschmack von Ananas, Pfirsich oder Erdbeeren. Auch süße Melonen schmecken damit noch viel besser.

10 MINUTEN
+ Trockenzeit

SO GEHT'S:

1. Die frische Minze ernten. Das Kraut mit kaltem Wasser waschen und gut ausschütteln. Dann die Blätter abzupfen und mit Küchenpapier trocken tupfen.

2. Nun die Minzeblätter mit einem scharfen Messer klein schneiden, auf den Zucker streuen und untermischen. Die Zucker-Minze-Mischung nun auf ein Schneidebrett schütten und alles mehrfach mit einem breiten Messer durchhacken. Der Minzezucker kann frisch verwendet oder getrocknet werden. Das geht am schnellsten im Backofen.

3. Den Backofen auf 80 °C vorheizen und wieder ausschalten. Die Mischung nun auf einem Backblech ausbreiten und in dem noch warmen Ofen trocknen lassen.

4. Den getrockneten Minzezucker eventuell nochmals durchhacken, damit er feinkrümelig wird, und in ein Glas füllen.

Besonders lecker ist Minzezucker auf gegrillten Ananasscheiben. Dafür frische Ananas in 1 cm dicke Scheiben schneiden, auf den Grill legen und mit dem aromatisierten Zucker würzen.

ZUTATEN

- 3 frische Stängel einer stark mentholhaltigen Minzesorte
- 100 g Zucker
- Küchenpapier
- Messer zum Hacken
- Schneidebrett
- Aufbewahrungsbehälter

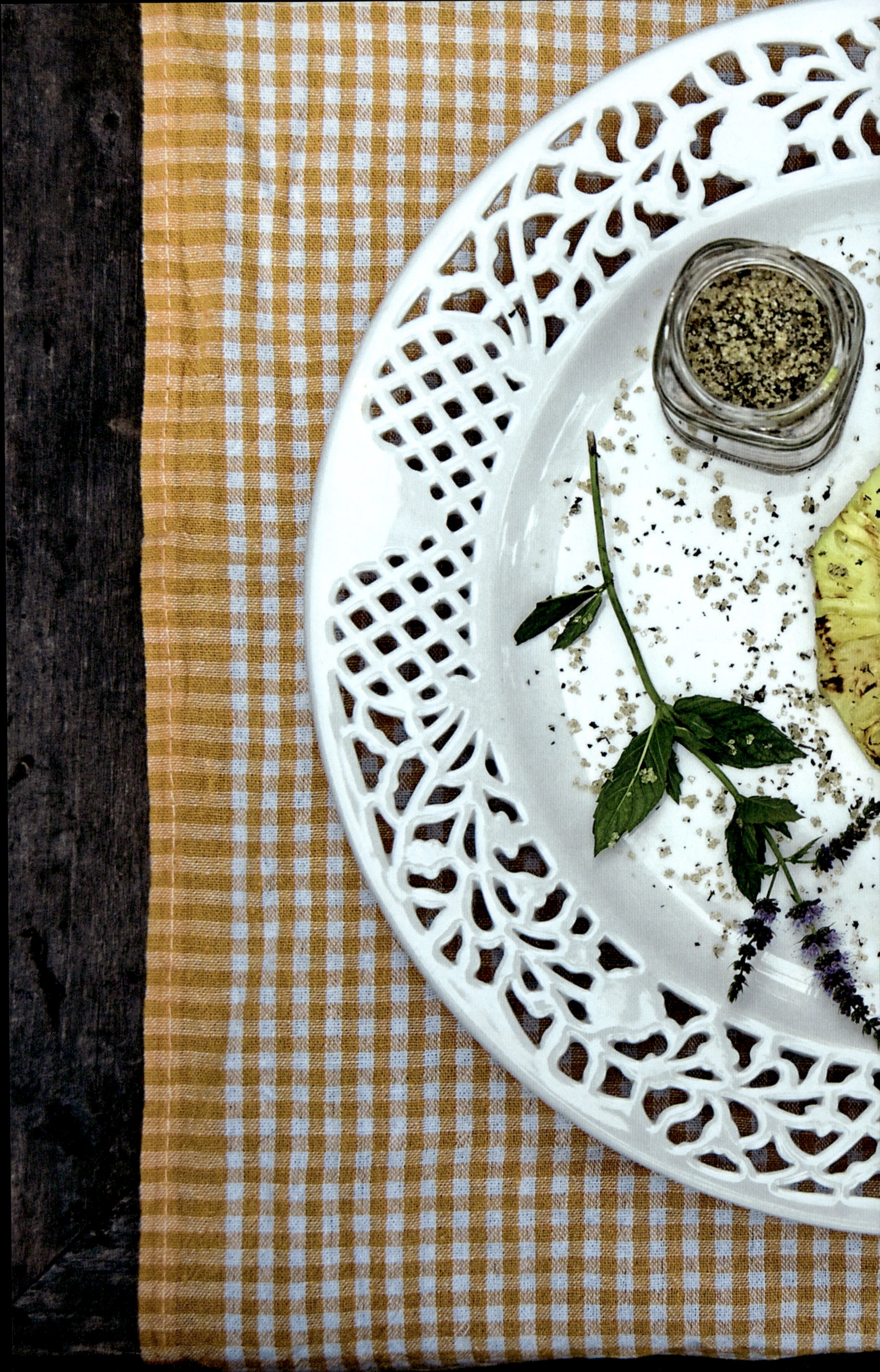

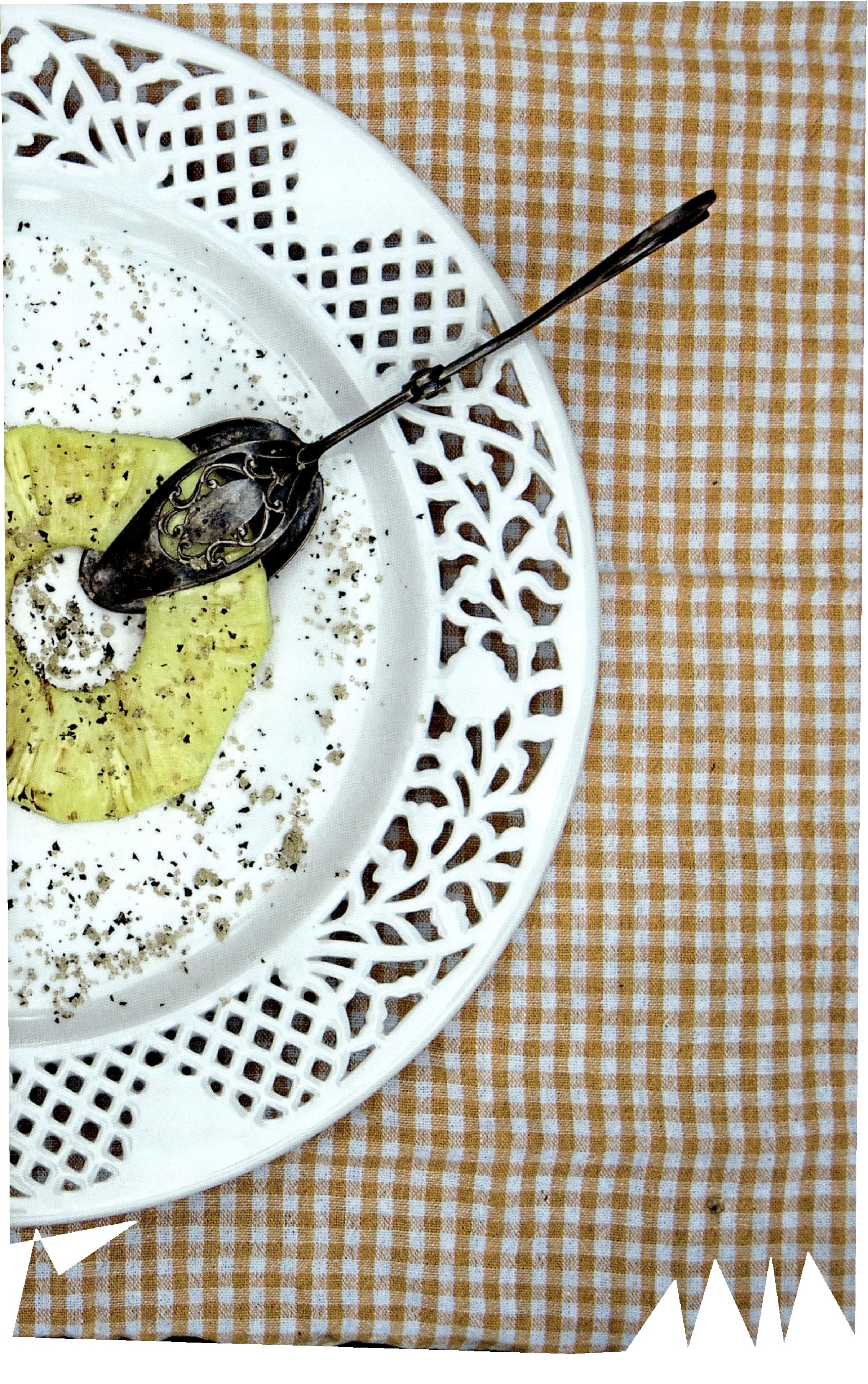

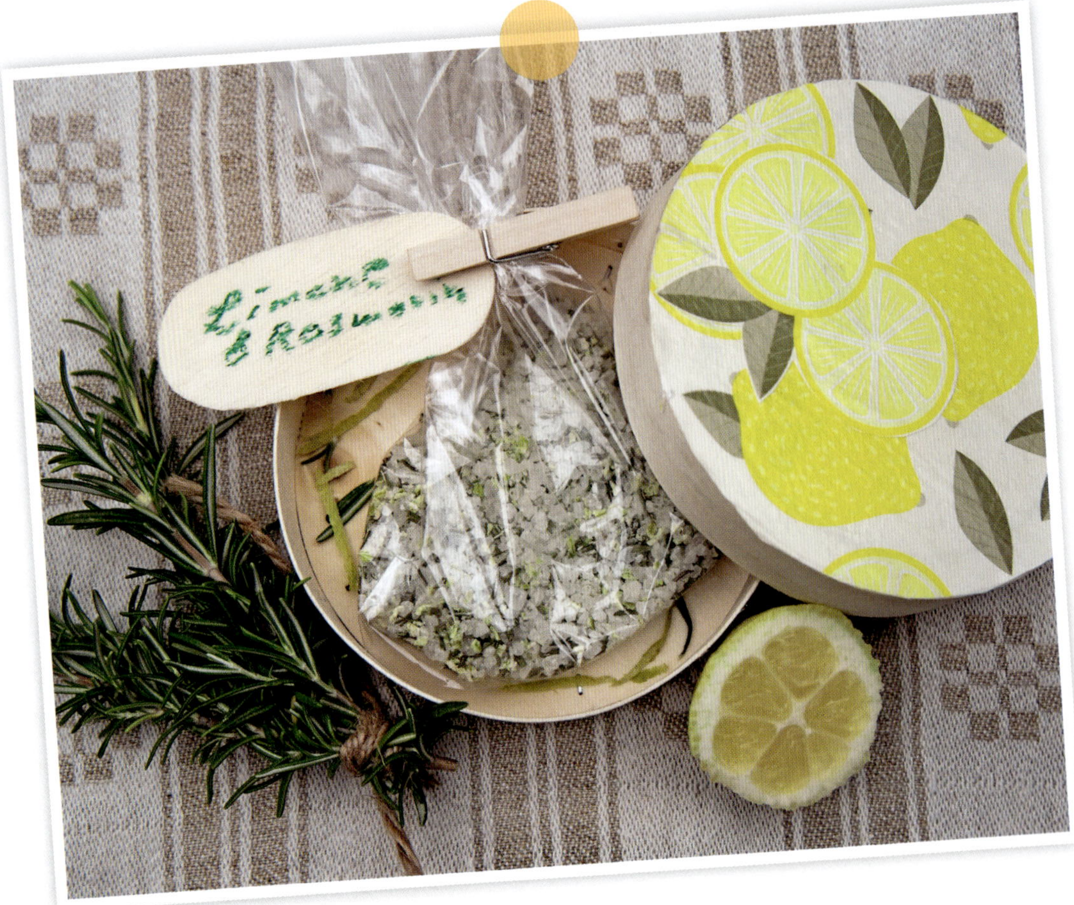

KRÄUTERSALZ MIT LIMONE UND ROSMARIN

MITBRINGSEL • FLEISCH- UND SALATGEWÜRZ

Mediterrane Würzkräuter wie Rosmarin sollten ab und zu zurückgeschnitten werden, damit sie buschig bleiben und nicht kahl werden. Wussten Sie, dass Rosmarin und feiner Zitronenschalenabrieb ein würziges Traumpaar sind? Besonders, wenn sie mit grobem Meersalz vermischt werden.

15 MINUTEN
(für das frische Salz)

Zitronen reifen als Kübelpflanze auch bei uns problemlos, wenn sie in den Wintermonaten gut gegen Frost geschützt drinnen ausharren dürfen. Sie blühen und fruchten das ganze Jahr über. Früchte, die im Herbst noch grün sind, überdauern die kalte Jahreszeit und reifen erst im nächsten Sommer aus. Eine mühevoll selbst gezogene Zitrusfrucht muss ganz und gar verwendet werden. Gut, dass die ätherischen Öle in der Schale ungemein wichtig für den Geschmack der Salzmischung mit Rosmarin sind. Damit können Sie eine leckere Butter zubereiten oder ein Steak würzen. Auch in Salaten ist die Salzmischung ein echtes Highlight. Verpackt wird das Salz in einer Käseschachtel.

SO GEHT'S:

1. Zuerst die nadelartigen Blätter der Rosmarinzweige gegen die Wuchsrichtung abstreifen.

2. Die Zitrone mit kaltem Wasser waschen. Dann rundherum mit dem Zestenschneider feine Schalenstücke abziehen.

3. Zitronenzesten und Rosmarinblätter auf einem Schneidebrett hacken. Das Salz aufstreuen und weiterhacken, bis alles gut vermischt ist. Es kann nun frisch verwendet oder an der Luft oder im Backofen getrocknet werden: Den Backofen hierfür auf 80 °C vorheizen und ausschalten. Die Mischung nun auf einem Backblech ausbreiten und alles im noch warmen Ofen trocknen lassen.

4. Nun das aromatisierte Salz in einen Zellophanbeutel füllen. In diesem Beutel bildet sich kein Kondenswasser und das Salz kann somit nicht verklumpen. Eine kleine Holzklammer ist ein passender Verschluss.

Als Geschenk können Sie die Salztüten in eine leere Käseholzschachtel stecken und mit passenden Motiven bekleben. Das Holzetikett wurde aus einer Spanschachtel mit der Schere ausgeschnitten.

ZUTATEN

- 100 g grobes Meersalz
- 2 ca. 15 cm lange Zweige Rosmarin *Rosmarinus officinalis*
- 1 Zitrone (selbst gezogen oder eine ungewachste Biofrucht)
- Zestenschneider für die Zitronenschale
- Messer zum Hacken
- Schneidebrett

FÜR DIE VERPACKUNG:

- Zellophanbeutel
- Käseholzschachtel
- Geschenkpapier
- Spanholz-Etikett

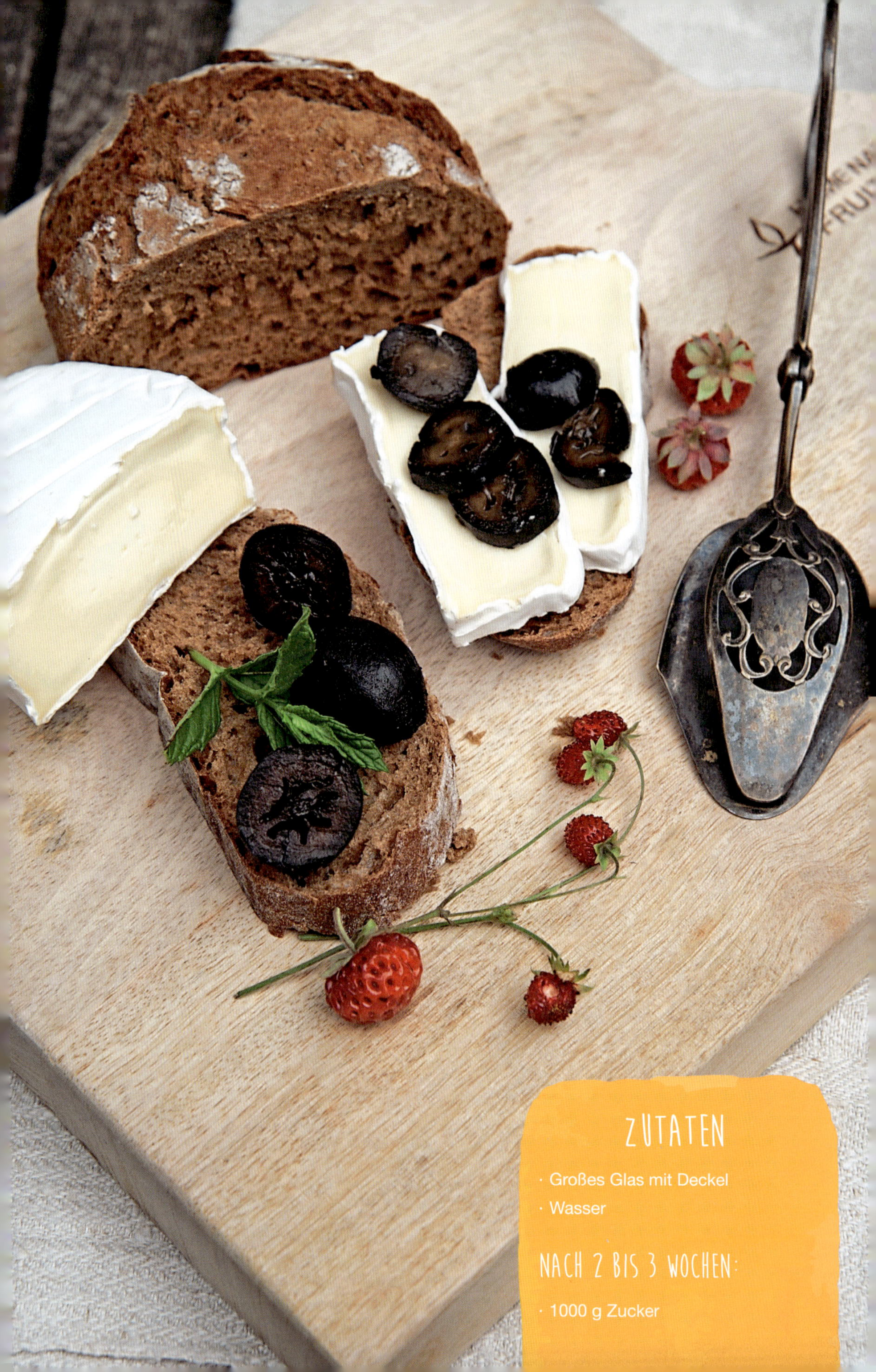

ZUTATEN

- Großes Glas mit Deckel
- Wasser

NACH 2 BIS 3 WOCHEN:

- 1000 g Zucker

SCHWARZE NÜSSE

LECKER ZU WEICHKÄSE • MITBRINGSEL

Wohin bloß mit all den Walnüssen, fragt sich im Herbst so mancher Nussbaumbesitzer. Dann ist es leider für folgende Spezialität zu spät. Schwarze Nüsse sind die perfekte Ergänzung zu cremigem Käse. Geerntet werden müssen die Nüsse bereits im Juni und zwar dann, wenn sie sich noch einfach durchschneiden lassen.

Lassen Sie sich durch die vielen Arbeitsschritte, die sich über mehrere Wochen hinziehen, nicht abschrecken. Es ist gar nicht so kompliziert, die grünen Nussbaumfrüchte in kohlrabenschwarze Delikatessen zu verwandeln.

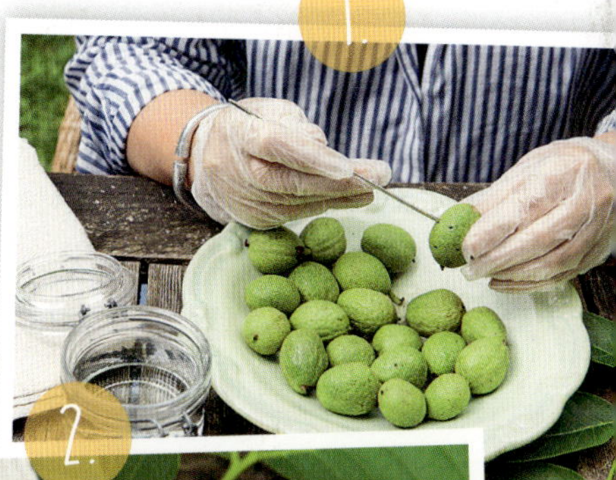

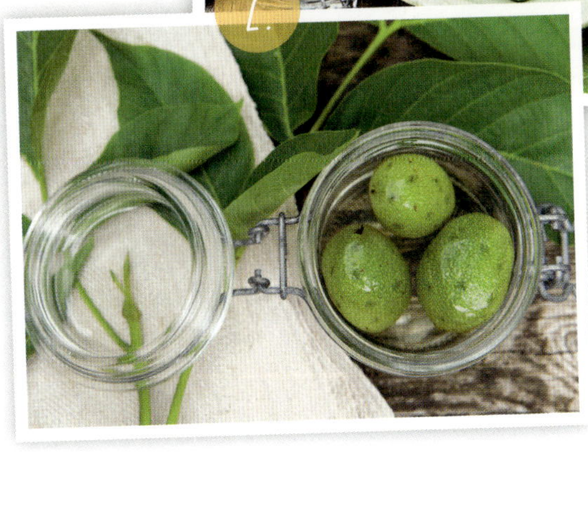

SO GEHT'S:

Im Juni noch weiche grüne Nüsse ernten und möglichst schnell verarbeiten.

1. Handschuhe anziehen, denn in den Nüssen steckt ein Farbstoff, der die Haut braun färbt und sich nicht abwaschen lässt. Mit der Nadel jede Nuss rundherum mehrmals an- oder durchstechen.

2. Die Nüsse nun in ein Glas mit Wasser legen. Den Deckel schließen und so im Kühlschrank positionieren, dass das Glas jeden Tag ins Auge fällt. Nun mindestens 14 Tage lang jeden Morgen das Wasser wechseln. Die Nüsse färben sich von Tag zu Tag schwärzer. Das Wasser dagegen färbt sich grünlich braun, weil langsam die Gerbsäure ausgeschwemmt wird.

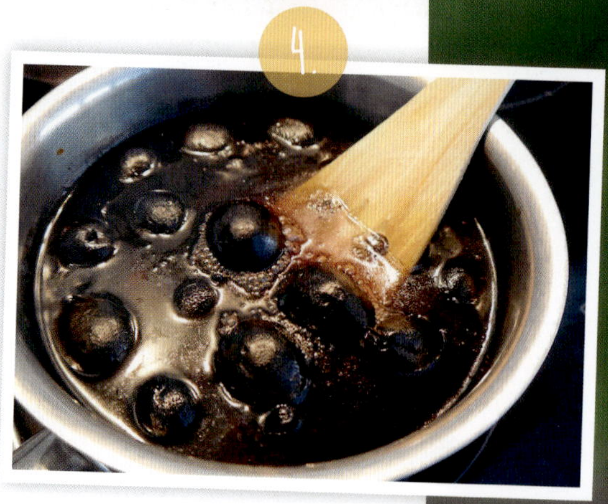

3. Sobald alle Nüsse komplett schwarz sind und das Wechselwasser relativ sauber bleibt, die Nüsse 30 Minuten in frischem Wasser kochen, abgießen und in ein Einweckglas füllen.

4. Damit die Nüsse im Glas vollständig bedeckt werden können, ausreichend Wasser in einen Topf füllen und ca. 100 g Zucker unter Rühren darin auflösen. Alles 10 Minuten zu Sirup kochen, dann abseihen und über die Nüsse kippen. Dann den Deckel verschließen, abkühlen lassen und am besten im Kühlschrank aufbewahren.

5. Am nächsten Tag den Sirup abgießen und in einem Topf auffangen. Nochmals 100 g Zucker dazugeben und wieder aufkochen und über die Nüsse im Einweckglas gießen. Den Deckel verschließen. Diesen Vorgang am dritten Tag wiederholen.

6. Am vierten Tag die Nüsse zusammen mit dem Sirup kurz aufkochen lassen. Dann je 4 bis 5 Nüsse in ein sauberes Glas füllen und den Deckel verschließen.

7. Die Gläser an einem kühlen Ort (Keller oder Kühlschrank) bis zur Weihnachtszeit ziehen lassen. Dann sind sie perfekt im Geschmack.

Die aromatisch würzigen, weichen Nüsse halten sich einige Monate im Würzsudglas. Sie schmecken gut zu allen Weichkäsesorten. Am besten werden sie vor dem Verzehr in dünne Scheiben geschnitten. Was für ein Genuss!

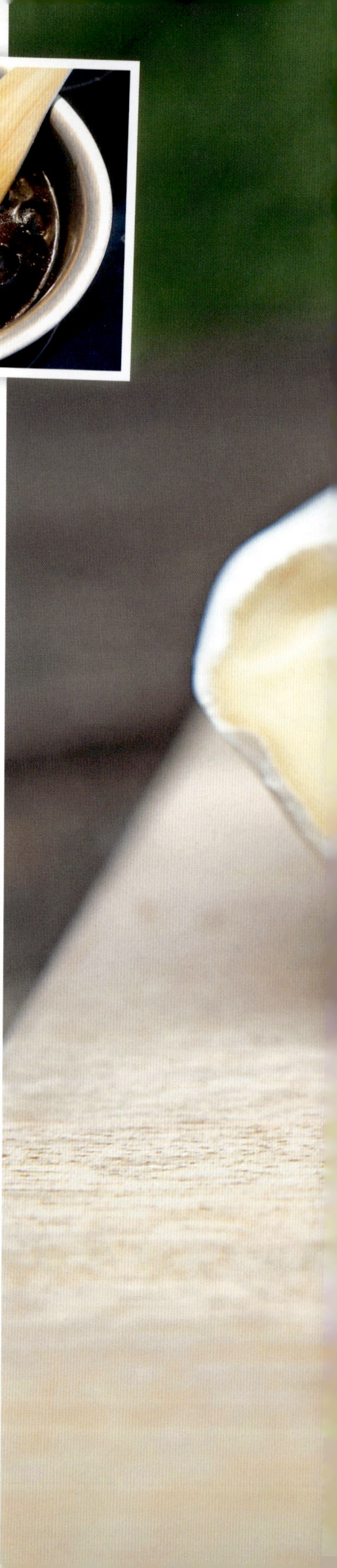

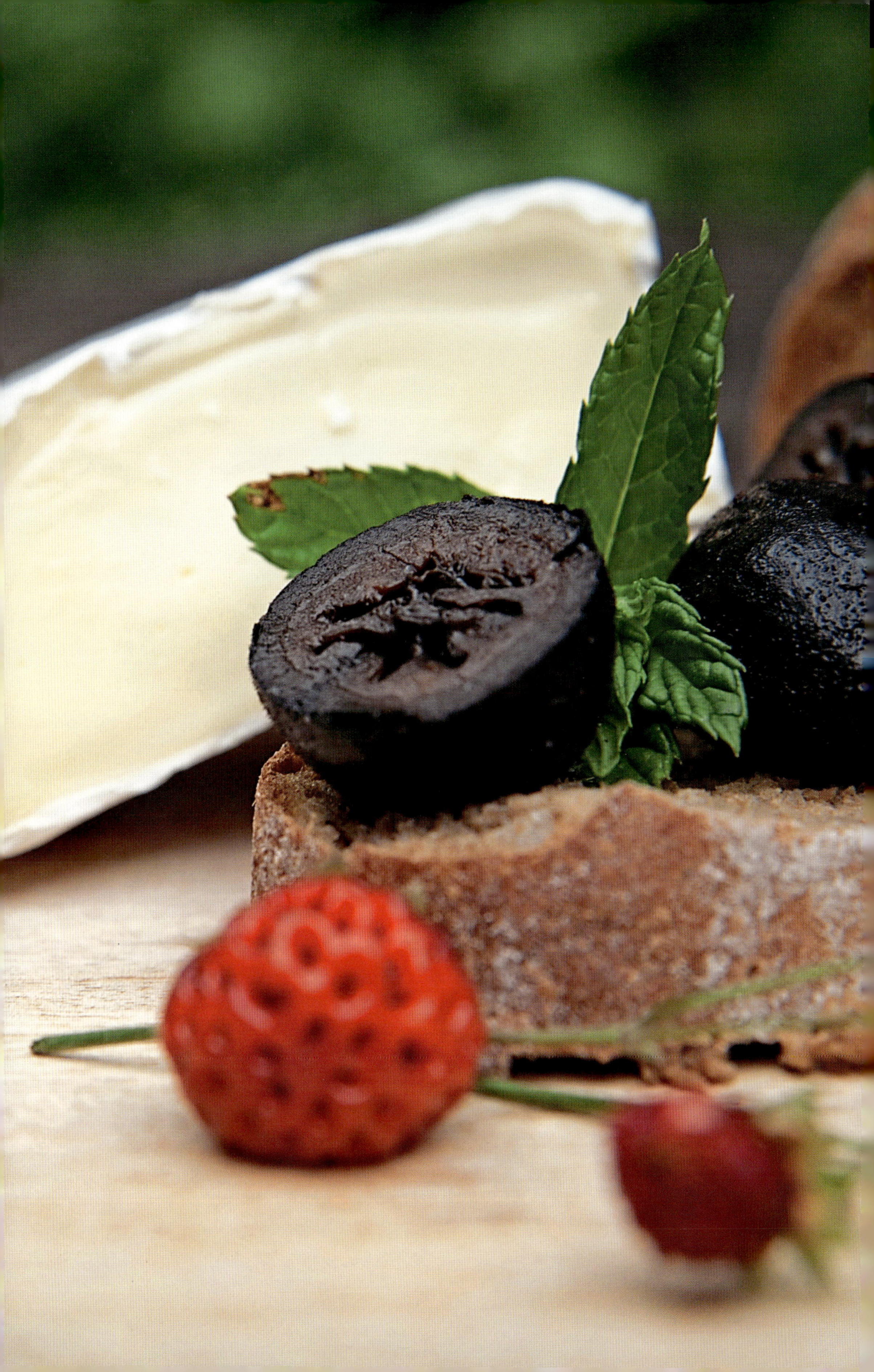

THÜRINGER KIRSCHPFANNE

GASTGESCHENK • SOMMERFEST

Wohin nur mit all den Kirschen? Backen Sie doch mal wieder. Alljährlich zur besten Kirschenzeit gehört eine Kirschpfanne zum Speiseplan. Sie ist allerdings kein Kuchen, sondern eine süße Hauptspeise. Jede Familie hat hier ihre eigene traditionelle Variante. Einige schichten abwechselnd Brötchenscheiben und Kirschgrießmasse, andere decken die Pfanne mit knackigem Zwieback ab. Das folgende Rezept stammt aus der Familie einer Weimarer Freundin. Toll ist, dass diese Speise in der Auflaufform leicht zu transportieren ist und sich schnell wieder aufwärmen lässt. Denn warm schmeckt eine Thüringer Kirschpfanne einfach am besten.

2 STUNDEN (ohne Kirschenernte)

SO GEHT'S:

1. Aus Milch, Zucker und Grieß einen Grießbrei kochen. Den Topf etwas abkühlen lassen und dann Eier, Quark, Vanillezucker, den Zimt und das Aroma einrühren.

2. Die Kirschen von den Stielen befreien, aber nicht entkernen.

3. Die altbackenen Brötchen in Scheiben schneiden. Einige schöne, gleich dicke, runde Scheiben beiseitelegen, den Rest grob würfeln.

4. Brötchenwürfel und Kirschen in die Grießmasse einrühren.

5. Eine Auflaufform gut einfetten und alles einfüllen. Oben die Brötchenscheiben auflegen und Butterflöckchen darauf verteilen. Sie werden so goldbraun und schön knusprig.

6. Alles bei 180 °C rund 1 Stunde backen.

7. Noch warm genießen.

Etwas Zimt und Zucker zum Nachwürzen bereitstellen.

ZUTATEN

- 1 Liter Milch
- 300 g Zucker
- 250 g Grieß
- 3 Eier
- 250 g Quark
- 1 Vanillezucker
- Etwas Zimt
- Etwas Mandelaroma
- 500 g Kirschen
- ca. 3 Brötchen vom Vortag
- Etwas „gute" Butter

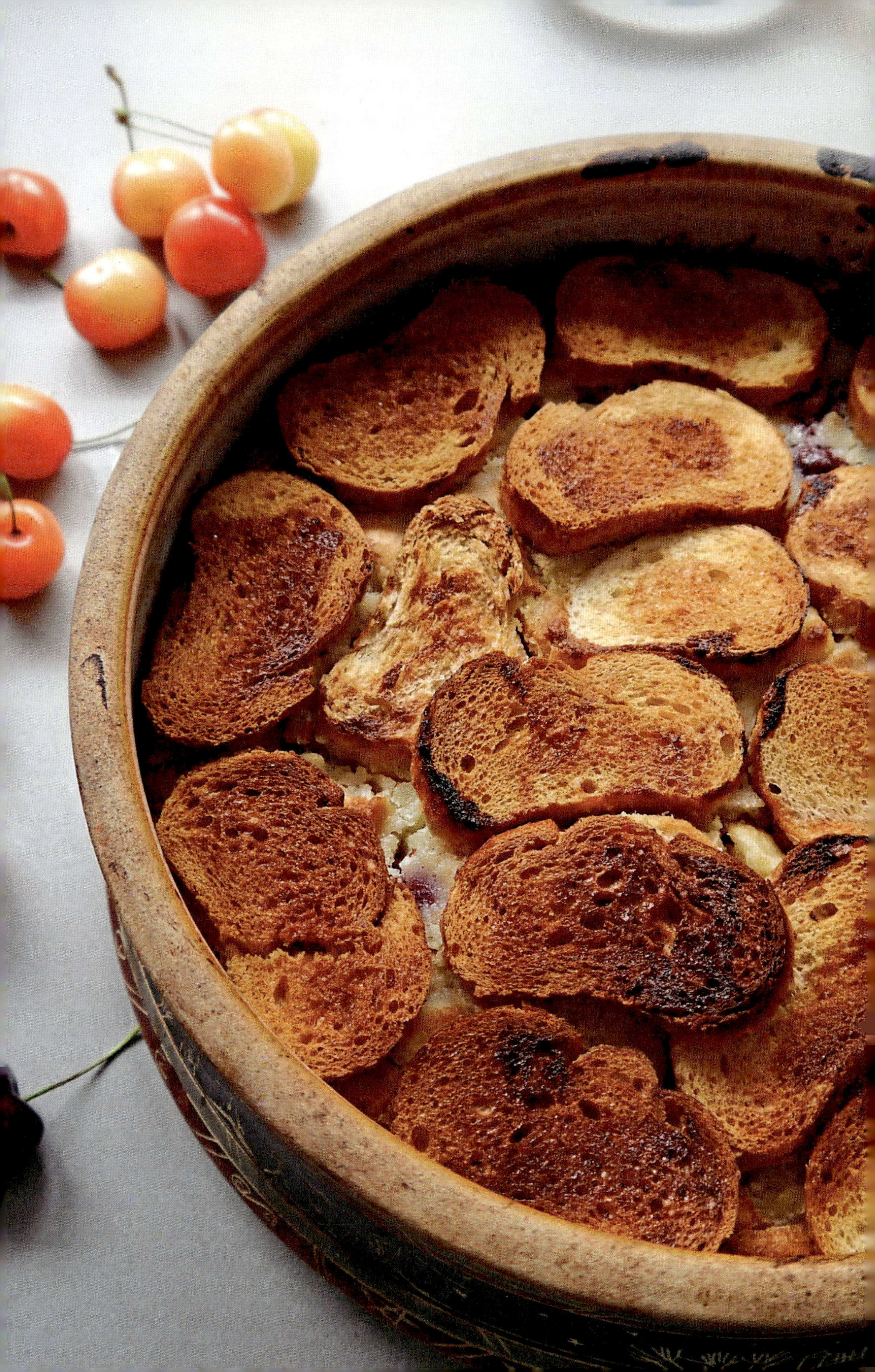

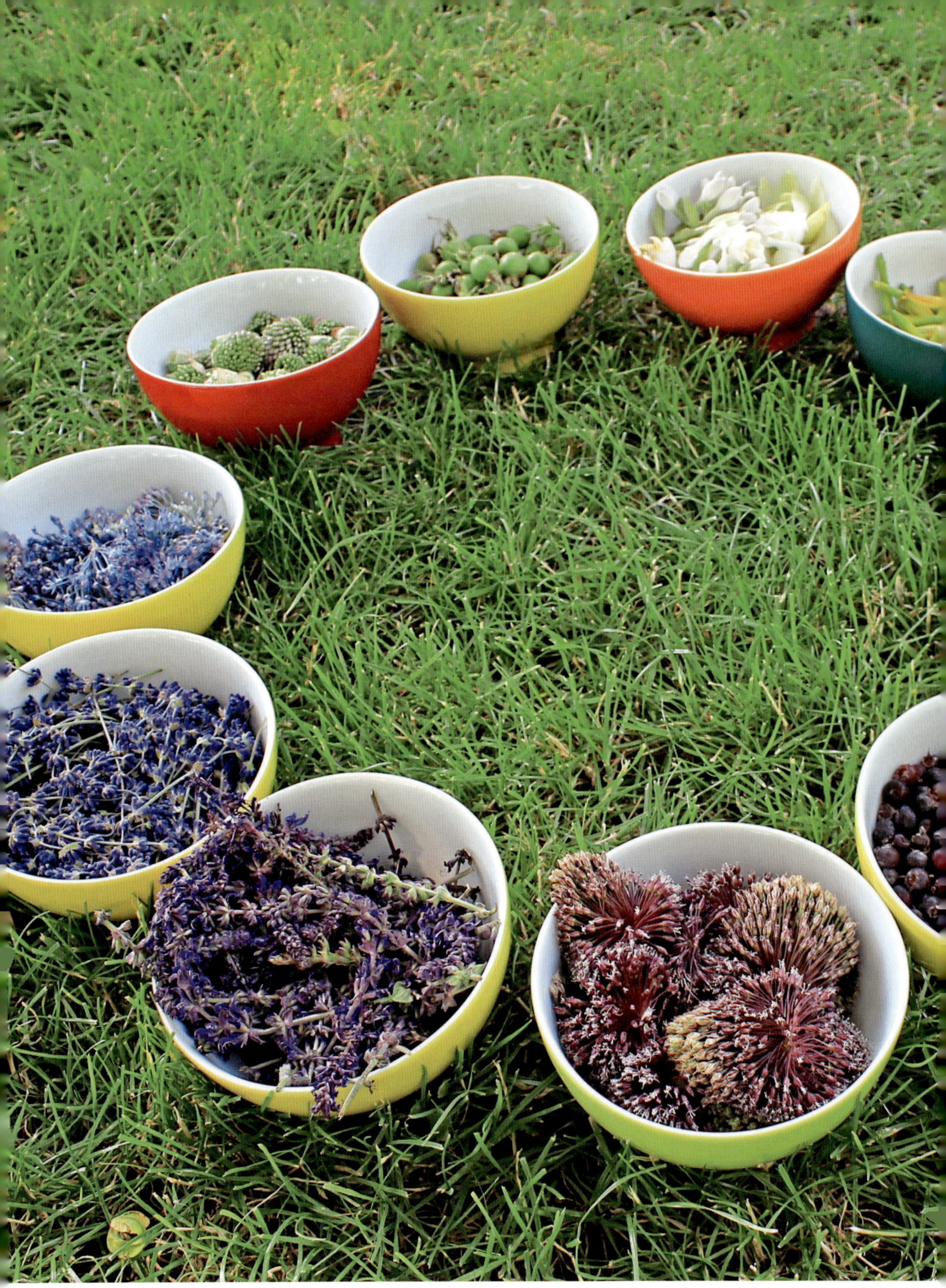

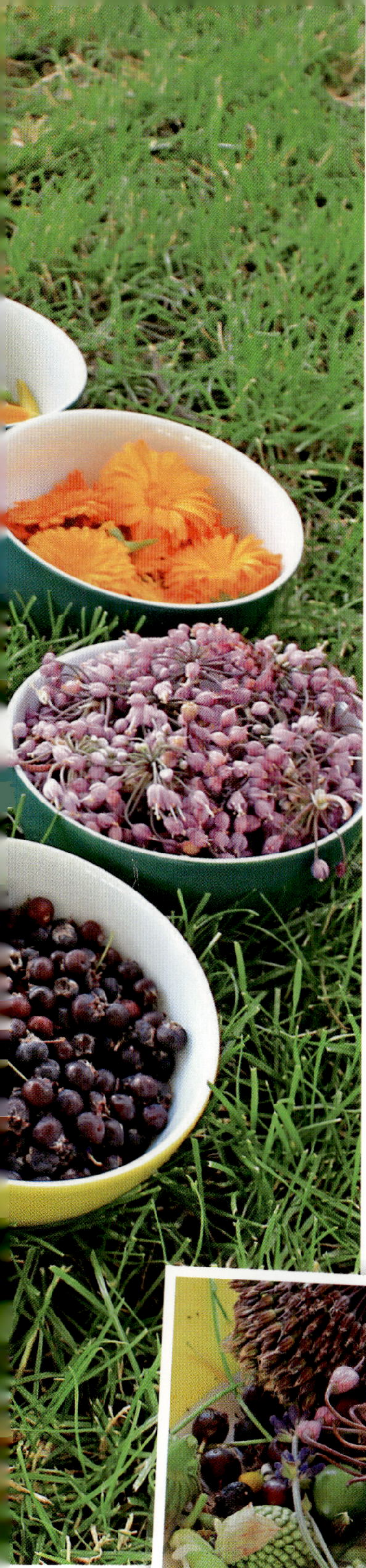

BLÜTENVIELFALT

Sie verführen, duften, färben den Garten bunt und schmecken. Ja, wirklich: Kosten Sie sich einfach mal durch an der Blüten-Ess-Bar.

Natürlich gibt es auch einige giftige Blüten. Die der Christrose, des Maiglöckchens oder des Fingerhutes gehören leider dazu. Diese bitte nicht probieren!

Manche werden in der Literatur als schwach giftig beschrieben. Klatschmohn mit seinem unvergleichlichen Rot zum Beispiel. Allerdings müsste ein Erwachsener einen ganzen Eimer davon verzehren. Einige Blütenblätter als Dekoration auf einem Quarkbrot sind einfach nur schön und lecker.

Mit kleinen Duftveilchen im Salat kann das kulinarische Blütengenussjahr beginnen. Frittierte Holunderblüten in Eierkuchenteig, gepaart mit Holunderblütengelee, sind ein Hochgenuss. Im würzigen Teigmantel frittierte Taglilienknospen oder Kürbisblüten sind eine Delikatesse im Spätsommer. Entdecken Sie, wie knackig Funkienblüten sind und wie würzig Alliumblüten schmecken. Im Herbst sollten Sie sich durch die verschiedenen Geschmacksrichtungen der Dahlienblütenvielfalt kosten.

Auf den nächsten Seiten finden sich Blütenideen zum Verschenken oder Selbstgenießen.

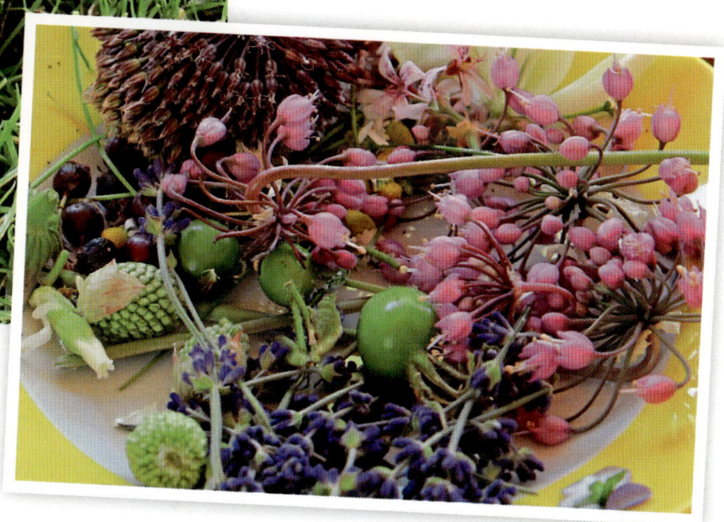

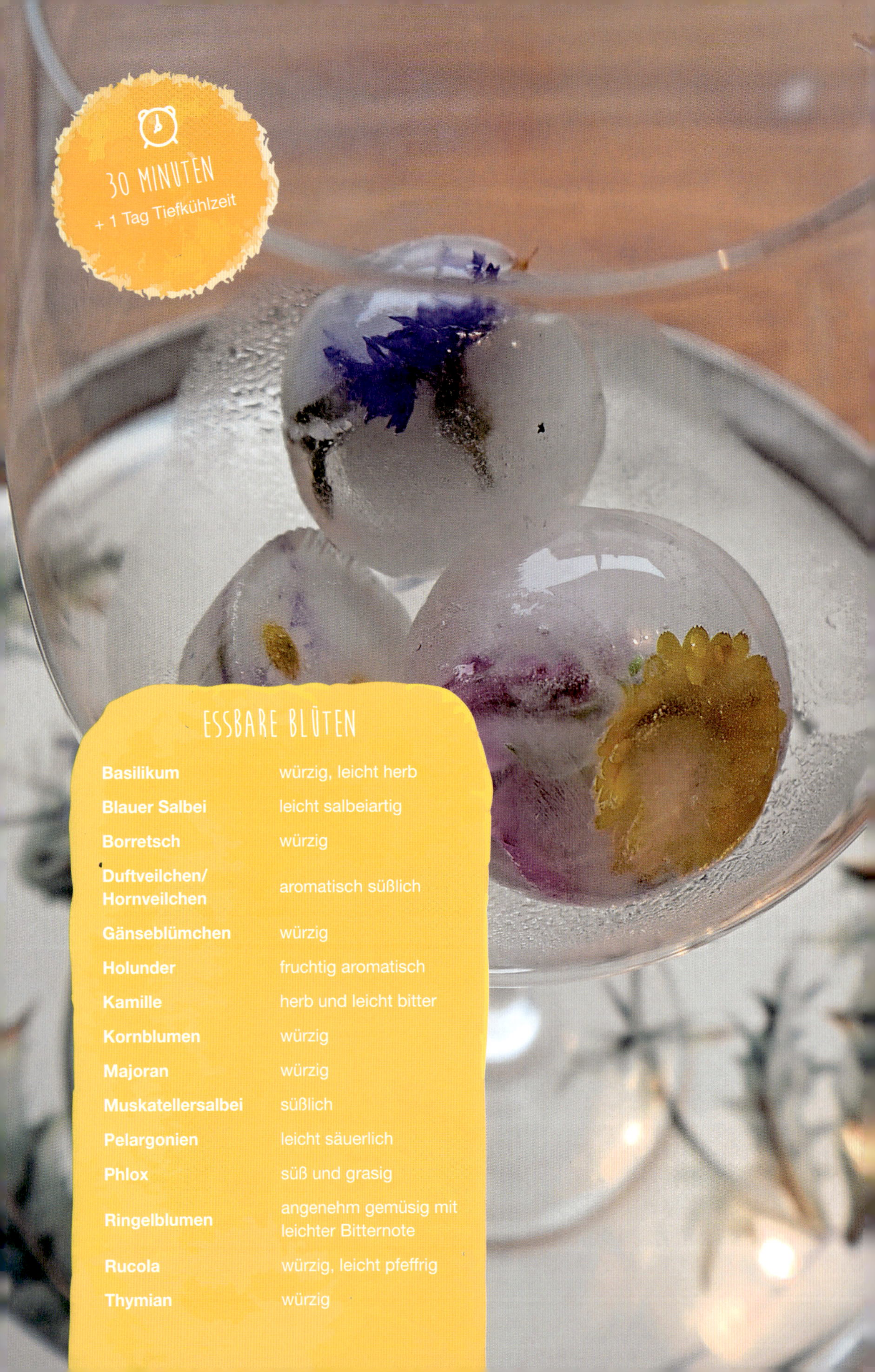

30 MINUTEN
+ 1 Tag Tiefkühlzeit

ESSBARE BLÜTEN

Basilikum	würzig, leicht herb
Blauer Salbei	leicht salbeiartig
Borretsch	würzig
Duftveilchen/ Hornveilchen	aromatisch süßlich
Gänseblümchen	würzig
Holunder	fruchtig aromatisch
Kamille	herb und leicht bitter
Kornblumen	würzig
Majoran	würzig
Muskatellersalbei	süßlich
Pelargonien	leicht säuerlich
Phlox	süß und grasig
Ringelblumen	angenehm gemüsig mit leichter Bitternote
Rucola	würzig, leicht pfeffrig
Thymian	würzig

EISBLÜTEN

FÜR GARTENPARTYS

Den Sommer festhalten und später genießen, das geht ganz einfach im Gefrierschrank. Ob alkoholfrei oder mit Schwips – essbare Blütenschönheiten von Eis umschlossen zieren jedes Getränk. Ist das Eis geschmolzen, kitzeln die Blüten die Zunge. Ein Genuss für Gaumen und Augen.

Probieren Sie die Eisblüten von Pelargonien und Kornblumen mit süßem Cidre und spritzigem Mineralwasser. Oder Sie versuchen mal Gin Tonic mit Thymian oder dem herben Geschmack von Kamillenblüten.

SO GEHT'S:

1. Ein paar Stunden vorher Wasser abkochen und abkühlen lassen, dadurch werden die Eiswürfel weniger milchig.

2. Die Blütenköpfe gut ausschütteln und auf Küchenpapier legen, damit kleine Insekten flüchten können. Nicht auswaschen! Dann nach Farben und Formen sortieren und in die Förmchen legen.

3. Damit die Blüten nicht nur oben schwimmen, die Formen zuerst nur halb voll mit dem abgekochten Wasser füllen. Dann kurz anfrieren lassen, anschließend erneut Wasser aufgießen und im Gefrierschrank durchfrieren lassen.

Glasklar werden Eiswürfel oder -kugeln, wenn sie langsam vereisen dürfen. Das geht mit dem Kühltaschentrick. Setzen Sie die gefüllten Formen in eine kleine Kühlbox und füllen Sie etwas Wasser in die Box. Dann ab damit in den Gefrierschrank. Da Box und Wasserbett isolieren, frieren die Blüteneiswürfel langsamer ein und bleiben glasklar, übrigens auch dann, wenn das Wasser nicht abgekocht wurde.

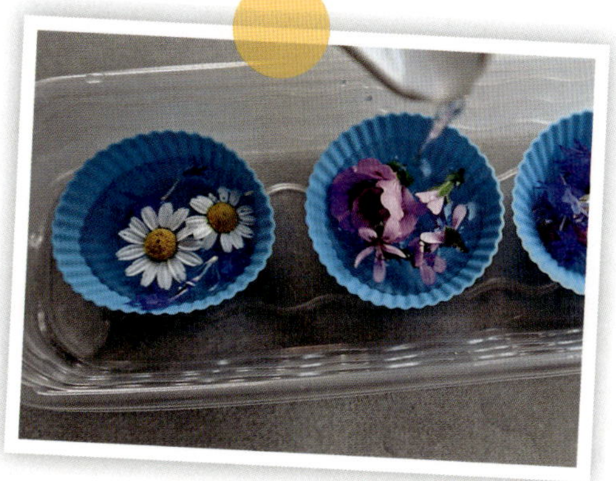

ZUTATEN

- Abgekochtes Wasser
- Kleine, ganze Blüten oder einzelne Blütenblätter
- Silikonformen für Törtchen oder größere Eiswürfelformen, damit die Blüten genug Platz haben

MONARDENTEE

GASTGESCHENK

Kennen Sie Goldmelisse, Indianernessel oder Monarde? Bei allen drei Bezeichnungen handelt es sich um eine Pflanzenart, genauer gesagt um eine Staude aus Nordamerika. Sie ist wunderschön, brilliert mit leuchtenden Farben, vor allem in Rottönen, duftet beim Vorbeigehen herrlich aromatisch und lockt Bienen und andere Insekten an. Ihre etwas zerzaust aussehenden Blüten schmecken sehr lecker als Teeaufguss.

Pflücken Sie also ein Sträußchen oder schenken Sie Ihren Gartennachbarn eine Schüssel mit Blüten und einigen Blättern für einen frischen Tee. Er hat ein herbwürziges Aroma und soll Kopfschmerzen und Magenprobleme lindern können. Monarden enthalten dem Thymian ähnliche ätherische Öle.

10 MINUTEN

SO GEHT'S:

1. Voll aufgeblühte Blüten und einige gesunde Blätter vor der Mittagshitze ernten und gut ausschütteln, damit sich keine Tierchen darin verstecken können.

2. Zwei Teelöffel frische Blüten und Blätter mit kochendem Wasser übergießen. Den Sud etwa 5 bis 10 Minuten ziehen lassen und anschließend abseihen.

Monardenblüten und -blätter können auch getrocknet werden. Dann reicht als Teeaufguss 1 Teelöffel für 150 ml heißes Wasser aus.

1.

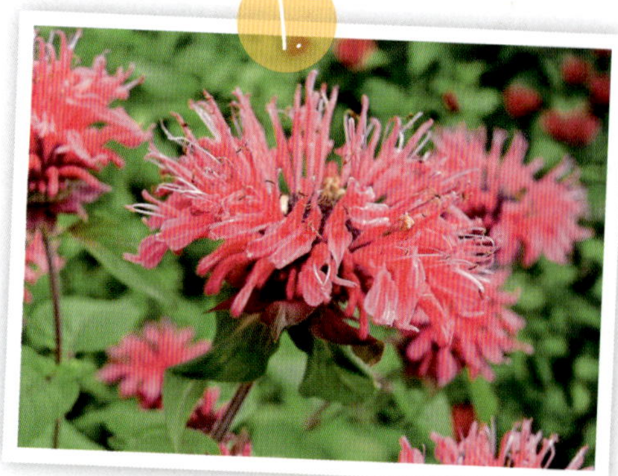

2.

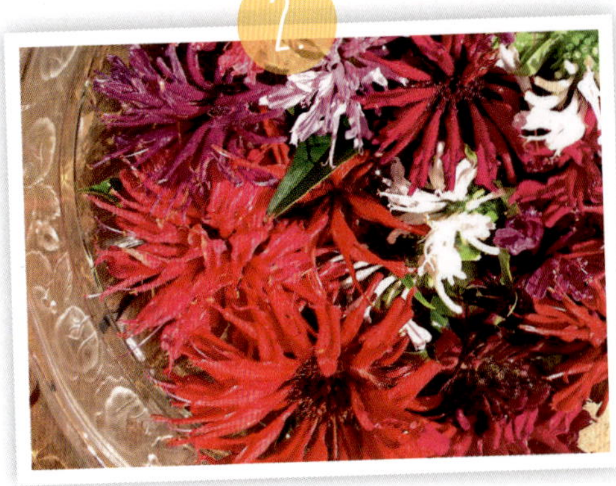

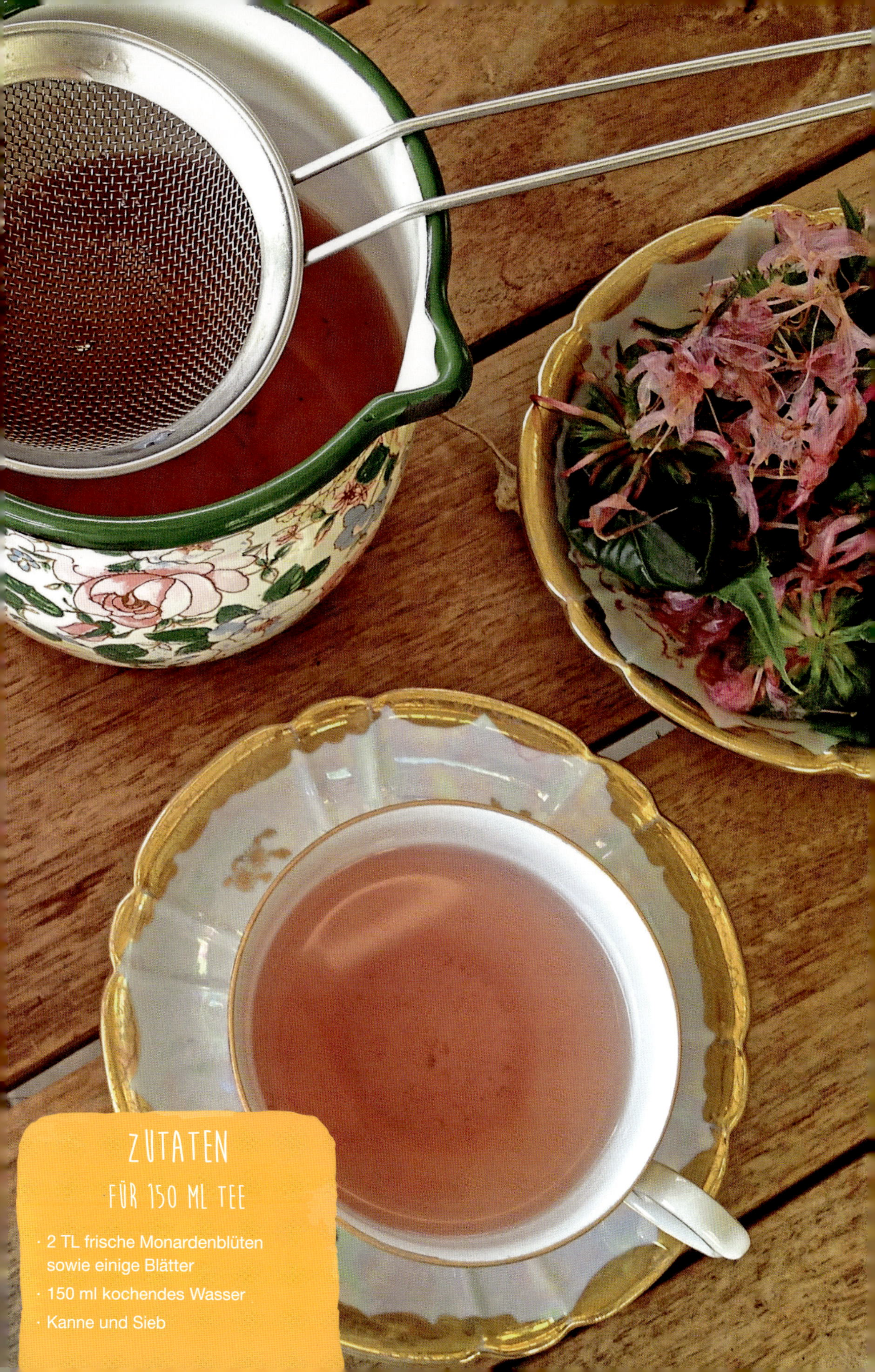

ZUTATEN

FÜR 150 ML TEE

- 2 TL frische Monardenblüten sowie einige Blätter
- 150 ml kochendes Wasser
- Kanne und Sieb

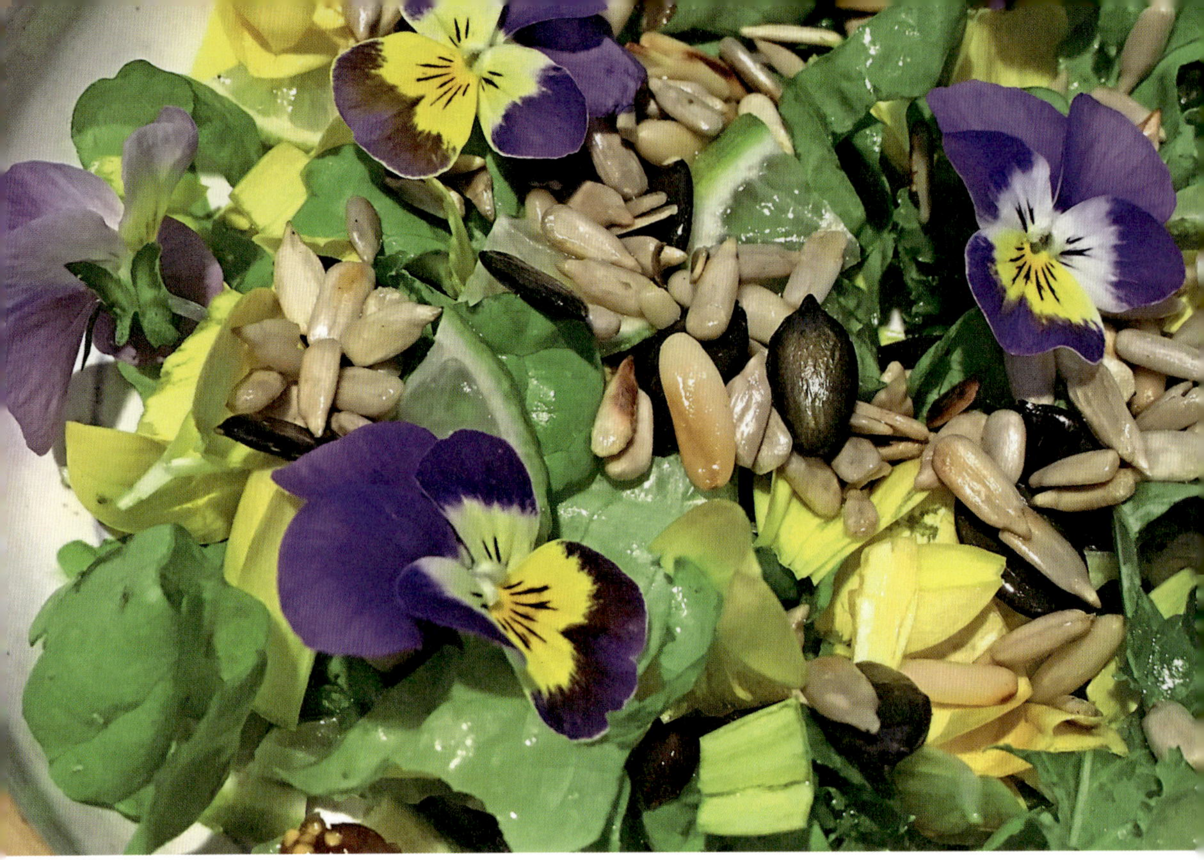

SALAT MIT DAHLIENBLÜTEN

FÜR GARTENPARTYS

Forscher glauben, dass die Dahlie eine wichtige Nahrungspflanze in tropischen Gebieten werden könnte, denn Dahlienknollen können gegessen werden.

Auch bei uns wird kulinarisch mit Dahlien experimentiert. Die einfachste Art, diese bunten Blumen zu genießen ist, sie in den Salat zu schnippeln. Kosten Sie sich durch die Farbenvielfalt der Dahlienblütenblätter. Helle Sorten schmecken weniger intensiv, dunkle Sorten kräftiger. Einige erinnern an Erbsen, andere sind herb.

Wichtig: Bitte nur Dahlienblüten aus dem eigenen Garten nehmen, denn gekaufte Topfware ist oft chemisch behandelt.

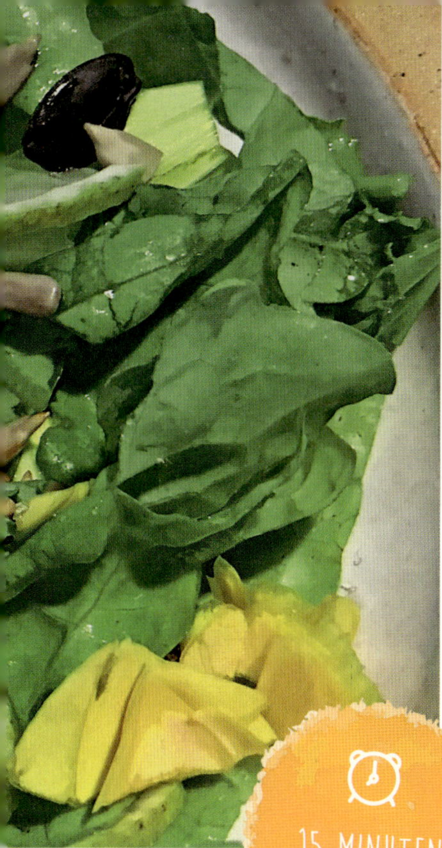

15 MINUTEN

ZUTATEN

- 2 Handvoll Dahlienblüten
- 4 Handvoll Salatblätter, wie junge Rote Bete-, Kohlrabi- oder Grünkohlblätter
- 1 Limette
- Arganöl oder gutes Olivenöl
- 1 Prise Salz
- 1 TL Rohrzucker
- 2 getrocknete Feigen, in Streifen geschnitten
- Salatkörnermix, in der Pfanne geröstet
- Evtl. andere essbare Blüten, wie Hornveilchen, als Farbtupfer

SO GEHT'S:

1. Die Dahlienblütenblätter auszupfen, nicht waschen, aber Kleintierchen – falls vorhanden – entfernen.

2. Die anderen Salatblätter waschen und mit der Hand klein zupfen.

3. Die Limette unter kaltem Wasser gut abputzen. Danach eine Hälfte in feine Scheiben schneiden und achteln. Die andere Hälfte für das Dressing auspressen.

4. Öl, Salz, Zucker und Limettensaft mischen und zum Salat-Dahlienblüten-Mix geben.

5. Getrocknete Feigen in dünne Streifen schneiden. Die Körnermischung anrösten und zusammen mit den Feigen und den Limettenachteln vorsichtig unter den Salat heben.

Leider sind Dahlienknollen nicht winterhart, sodass Sie sie vor dem Frost ausgraben sollten. Falls Sie keinen Platz zum Überwintern haben, bitte nicht wegwerfen, sondern einfach schälen, raspeln, würzen und roh genießen oder als Gemüse in Öl braten. Dahlienknollen sind stärkereich und einige Sorten schmecken sehr gut.

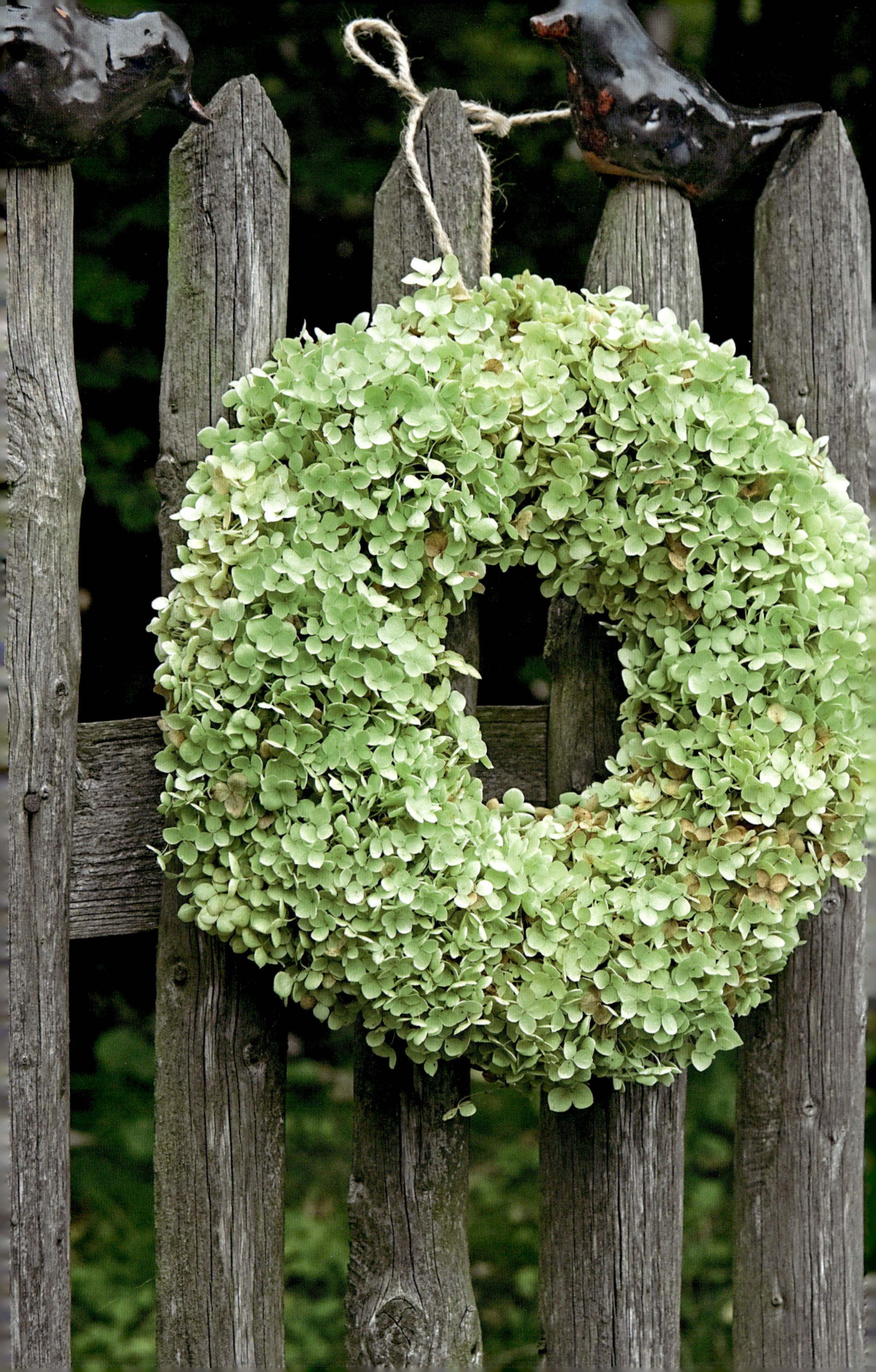

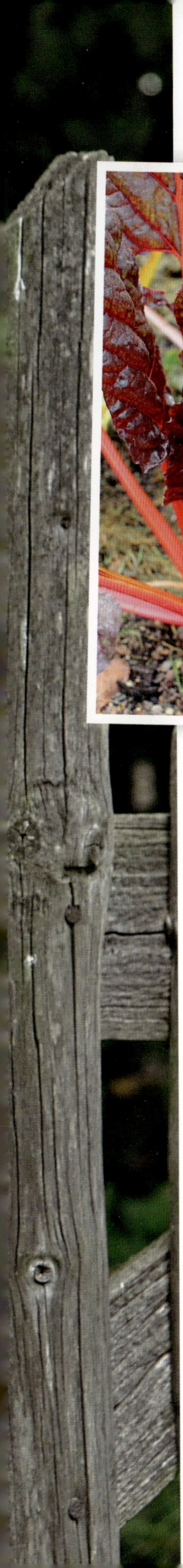

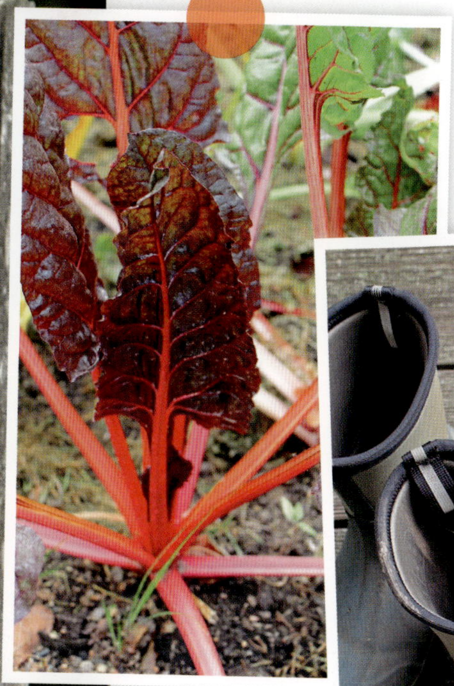

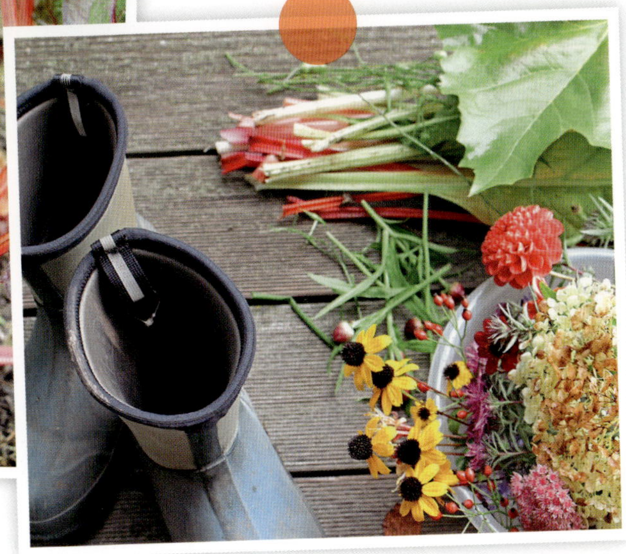

HERBST – ERNTEZEIT & SAMENREIFE

Der Herbst zieht noch mal alle Register und schenkt uns Gartenschätze im Überfluss. Die Spaziergänge durch den Garten fühlen sich wie Beutezüge an. Die Erntekörbe sind randvoll mit Dahlien, Walnüssen und Kürbissen gefüllt. Aus dem Boden holen wir bunte Kartoffeln und freuen uns über verwunschene Gemüseformen und das erste bunte Laub. Wird es draußen etwas ungemütlicher, haben wir genügend Sammelgut, um daraus Leckeres zu zaubern oder Kreatives zu gestalten. Nun gibt es (fast) für jede Gelegenheit die passenden Geschenke aus dem Garten.

GRÜNER GARTENTRAUM

MITBRINGSEL • DANKESCHÖN • TISCHSCHMUCK

Durchaus gibt es Zeiten im Garten, in denen nicht so viele bunte Blüten vorhanden sind. Grüne Blätter dagegen gibt es meist überall und sie passen zu allem. In Kombination mit Weiß- und Cremetönen wirkt Grün zudem ausgesprochen elegant.

30 MINUTEN

SO GEHT'S:

1. Große Blätter von Efeuranken, Bergenien oder Funkien abschneiden.

2. Schöne Blütendolden von Hortensien und Fetthenne, einige schöne grüne Äpfel und Zweige von Zieräpfeln und Wildrosenfruchtständen (Hagebutten) sammeln.

3. Die Steckmasse zum Wässern in eine Schüssel mit viel Wasser legen und warten, bis sie sich mit Wasser vollgesogen hat.

4. Nun die Steckmasse in dem Korb so positionieren, dass sie etwa 2 cm über den Rand des Korbes hinausragt.

5. Alle Stiele unten schräg anschneiden. Zuerst die großen Blätter an den Rand platzieren und dann mit dem anderen Grün die Steckmasse großzügig abdecken.

6. Die Blütendolden mittig stecken.

7. Die Äpfel auf ein oder zwei Holzspieße aufspießen und ebenfalls in das Gesteck stecken.

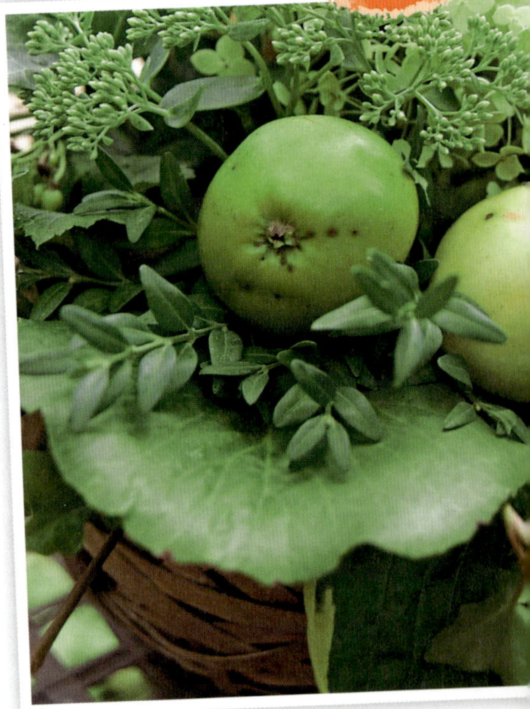

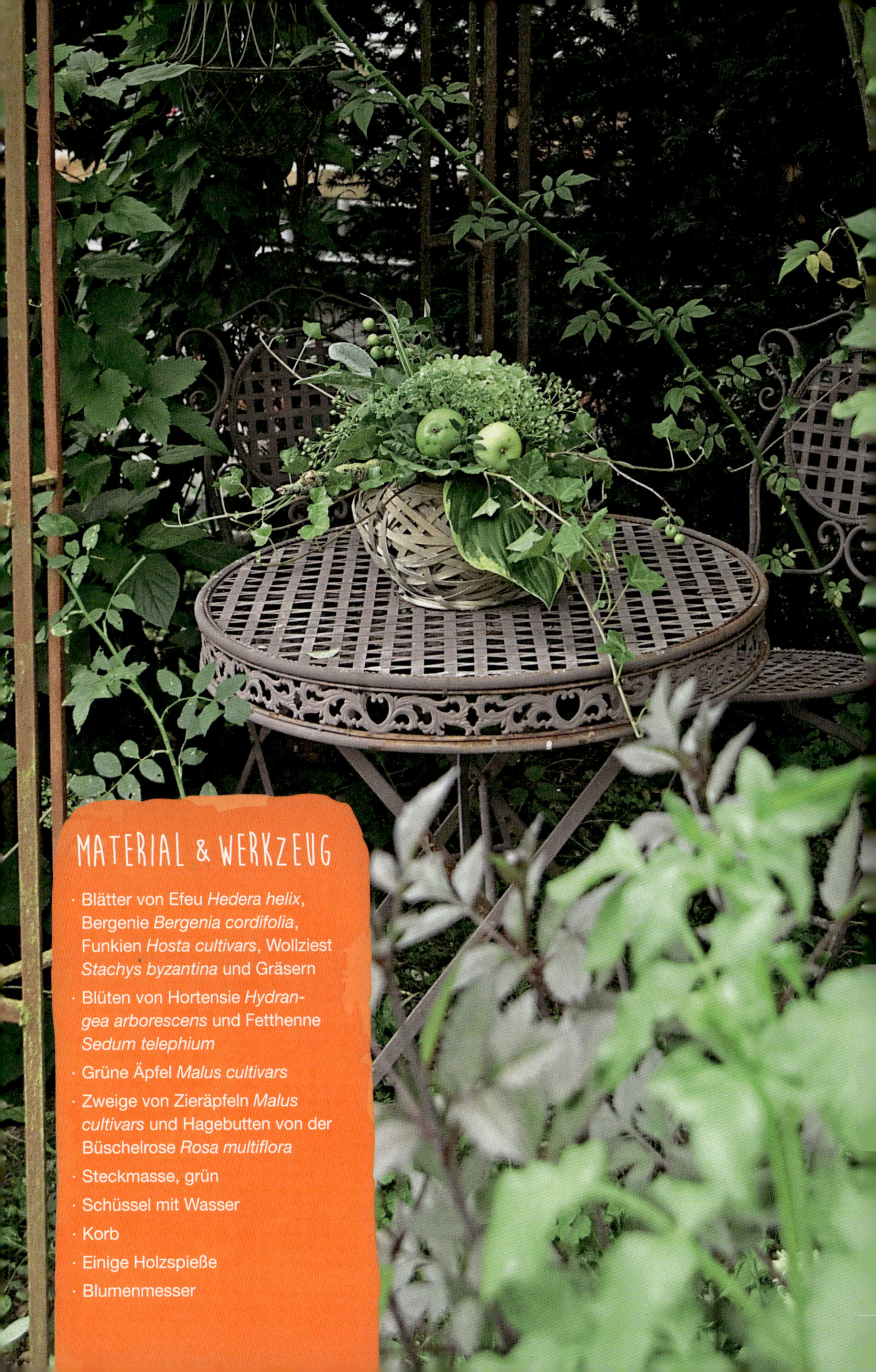

MATERIAL & WERKZEUG

- Blätter von Efeu *Hedera helix*, Bergenie *Bergenia cordifolia*, Funkien *Hosta cultivars*, Wollziest *Stachys byzantina* und Gräsern
- Blüten von Hortensie *Hydrangea arborescens* und Fetthenne *Sedum telephium*
- Grüne Äpfel *Malus cultivars*
- Zweige von Zieräpfeln *Malus cultivars* und Hagebutten von der Büschelrose *Rosa multiflora*
- Steckmasse, grün
- Schüssel mit Wasser
- Korb
- Einige Holzspieße
- Blumenmesser

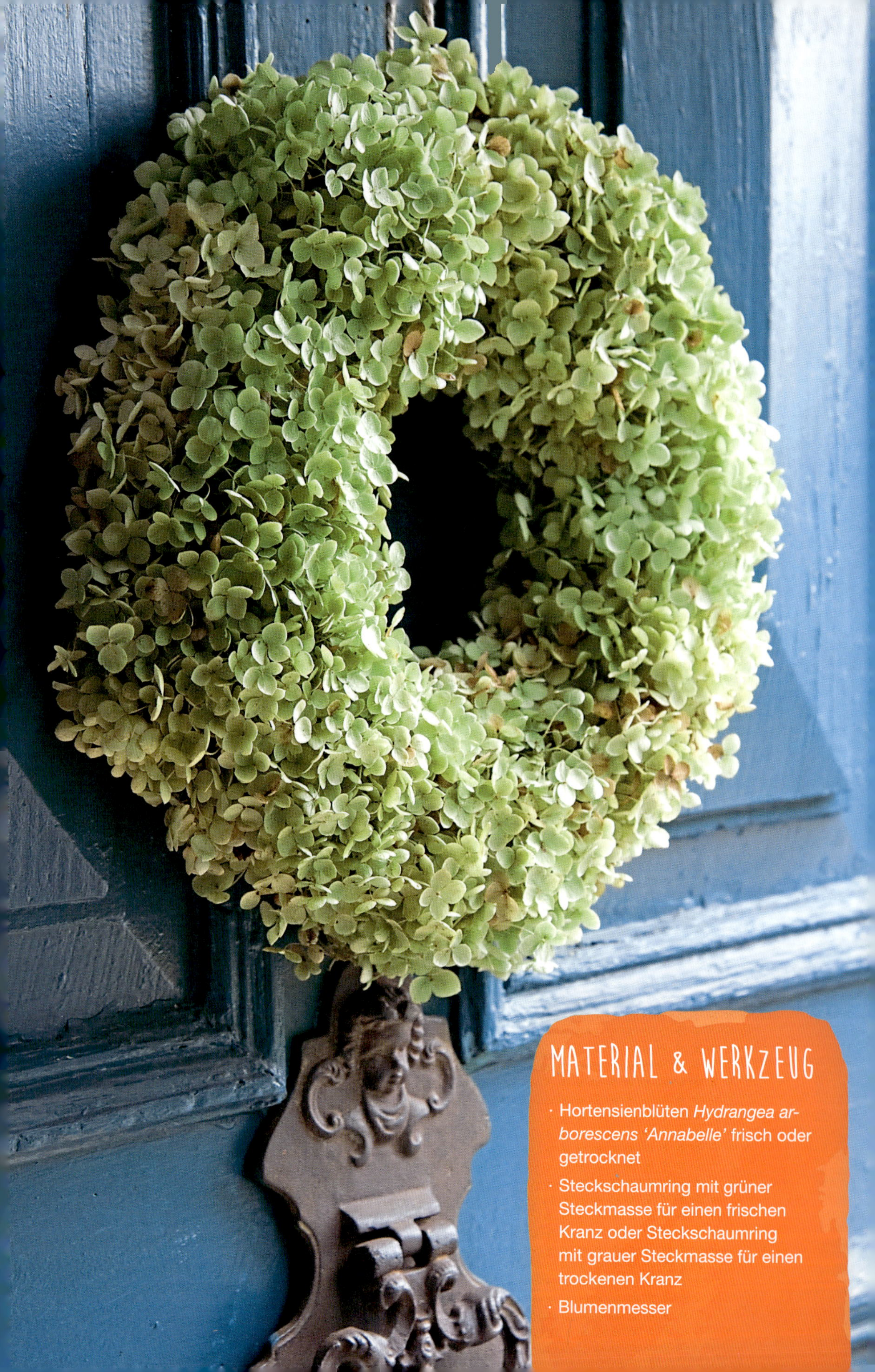

MATERIAL & WERKZEUG

- Hortensienblüten *Hydrangea arborescens 'Annabelle'* frisch oder getrocknet
- Steckschaumring mit grüner Steckmasse für einen frischen Kranz oder Steckschaumring mit grauer Steckmasse für einen trockenen Kranz
- Blumenmesser

NOSTALGISCHER HORTENSIENKRANZ

TÜRKRANZ • WANDSCHMUCK

Alljährlich strahlen Hortensien einen unwiderstehlichen Charme aus. Man könnte glauben, den Sommer mit seiner Üppigkeit einfangen zu können. Besonders hübsch sehen die kleinen, grünweißen Hochblätter der Ballhortensie 'Annabelle' aus. Etwas rustikaler wirken Bauernhortensien mit ihren wunderschönen Farbverläufen.

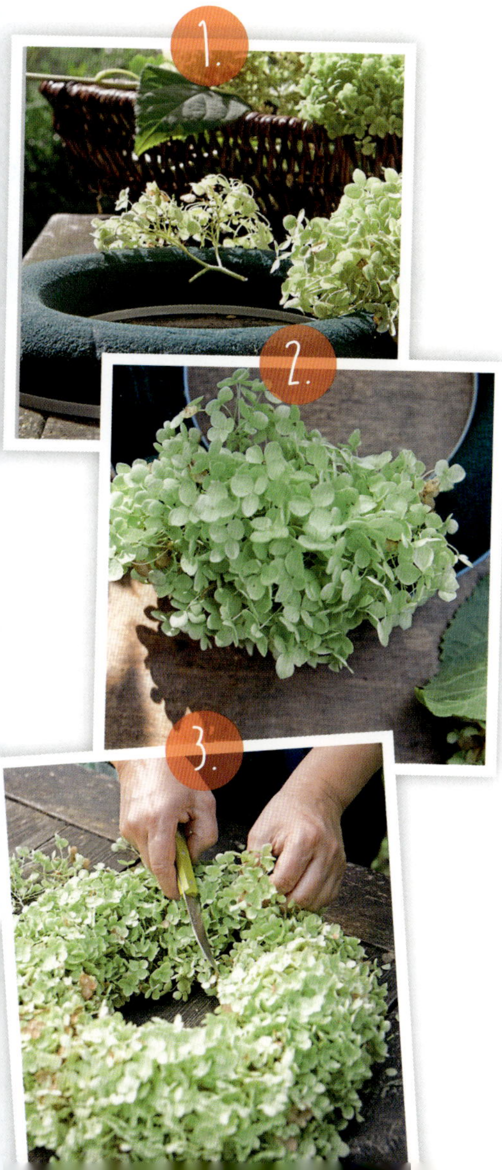

30 MINUTEN

SO GEHT'S:

1. Die Hortensienblüten in kleinere Büschel aufteilen.

2. Die Büschel vorsichtig in den Steckschaumring einstecken, bis der Kranzkörper gleichmäßig bedeckt ist.

3. Zum Schluss den Kranz auf den Boden legen. Von oben ist gut zu erkennen, ob die Kranzform schön rund geworden ist. Bei Bedarf einfach die Form korrigieren.

4. Frische Kränze etwa alle zwei Tage in Wasser legen, damit sich die Steckmasse wieder mit Wasser vollsaugen kann.

Für lange Freude an getrockneten Hortensien sollten sie genau dann geerntet werden, wenn sie zu rascheln beginnen. Das ist auch genau der richtige Zeitpunkt, an dem sie ihre grüne Färbung lange behalten. Warten Sie zu lang, werden die Hochblätter braun.

STILLLEBEN MIT GEMÜSE

TISCHSCHMUCK • GASTGESCHENK

Sehr extravagant wirkt die Präsentation von selbst geerntetem Gemüse in Form eines Stilllebens. Als reizvoller Hingucker auf einer reich gedeckten, spätsommerlichen oder herbstlichen Tafel ist es schnell gestaltet. Wer mag, kann sich das Gemüse zum Schluss sogar noch munden lassen.

30 MINUTEN

SO GEHT'S:

1. Gemüse nach Lust und Laune ernten.
2. Die Steckmasse in eine große Schüssel mit Wasser legen.
3. Die feuchte Steckmasse in einem schönen Gefäß positionieren.
4. Für mehr Stabilität jeweils ein oder zwei Holzspieße in die Kohlköpfe oder anderes schweres Gemüse stecken.
5. Nun alle Gemüsearten zu einem üppigen Stillleben arrangieren.

Bringen Sie im Garten einige Radieschen zum Blühen und erfreuen Sie sich dann an den vielen kleinen Schoten. Diese können sogar verzehrt werden – entweder frisch auf dem Salat oder in Butter geschwenkt in der Pfanne. Lecker! Alle Schoten, die dann noch übrig bleiben, belassen Sie am besten zum Ausreifen an der Pflanze. So haben Sie für die nächste Gartensaison jede Menge selbst gezogenes Saatgut zum Verschenken und für sich selbst.

3.

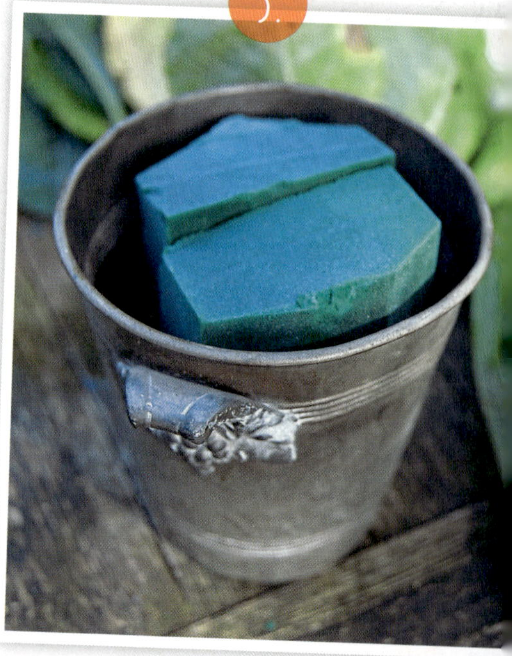

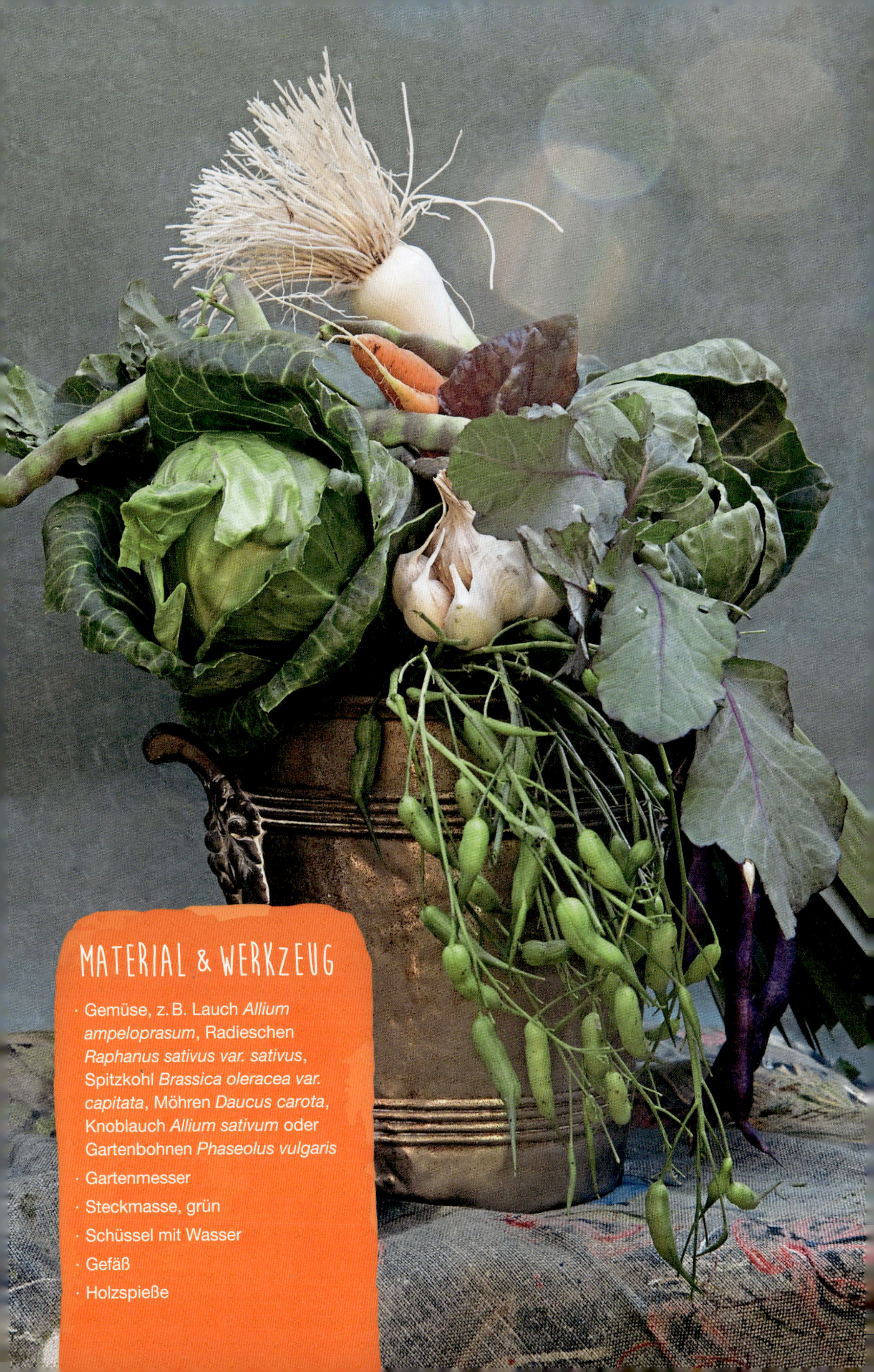

MATERIAL & WERKZEUG

- Gemüse, z. B. Lauch *Allium ampeloprasum*, Radieschen *Raphanus sativus var. sativus*, Spitzkohl *Brassica oleracea var. capitata*, Möhren *Daucus carota*, Knoblauch *Allium sativum* oder Gartenbohnen *Phaseolus vulgaris*
- Gartenmesser
- Steckmasse, grün
- Schüssel mit Wasser
- Gefäß
- Holzspieße

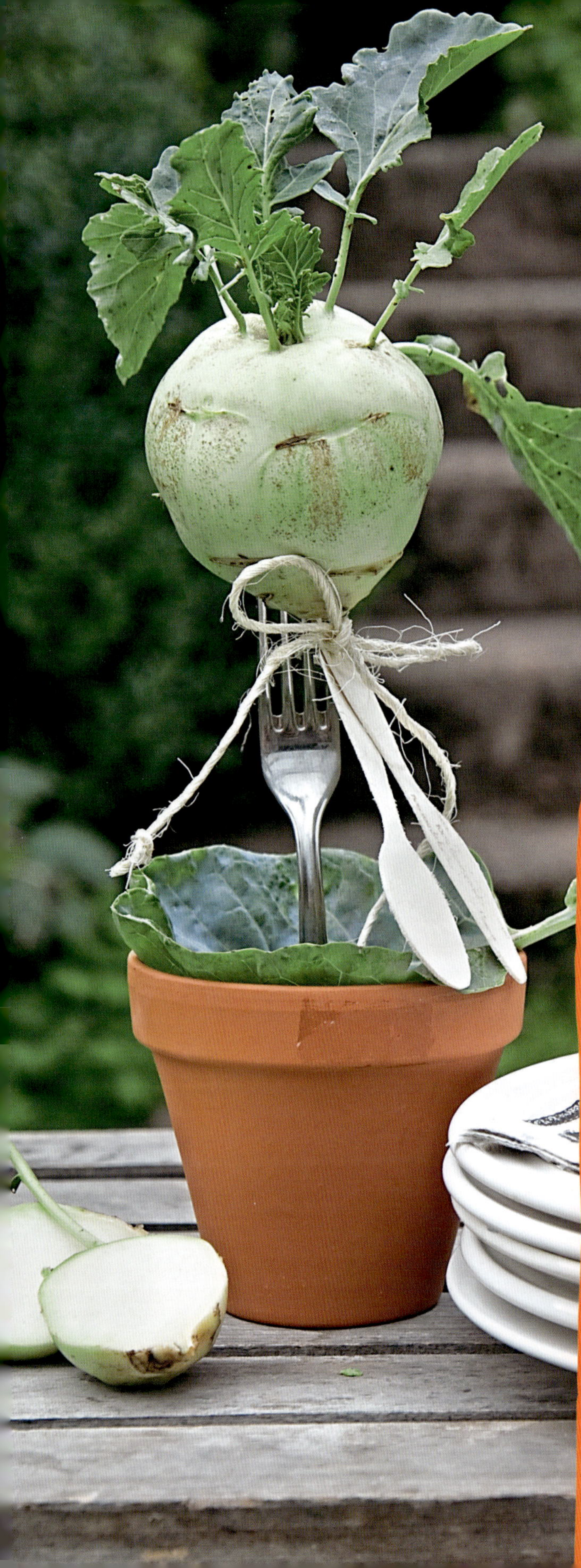

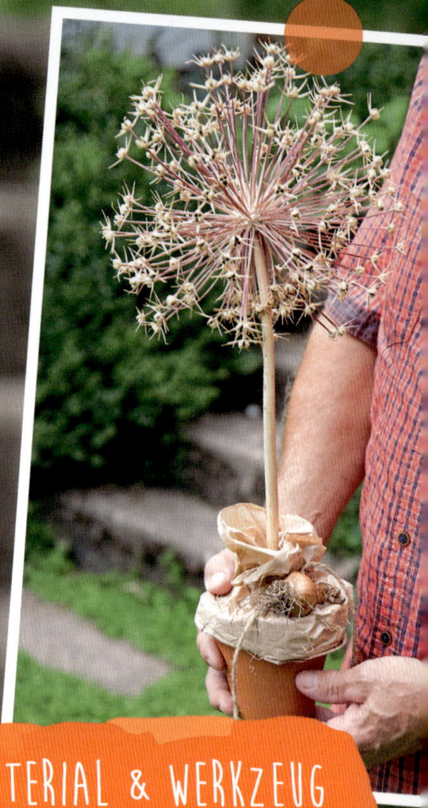

MATERIAL & WERKZEUG

- Tontopf
- Gefriertüte
- 1 Tüte Gips aus dem Baumarkt
- Gips-Anrührschüssel
- Wasser
- Gabel, stabiles Rundholz oder Metallstab (Metall ist dauerhafter und bricht nicht, lässt sich aber schwieriger entsorgen)

ALS ABDECKUNG:

- Packpapier, ungebleichtes Seidenpapier und Sisalstrick oder naturfarbener Bast. Alternativ ein schönes Kraut- oder Begonienblatt, Herbstlaub oder Moos

ZUR DEKO:

- Spankorbstücke oder ein farblich passender Karton für das Messer- und Gabelset
- Lochzange oder Bürolocher

GABELFREUDEN IM GIPSTÖPFCHEN

TISCH- UND GARTENSCHMUCK • GUTSCHEINVERSTECK

Simple, klassische Gärtner-Tontöpfe gibt es in vielen verschiedenen Größen. Machen Sie daraus eine originelle Geschenkverpackung oder einen Tischschmuck mit essbarem Extra. Gipsen Sie einfach eine Gabel ein. Ruck, zuck lässt sich darauf alles Mögliche aufspießen. Je nach Jahreszeit und Gelegenheit können Sie den Topf neu dekorieren. Zur Grillparty gabeln Sie Gemüse, zu Halloween einen kleinen Kürbis oder zum Oktoberfest einen Apfel auf.

1 STUNDE
+ Dekozeit

SO GEHT'S:

1. Den Gips laut Packungsangabe anrühren.

2. Zuerst eine passende Gefriertüte in den Tontopf setzen. Die Gipsmasse in die Tüte füllen, sodass etwas mehr als die Hälfte des Topfes mit Gips gefüllt ist. Die Tüte mehrfach hochheben, damit sich der Gips nicht zu sehr in die Topfform schmiegen kann. Dank der Tüte kann der Gipsblock nach dem Trocknen wieder entfernt werden. Außerdem dehnt sich Gips etwas aus, sodass verhindert wird, dass die Masse den Tontopf sprengt. Schönheit spielt hier keine Rolle, der Gips wird später abgedeckt.

3.
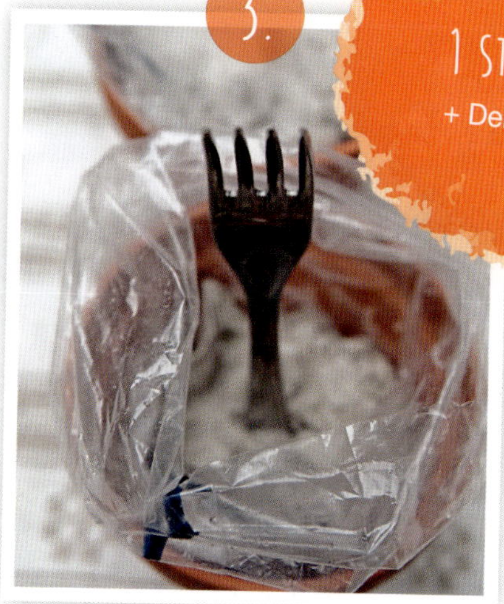

3. In die schon angezogene Gipsmasse eine Gabel oder den Holz- oder Metallstab platzieren. Dabei darauf achten, dass alles senkrecht sitzt und nicht zur Seite kippt. Den Gips fest werden lassen. Danach die überstehende Tüte abschneiden.

4. Den Gipsboden mit Blättern, Moos oder anderen Naturmaterialien kaschieren. Er kann auch mit einer Papierscheibe abgedeckt und als Gutscheinversteck oder originelle Verpackung für Blumenzwiebeln genutzt werden. Als Abdeckung kann Pack- oder Seidenpapier über den Topf gebunden werden.

5. Jetzt darf aufgespießt werden: Gemüse, Obst oder Blüten.

6. Aus Spanholz können Löffel und Messer als Dekoration ausgeschnitten werden. Dafür die Vorlage auf Seite 140 kopieren und als Schablone ausschneiden. Spanholz kann mit einer kräftigen, guten Schere mit der Hand geschnitten werden. Ein Bürolocher stanzt Löcher zum Anhängen ein, wenn keine Lochzange vorhanden ist.

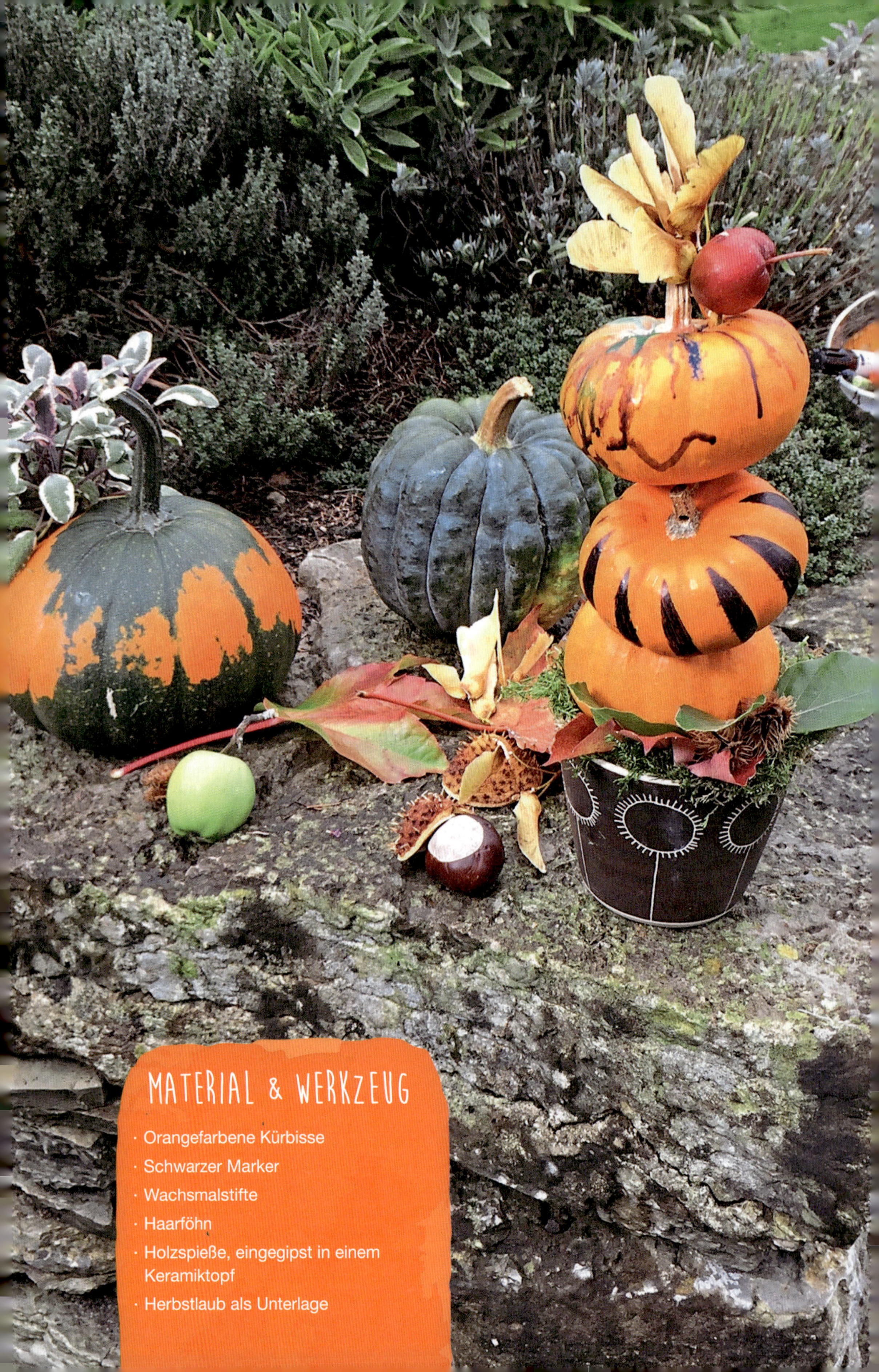

MATERIAL & WERKZEUG

- Orangefarbene Kürbisse
- Schwarzer Marker
- Wachsmalstifte
- Haarföhn
- Holzspieße, eingegipst in einem Keramiktopf
- Herbstlaub als Unterlage

BUNTER KÜRBISTURM

TISCHSCHMUCK • HAUSTÜR- ODER GARTENSCHMUCK

Herbstzeit ist Kürbiszeit. Unglaublich, wie viele Sorten es gibt, doch nicht alle sind genießbar. Zierkürbisse eignen sich aber super zum Dekorieren. Die bekannteste Kürbisfarbe ist Orange. Malen Sie mit schwarzem Marker Muster auf das Kürbiskleid oder schmelzen Sie bunte Wachsstifte darauf, so wird die Kürbisschale zur Leinwand. Seien Sie kreativ, alles ist erlaubt!

Wir haben drei Kürbisse auf einem eingegipsten Holzstab im Topf aufgespießt. Das geht in allen Größen und ein kleiner Kürbisturm ist ein ideales Herbstgeschenk und ein wahrlicher Hingucker.

1 STUNDE
+ Bau des Topfes mit Spieß

SO GEHT'S:

1. Einen Kürbis mit dem Marker bemalen. Dabei ist alles möglich – vom Karo- bis zum Ringelmuster. Etwas Orange sollte aber noch zu sehen sein.

2. Auf den zweiten Kürbis oben in der Stielmulde einige mit dem Messer abgeschälte Späne von bunten Wachsmalstiften verteilen. Mit dem heißen Föhn zum Schmelzen bringen, dabei den Kürbis so drehen, dass sich das farbige Wachs auf dem Kürbis verteilt. Mit der nächsten Farbe ebenso verfahren.

3. Bevor die Kürbisse auf den Spieß gesteckt werden, einige schöne, bunte Herbstblätter aufziehen. Erst den dritten unbemalten Kürbis, dann die beiden anderen aufstecken.

Mit dem Marker können Sie auch Willkommensbotschaften auf den Kürbis schreiben.

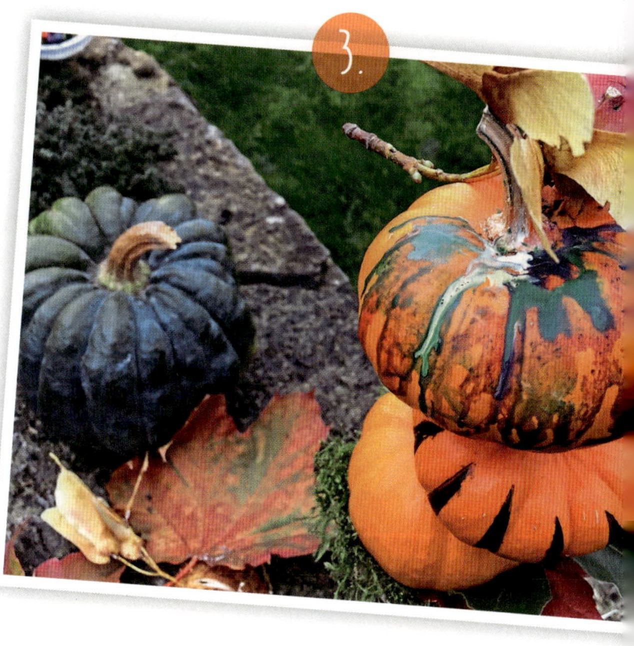

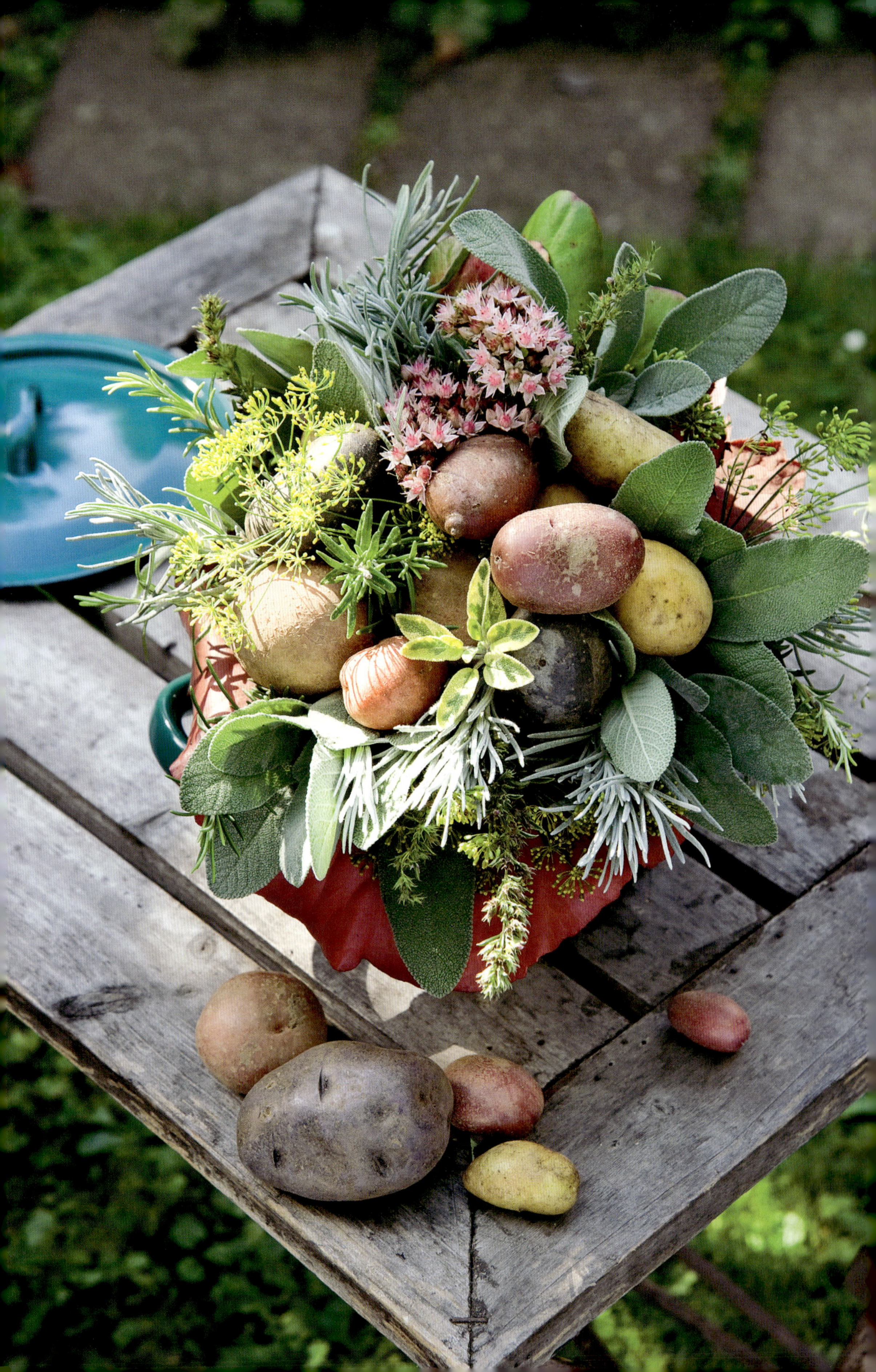

30 MINUTEN

KARTOFFELSTRAUSS

GASTGESCHENK • TISCHSCHMUCK

Bunte Kartoffeln machen nicht nur im Topf oder in der Pfanne einen leckeren Eindruck. 'Rote Emmalie', 'Linzer Rose' oder 'Blaue Anneliese' sehen auch in einem Strauß mit duftenden Kräutern verführerisch aus. Zusammen mit einem Karton seltener Sorten von Pflanzkartoffeln für die kommende Saison ergibt das ein wunderbares Geschenk für Gartenliebhaber.

MATERIAL & WERKZEUG

- Bunte, kleine Kartoffeln *Solanum tuberosum*
- Verschiedene Kräuter wie Dill *Anethum graveolens*, Borretsch *Borago officinalis*, Salbei *Salvia officinalis* und Rosmarin *Rosmarinus officinalis*
- Blätter von Bergenien *Bergenia cordifolia*
- Holzspieße
- Naturbast oder Jutestrick
- Gartenschere

SO GEHT'S:

1. Die Kartoffeln jeweils auf einen oder zwei Holzspieße aufspießen.

2. Nun die aufgespießten Kartoffeln im Wechsel mit den Kräutern zu einem Strauß anlegen und darauf achten, dass die Holzspieße gut mit krautigen Stielen verdeckt sind.

3. Den Strauß an der Bindestelle mit Naturbast oder Jutestrick so fest abbinden, dass die Holzspieße nicht verrutschen können, die Kräuterstiele aber nicht gequetscht werden.

Tragen Sie mit dem eigenen Anbau alter Sorten zur Erhaltung alter Kulturpflanzen bei. Ganz gleich ob Kartoffeln, Tomaten, Radieschen oder Teltower Rübchen – mit eigenem Pflanz- und Saatgut bewahren Sie die Vielfalt wertvoller Gartenschätze.

1 STUNDE
+ 20 Minuten Backzeit

KARTOFFELTRÜFFEL

VORSPEISE • GASTGESCHENK • ESSBAR

Eigene Kartoffeln sind immer die leckersten. Sogar auf dem Balkon können Sie die Knollen anbauen. In gut gedüngter Pflanzerde gelingt das selbst im Kübel prima. Selbst gezogene Erdäpfel sind immer ein schönes Geschenk. Ungewöhnlich und ein echtes Geschmackserlebnis sind aromatische Kartoffeltrüffel im Sesammantel. Sie schmecken gut als Vorspeise oder im Zusammenklang mit frischem Salat. Suchen Sie die dicksten Knollen dafür heraus und probieren Sie es einfach aus.

SO GEHT'S:

1. Die Kartoffeln waschen, dann die Schale mehrfach mit der Gabel einstechen und im Backofen bei 180 °C ca. 20 Minuten backen.

2. Anschließend die Kartoffeln mit einem Messer öffnen und das breiige Innere mit dem Löffel herausholen. Die lockere, noch heiße Masse in einer Schüssel mit Kirschlikör aromatisieren, die Kakaobutter dazugeben, gut vermischen und anschließend auf einem mit Backpapier ausgelegten Blech im noch warmen Backofen ausdampfen lassen.

3. Mandelstifte in etwas Butterschmalz in der Pfanne rösten und anschließend hacken. Den Sesam ebenfalls rösten, beiseitestellen und abkühlen lassen.

4. Nun die Trockenfrüchte sowie einige Stangen gezuckerten Ingwer fein hacken.

5. Die ausgedampfte Kartoffelmasse in eine Schüssel füllen. Puderzucker, etwas Zimt und eine Prise Salz dazugeben und wieder mischen. Mit den Trockenfrüchten und Mandeln vermischen.

6. Kleine Kugeln formen und diese auf einen Teller im gerösteten Sesam wälzen.

Die Kartoffeltrüffel können Sie schon einen oder zwei Tage im Voraus formen. Sie halten sich einige Tage im Kühlschrank. Gegessen werden sie zimmerwarm.

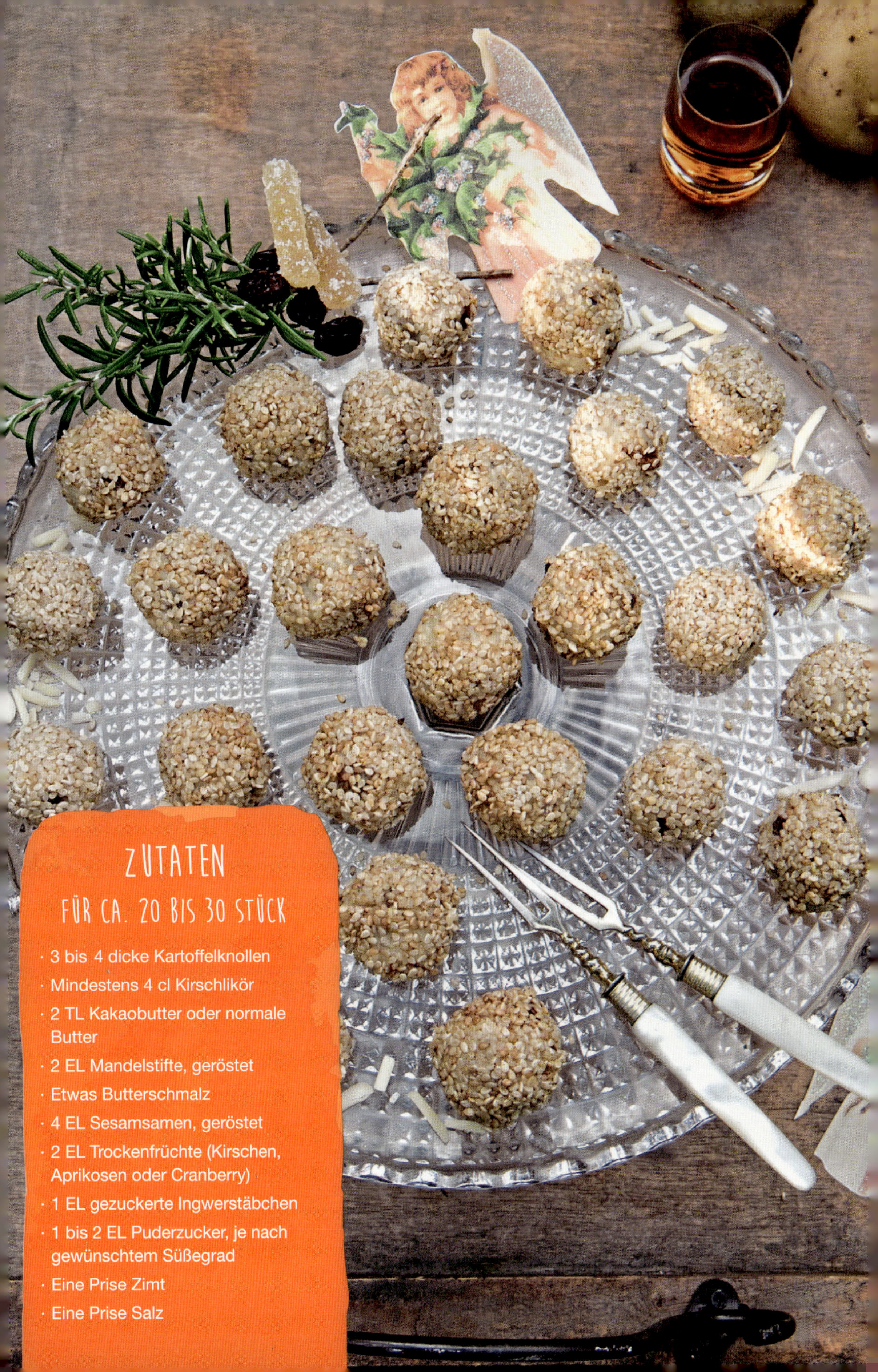

ZUTATEN

FÜR CA. 20 BIS 30 STÜCK

- 3 bis 4 dicke Kartoffelknollen
- Mindestens 4 cl Kirschlikör
- 2 TL Kakaobutter oder normale Butter
- 2 EL Mandelstifte, geröstet
- Etwas Butterschmalz
- 4 EL Sesamsamen, geröstet
- 2 EL Trockenfrüchte (Kirschen, Aprikosen oder Cranberry)
- 1 EL gezuckerte Ingwerstäbchen
- 1 bis 2 EL Puderzucker, je nach gewünschtem Süßegrad
- Eine Prise Zimt
- Eine Prise Salz

KETCHUP UND TOMATENLEDER

GRILLPARTY • MITBRINGSEL • GESCHENK • ESSBAR

Es macht Spaß, Tomaten selbst zu ziehen. Zur Erntezeit gibt es dann die roten Paradiesfrüchte in Hülle und Fülle. Wenn Sie jetzt nicht täglich dreimal Tomatensalat essen wollen, dann machen Sie einfach Ketchup daraus. Experimentieren Sie mit Gewürzen. Zucker und Essig sorgen für den typischen Ketchup-Geschmack und konservieren Sie die Soße auf natürliche Art und Weise.

Sie können aus dem Ketchup auch Tomatenleder machen. Früher war Fruchtleder eine übliche Konservierungsmethode. Der Vorteil: Der Geschmack des getrockneten Ketchups ist viel intensiver und aus dem Burger kleckert beim Verzehr keine rote Soße mehr auf Hemd und Hose.

ZUTATEN

- 1 kg reife Tomaten
- 1 Zwiebel
- 1 Knoblauchzehe, falls gewünscht
- 50 ml gutes Rapsöl
- 50 ml milder Apfelessig
- 80 bis 100 g Vollrohrzucker
- Steinsalz oder anders Salz ohne Zusätze wie Jod
- Pfeffer aus der Mühle
- Chili, Paprika, Ingwer, Piment oder Kräuter wie Basilikum nach Belieben
- Kochtopf
- Holzlöffel
- Passiermühle oder ein Sieb zum Durchdrücken
- Mehrere saubere (zuvor bei 100 °C im Backofen sterilisierte) Einweckgläser

FÜR DAS TOMATENLEDER:

- Backblech
- Backpapier
- Öl mit Pinsel oder Ölspray

SO GEHT'S:
FÜR DAS KETCHUP

1. Die vollreifen Tomaten waschen, dann vierteln und dabei den Stielansatz herausschneiden. Die Zwiebel schälen und klein schneiden. Den Knoblauch schälen und pressen oder reiben.

2. Knoblauch und Zwiebeln mit zwei Esslöffeln Öl anbraten. Die Tomaten hinzugeben, mischen und 5 bis 10 Minuten köcheln lassen. Anschließend mit dem Pürierstab zerkleinern.

3. Die Masse nun durch ein Sieb streichen oder die Passiermühle nutzen, um Schale und Kerne vom Tomatenmark zu trennen.

4. Das Mark nun in einen Topf füllen. Apfelessig und Zucker sowie das restliche Öl dazugeben. Gut rührend mit den Gewürzen abschmecken und ungefähr 20 Minuten köcheln lassen. Falls die Masse noch nicht sämig genug ist, nochmals pürieren oder durch ein Sieb streichen und erwärmen.

5. Das noch heiße Ketchup sofort in die Einweckgläser füllen und diese verschließen.

1 STUNDE
+ Trockenzeit des Tomatenleders

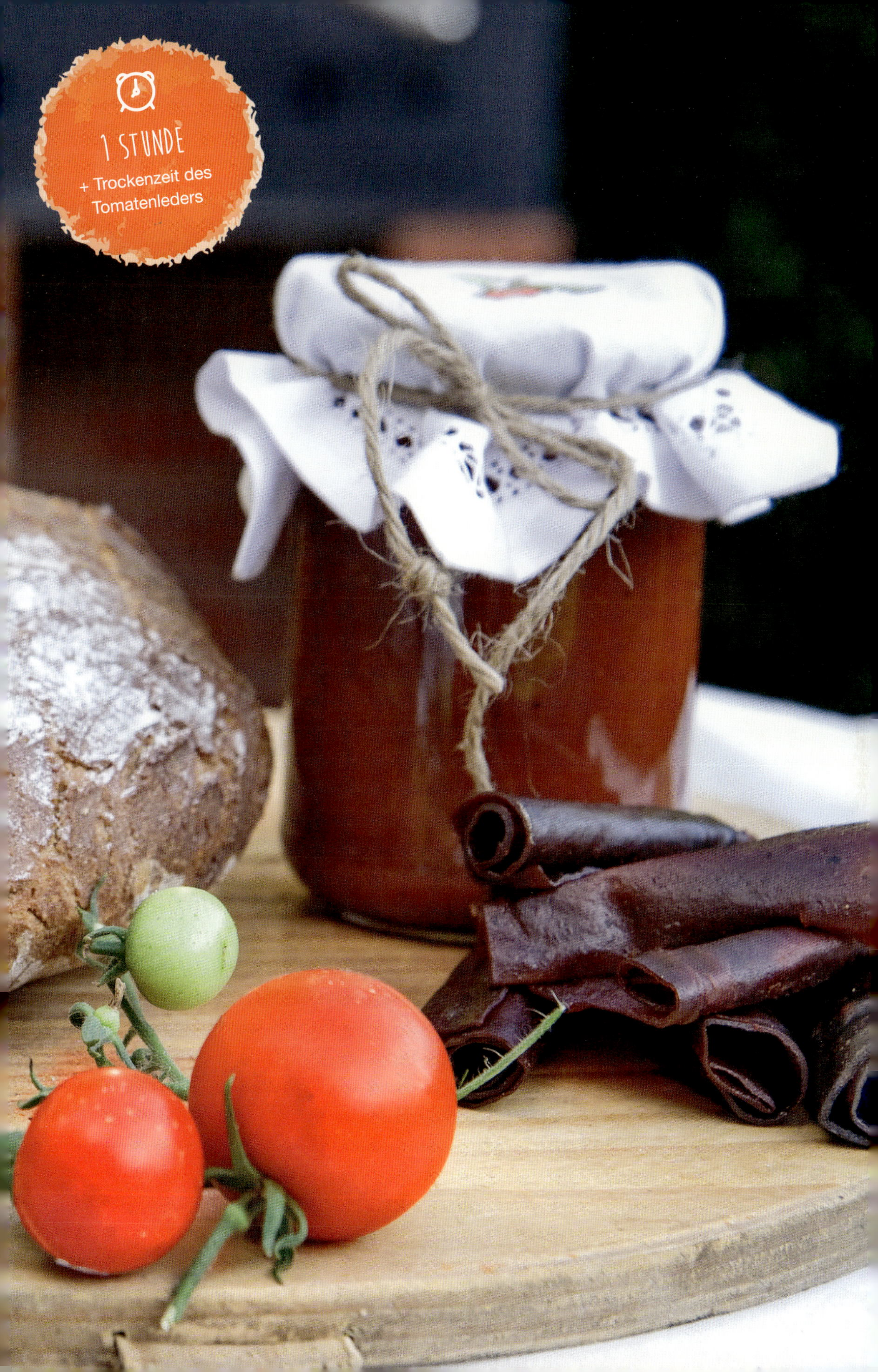

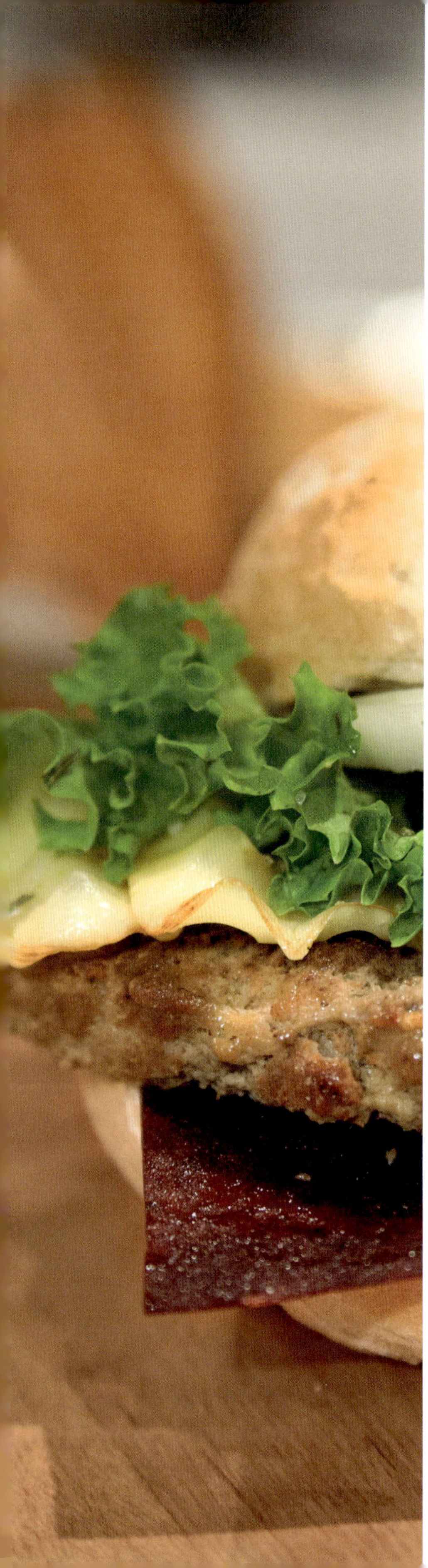

FÜR DAS TOMATENLEDER

1. Backpapier auf ein Backblech legen. Mit Ölspray besprühen oder Öl dünn aufpinseln.

2. Das Ketchup auf das Blech kippen und gut schütteln, damit sich die Masse gleichmäßig verteilt. Sie sollte ca. 1,5 bis 2 cm dick sein. Da durch das anschließende Dörren das Wasser entzogen wird, wir das Tomatenleder sehr dünn.

3. Im Backofen bei 50 bis max. 65 °C 2 bis 3 Stunden dörren lassen. Dabei einen Kochlöffel zwischen die Ofentür stecken, damit die Feuchtigkeit entweichen kann.

4. Anschließend das Leder abkühlen lassen, in rechteckige Stücke schneiden und in Vorratsbehältern aufbewahren. Eine Lagerung im Kühlschrank ist nicht notwendig.

Haben Sie schon mal auf die Zutatenliste Ihres gekauften Ketchups geschaut? Hier sind fast immer Konservierungsstoffe enthalten. Selbst gemachtes Ketchup hält sich auch im Kühlschrank einige Wochen oder kann portionsweise eingefroren werden.

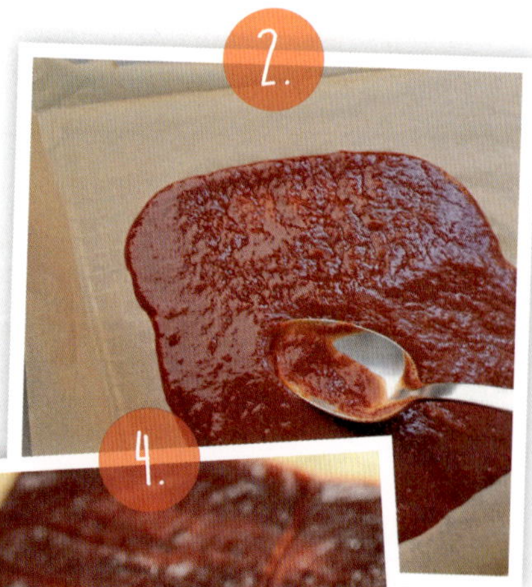

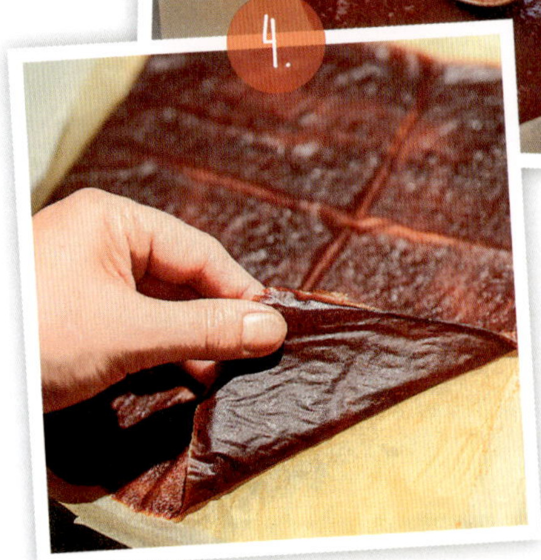

BLÄTTERLAMPION

TISCHSCHMUCK • GESCHENK FÜR KINDER & ROMANTIKER

Der Herbst malt die Blätter bunt. Sammeln Sie die schönsten, denn daraus können Sie eine Laterne anfertigen. Zusammen mit Kindern macht das besonders viel Spaß, denn dabei darf gekleistert und gekleckert werden. Was Sie dafür brauchen, ist ein Luftballon, Leim und Laub sowie etwas Geduld. So ein Kunstwerk trocknet einige Tage, also beginnen Sie nicht zu spät mit dem Laternenbau. Jetzt, wenn die Tage kürzer werden, sehnen wir uns nämlich nach Licht. Im November, wenn die Kinder zu Martini ihre Laternen durch die Stadt tragen, wird dieser Blätterlampion garantiert die Blicke auf sich ziehen. Die verschiedenen Formen und Farben der Blätter erscheinen deutlich, wenn innen ein Licht brennt.

2 BIS 3 STUNDEN
+ 3 bis 4 Tage Trockenzeit

MATERIAL & WERKZEUG

- Buntes Laub (kleine Blätter, unterschiedlich geformt)
- Zeitungspapier
- Luftballon
- 10-Liter-Eimer
- 1 Dose Latexbindemittel
- 250 ml Tapetenkleister
- Seiden- oder Butterbrotpapier
- Pinsel
- Ein kleines Gefäß zum Leimanrühren (Quark- oder Joghurteimer mit Henkel sind ideal)
- Draht zum Aufhängen

SO GEHT'S:

1. Am Vortag bei sonnigem Wetter Laub sammeln, auf Zeitungspapier ausbreiten und trocknen lassen.

Trocknen Sie die Blätter nicht in Heizungsnähe, denn dann werden sie schrumpelig.

2. Den Luftballon aufpusten, fest zubinden und mit der Öffnung nach unten zu einem Drittel in einen leeren 10-Liter-Eimer stellen.

3. Eine dünne Lage Latexbindemittel auf den Ballon pinseln und antrocknen lassen.

4. Inzwischen das Seiden- oder Butterbrotpapier in ca. 10 cm große, unregelmäßige Stücke reißen. Dabei nicht zu sparsam sein.

5. Für die zweite und dritte Lage in einem Gefäß 2 Teile Latex mit einem Teil Kleister mischen. Der Tapetenkleister muss vorher mit Wasser angesetzt werden. Mit der Mischung den Ballon einmal einstreichen und kurz anziehen lassen.

6. Jetzt das grob gerissene Papier rundherum aufkleben, dabei alles überlappen und immer wieder gut einstreichen.

7. Nun auf die erste Lage Papier Laubblatt neben Laubblatt bunt durcheinander aufkleben. Das Laub mehrfach gut einpinseln und wieder antrocknen lassen.

8. Anschließend eine Leimschicht über die Blätter streichen und dabei wieder Seiden- bzw. Butterbrotpapier überlappend aufkleben. Antrocknen lassen.

9. Falls noch viele Löcher zu sehen sind, eine dritte Lage Seiden- bzw. Butterbrotpapier aufkleben und trocknen lassen.

10. Zum Schluss noch eine Schicht pures Latexbindemittel auftragen. Das Bindemittel macht die Laterne regenfest und sorgt für einen matten Glanz.

11. Den Ballon nun an einem warmen Ort auf einen Eimer oder eine stabile Papiereinkaufstüte gesetzt trocknen lassen.

12. Nach einigen Tagen den Luftballon zerstechen und die Ballonhaut zügig von der Laterne abziehen. Bei Bedarf den Rand mit der Schere gerade schneiden. Links und rechts je ein Loch für den Laternen-Drahtbügel einstechen. Innen ein LED-Lämpchen mit Batterie befestigen.

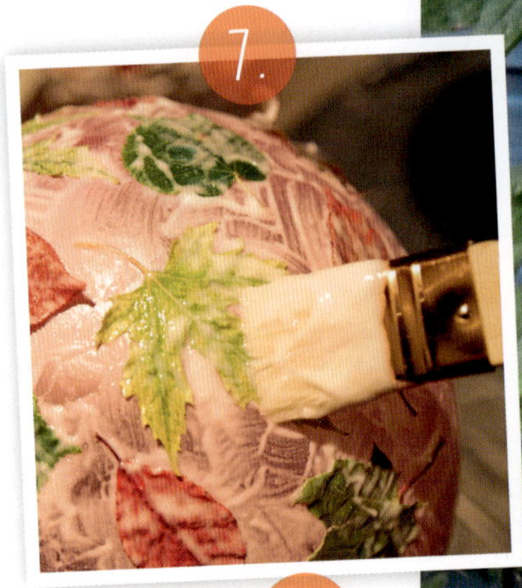

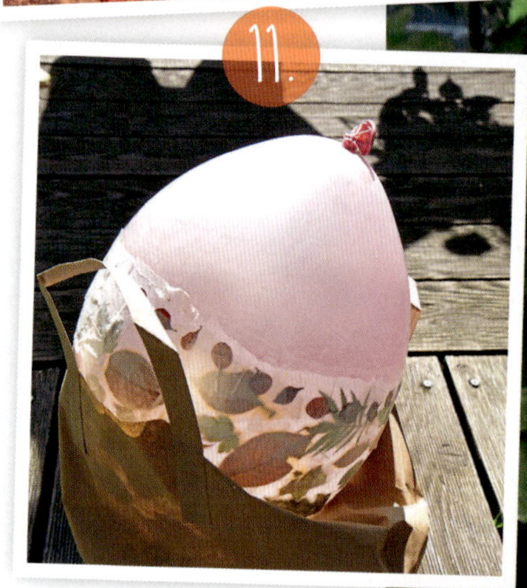

Wenn Sie statt einer Laterne eine Schale anfertigen möchten, beginnen Sie auch mit purem Latex, kleben dann aber direkt auf die erste Leimschicht das Laub bunt durcheinander. So sind die Blätter auch ohne Beleuchtung gut sichtbar. Erst danach mehrere dünne Lagen Papier darüberkleben. Zum Schluss wieder mit purem Latex-Bindemittel gegen Nässe schützen.

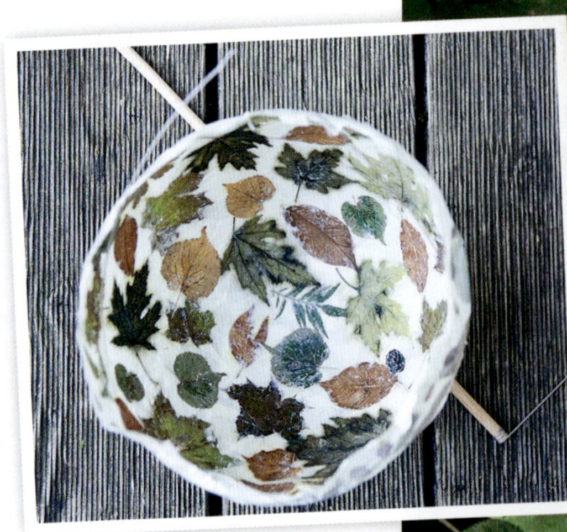

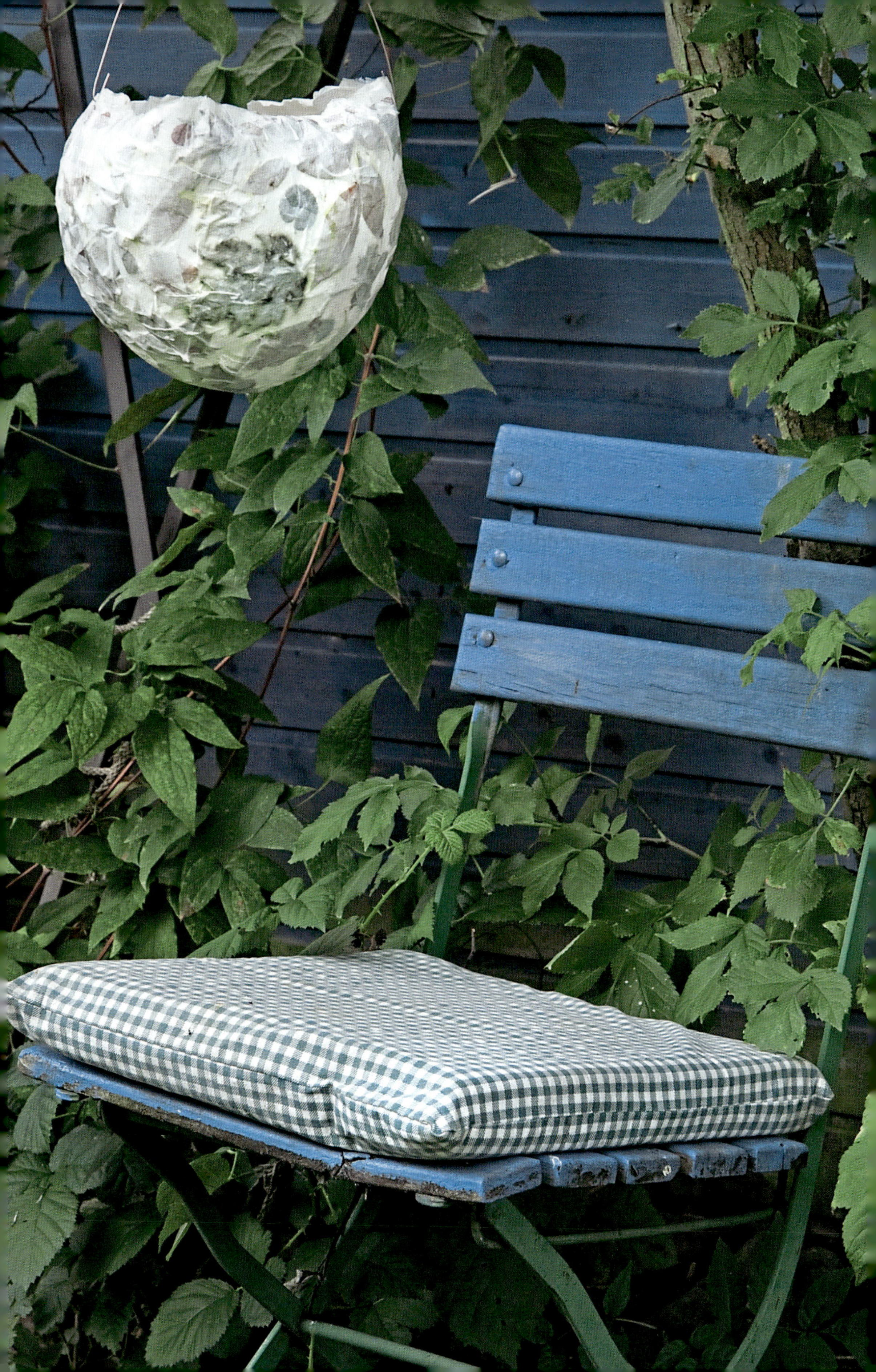

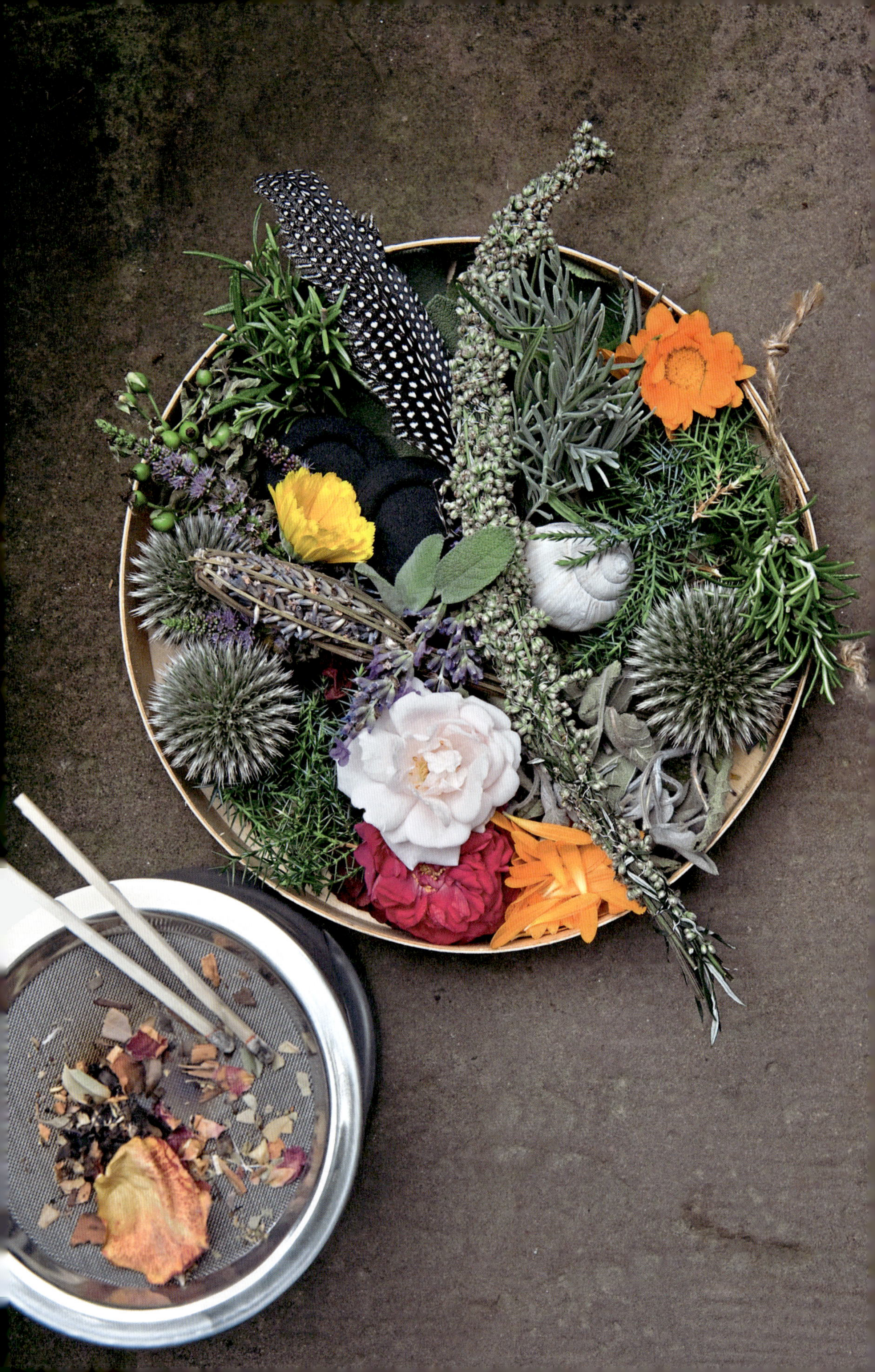

RÄUCHERWERK

MITBRINGSEL • GEBURTSTAGSGESCHENK

Das Räuchern besitzt eine lange Tradition und liegt in unserer hektischen Zeit wieder ganz im Trend. Im Garten oder auf dem Balkon wächst eine Vielzahl hocharomatischer Räucherpflanzen. Experimentieren Sie mit deren Düften und Wohlgerüchen und mischen Sie sich und Ihren Freunden inspirierende Dufterlebnisse.

15 MINUTEN + Sammeln

MATERIAL & WERKZEUG

- Holzschachtel
- Zum Räuchern: Zweige von Lavendel *Lavandula angustifolia*, Rosmarin *Rosmarinus officinalis*, Thymian *Thymus vulgaris*, Salbei *Salvia officinalis*, Beifuß *Artemisia vulgaris*, Wacholder *Juniperus communis*
- Blüten von Rosen *Rosa cultivars*
- Zum Dekorieren: Blüten von Ringelblumen *Calendula officinalis* und Kugeldisteln *Echinops ritro*, Schneckenhaus, Feder
- Räucherkohle
- Silberner Schmuckdraht
- Gartenschere

SO GEHT'S:

1. Verschiedene Kräuter, Blüten und einen kleinen Wacholderzweig ernten.

2. Die Pflanzenteile in die Schachtel legen und als Dekoration ein Bündel Beifuß mit silbernem Schmuckdraht umwickeln und ihn über die Kräuter legen (vor dem Räuchern den Draht entfernen und den Beifuß zerkleinern).

3. Jetzt die Schachtel mit einem Schneckenhaus, einer Feder und Räucherkohle nach Belieben ausgestalten.

Ernten Sie die Kräuter an sonnigen Tagen, am besten vormittags noch vor der großen Mittagshitze, wenn der Tau bereits verdunstet ist. Die Zeit zwischen dem 15. August (Mariä Himmelfahrt) und dem 8. September (Mariä Geburt) gilt als besonders geeignet, da sie an diesen Tagen die höchste Konzentration an ätherischen Ölen enthalten.

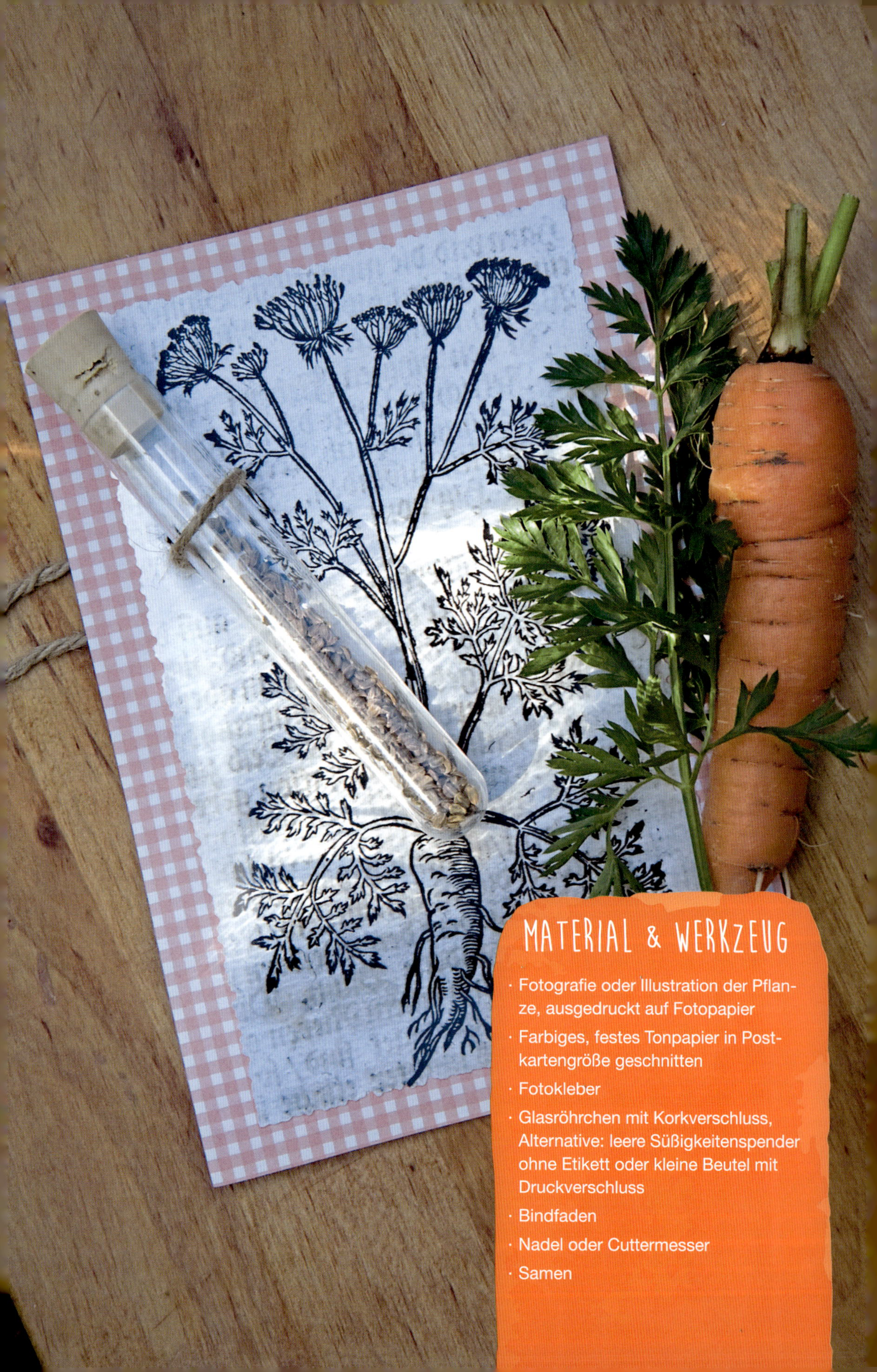

MATERIAL & WERKZEUG

- Fotografie oder Illustration der Pflanze, ausgedruckt auf Fotopapier
- Farbiges, festes Tonpapier in Postkartengröße geschnitten
- Fotokleber
- Glasröhrchen mit Korkverschluss, Alternative: leere Süßigkeitenspender ohne Etikett oder kleine Beutel mit Druckverschluss
- Bindfaden
- Nadel oder Cuttermesser
- Samen

SAATGUTKARTE

MITBRINGSEL FÜR GARTENFREUNDE

Gut verpackt in Glasröhrchen und auf eine selbst gestaltete Fotokarte mit passendem Motiv gebunden, sind Sämereien immer ein schönes Geschenk. Ernten Sie nur ausgereifte Samen von Blumen, Kräutern und Gemüse. Aber aufgepasst: Greifen Sie schon bei der Aussaat lieber zu Biosaatgut, das ist fast immer samenecht.

Samenecht bedeutet, dass aus den Samen genau die Sorte wird, die Sie bereits mit allen geliebten Eigenschaften kennen. Wenn auf der Saatguttüte F1-Hybride steht, handelt es sich um Samen einer gezielten Kreuzung. Hier entstehen in der nächsten Generation Pflanzen mit oft ganz anderen, meist schwächeren Eigenschaften. Aus einem F1-Hybridsamen wird zwar z. B. auch eine Tomate wachsen, aber ob sie genauso gut schmeckt und aussieht, ist nicht sicher.

SO GEHT'S:

1. Blüten rechtzeitig, also noch vor der Samenreife, fotografieren. Gemüse wird zur Erntezeit geknipst. Die Fotos können ausgedruckt werden. In Bibliotheken sind in alten Pflanzenbüchern oft schöne Illustrationen zu finden, die fotografiert und auch ausgedruckt werden können.

2. Das Foto auf das farbige Tonpapier kleben.

3. Das Glasröhrchen oder die Schachtel auf die Karte legen und mit einem Bleistift die Löcher für den Bindfaden markieren. Die Löcher mit einer Nadel durchstechen oder mit dem Messer kleine Schlitze in die Karte schneiden.

4. Den Samen in das Gefäß füllen und gut verschließen. Das Gefäß auf der Karte befestigen, indem der Faden durch die Löcher gezogen und auf der Rückseite der Karte zusammengebunden wird.

5. Auf der Kartenrückseite ist Platz für Tipps zur Pflege, eine Pflanzenbeschreibung oder persönliche Wünsche.

Samen sollten trocken aufbewahrt werden. Gläser, Dosen oder kleine Beutel sind dafür ideal. Wenn zu viel Platz im Gefäß ist, kann etwas Watte dazugesteckt werden, feine Samen bleiben so auch beim Schütteln intakt. Lagern Sie die Samen nicht in Heizungsnähe. Ein Schuhkarton oder eine größere Blechdose ist als Samen-Sammelkiste die beste Wahl.

15 MINUTEN
+ Fotoausdruck

KLATSCHMOHNBOMMEL

HERBST- UND WEIHNACHTSBAUMSCHMUCK

Zarte, knallrot leuchtende Klatschmohnblüten sind zum Glück wieder häufiger an Feldrändern zu sehen. Sie sind beliebt in Samenmischungen für Wildblumen und halten so auch in Stadtgärten und Kleingartenanlagen Einzug. Ab Juli, wenn sie längst verblüht sind, präsentieren sie kleine, trockene Minimohnkapseln auf hohen Stielen. Wie ein Salzstreuer verteilen sie schwarze Samenkörnchen beim Pflücken.

Schneiden Sie die Kapseln ab und stecken Sie sie vorsichtig in eine Papiertüte. Die Samen fallen so beim Schütteln heraus und können gezielt verteilt werden. Entdecken Sie den Guerillagärtner in sich. Haben Sie sich nicht schon lange über die hässliche Brachfläche gleich um die Ecke geärgert? Sie tun nur Gutes, wenn dort nächstes Jahr rote Blüten leuchten. Klatschmohn war schließlich nicht umsonst die Blume des Jahres 2017. Er braucht allerdings einen sonnigen Fleck. Aus den leer geschüttelten Kapseln können Sie Klatschmohnbommel gestalten.

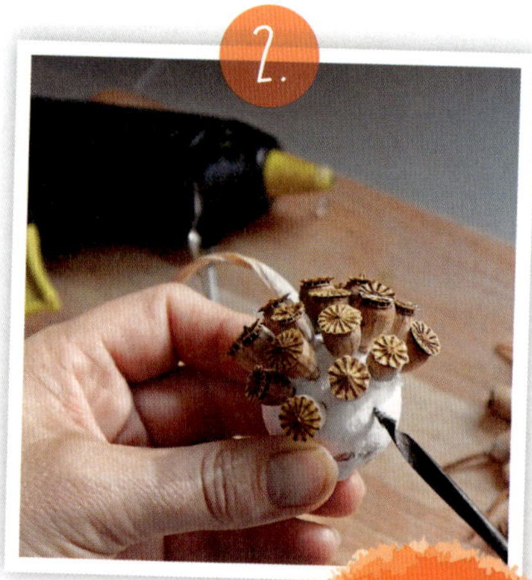

30 MINUTEN

SO GEHT'S:

1. Mit dem Bohrer vorsichtig ein kleines Loch in die Papierkugel bohren und etwas vergrößern. Dann das Bastbändchen mit einer Heißklebepistole in der Kuhle fixieren.

2. Jetzt rundherum nacheinander weitere Löcher bohren. An jede Samenkapsel am unteren Ende einen Tupfer Heißkleber setzen und sofort in ein Loch drücken.

3. Weiter so verfahren, bis die Kugel komplett mit den Kapseln bedeckt ist.

Verschenken Sie die Samen gleich mit.

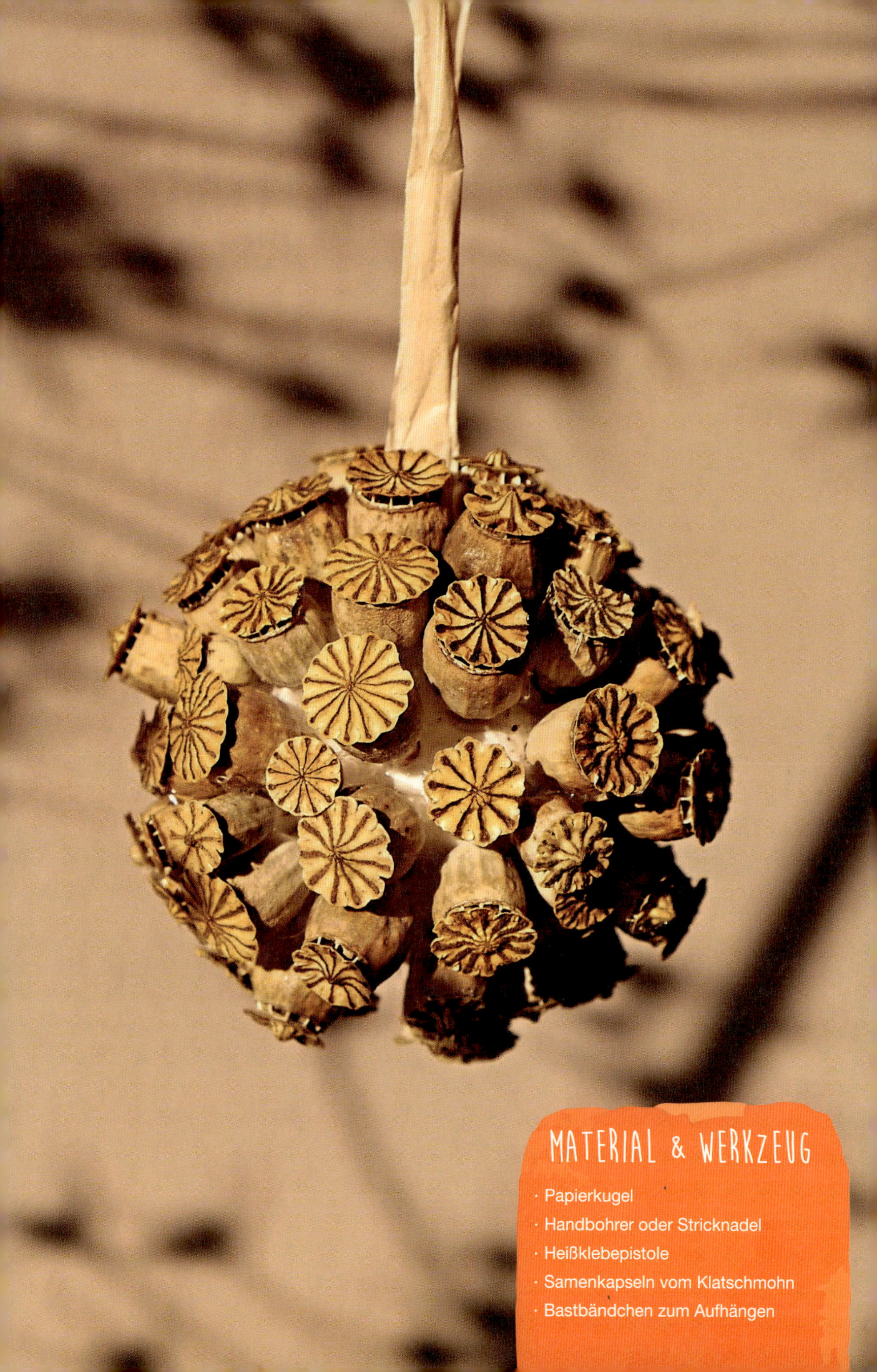

MATERIAL & WERKZEUG

- Papierkugel
- Handbohrer oder Stricknadel
- Heißklebepistole
- Samenkapseln vom Klatschmohn
- Bastbändchen zum Aufhängen

30 MINUTEN
+ Herbstspaziergang durch den Garten

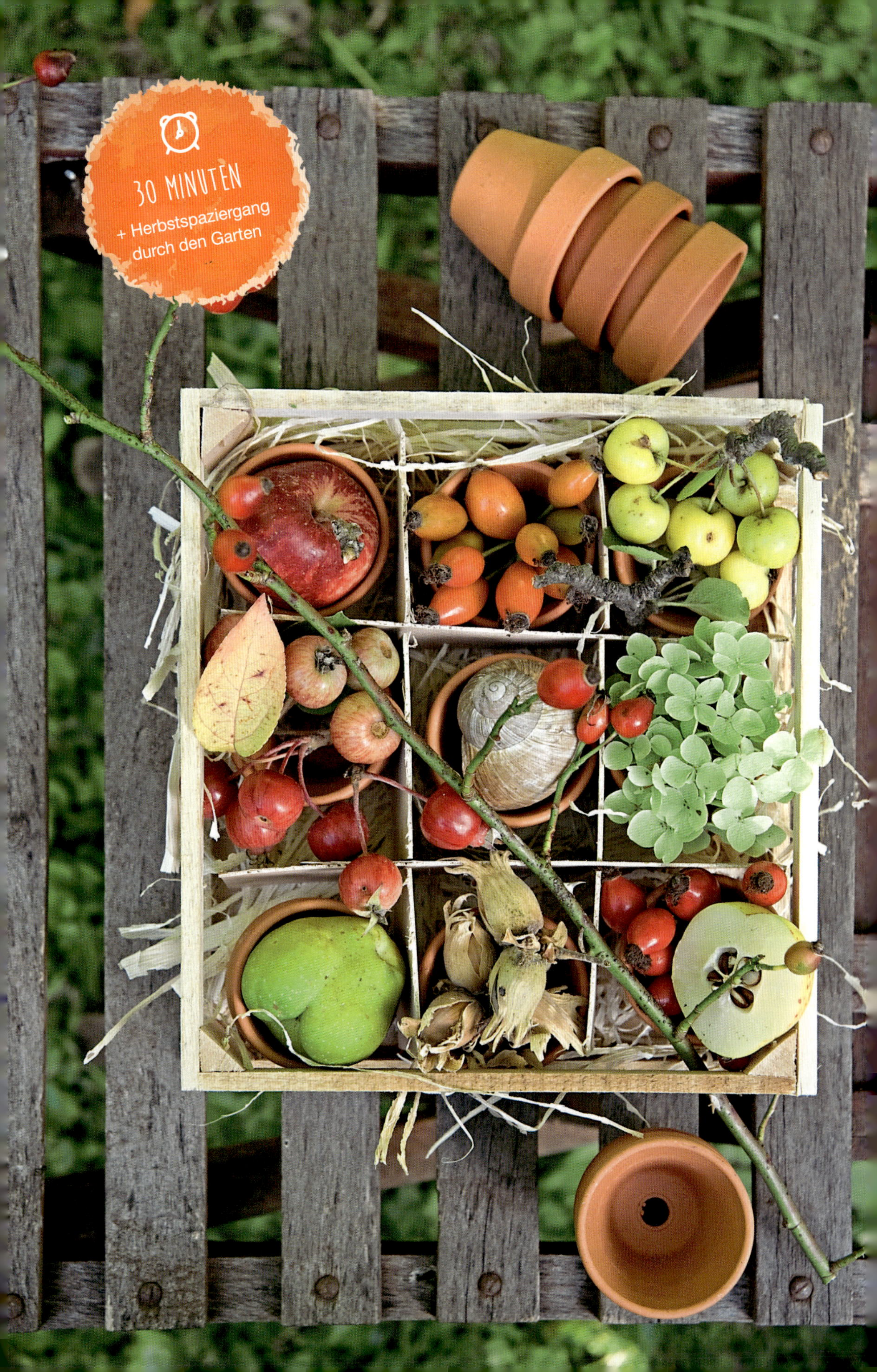

SAMMELKISTE FÜR HERBSTSCHÖNHEITEN

OUTDOOR- & INDOORSCHMUCK • MITBRINGSEL

Hagebutten, kleine Äpfel, duftende Zierquitten und Haselnüsse: Jetzt ist der Garten voller bunter Früchte. Frönen Sie getrost Ihrer Sammelleidenschaft. Suchen Sie Passendes für kleine Tontöpfchen. Prall gefüllt, aufgereiht auf einem Tablett oder in einer kleinen Holzkiste sehen sie besonders gut aus. Die Kisten gibt es manchmal gratis zu Südfrüchten oder Erdbeeren dazu. Die Herbstschönheiten halten sich einige Wochen, draußen im Garten oder drinnen im Zimmer.

MATERIAL & WERKZEUG

- Früchte des Herbstes
- Herbstblüten wie z. B. Rispenhortensien *Hydrangea paniculata*
- Tablett mit Rahmen oder Spanholzkiste
- Kleine Tontöpfchen
- Stroh oder Holzwolle

SO GEHT'S:

1. Das Gesammelte nach Größe und Farbe sortieren. Faules und angeknabbertes Obst kommt auf den Kompost. Dabei darauf achten, dass keine Tierchen mehr im Sammelgut sind.

2. Die Kiste oder das Tablett mit einer dünnen Lage Stroh ausfüttern. Die Töpfchen daraufsetzen.

3. Nun die Tontöpfchen mit den Herbstschönheiten füllen.

Gut sieht so ein Kistchen auf dem Fensterbrett oder als Partner eines schönen Kürbisgewächses aus. Die Früchte schrumpeln zwar etwas ein, halten aber sogar drinnen einige Wochen.

MATERIAL & WERKZEUG

- Gemüse als Druckstock
- Messer
- Farbige Schneiderkreide
- Zeitungspapier als Unterlage
- Pinsel
- Stoffmalfarben
- Schaumgummistempel zum Auftragen der Farbe (zur Not geht auch der Spülschwamm)
- Gummihandschuhe
- Stoff oder Kleidungsstück zum Bedrucken

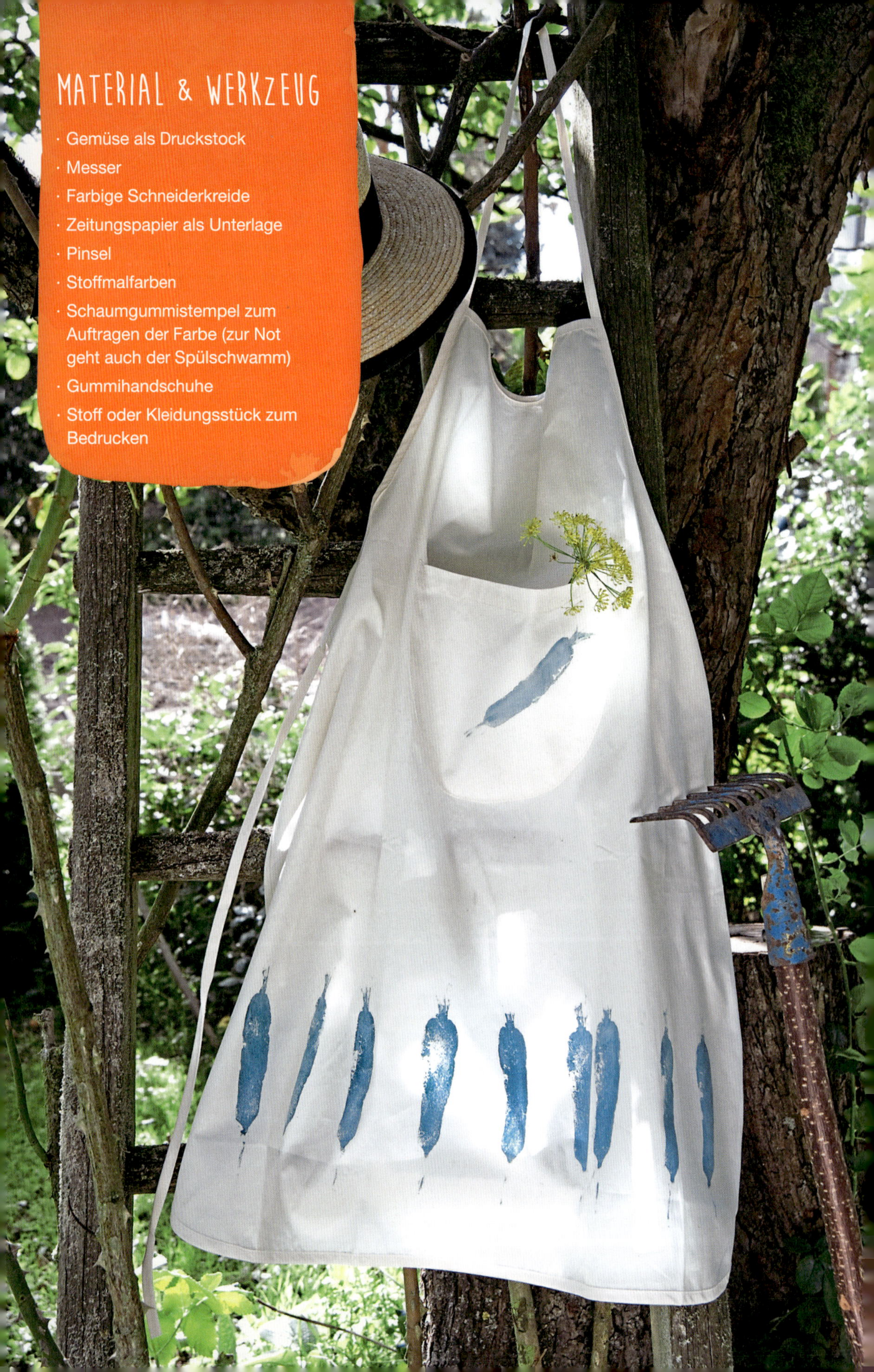

SCHÜRZE MIT GEMÜSEDRUCK

GARTENFEST-GESCHENK

„Naturselbstdruck", sagen die Fachleute dazu, wenn Pflanzen zum Druckstock werden. Sicher haben Sie sich als Kind schon einmal an einen Kartoffeldruck gewagt und dabei festgestellt: „Das ist ja ganz einfach!"

Schauen Sie mal in den Erntekorb. Gerade ungewöhnlich geformte Gemüseexemplare eignen sich prima als Druckstock. Selbst eine einfache, halbierte Möhre ergibt ein tolles Druckbild. Stoffmalfarbe ist nach dem Bügeln übrigens wasserfest und waschbar. Im Bastelladen gibt es Kissen, Beutel, T-Shirts oder Schürzen zum Bedrucken.

SO GEHT'S:

1. Das Gemüse mit einem scharfen Messer mit einem Schnitt halbieren. Die Druckfläche sollte eben sein.

2. Wenn Muster gedruckt werden sollen, können die Abstände oder der Entwurf mit farbiger Schneiderkreide auf dem Stoff markiert werden. Sie lässt sich herausbürsten und verschwindet garantiert nach der ersten Wäsche.

3. Immer mehrere Lagen Zeitungspapier unter den Stoff legen. Das ist wichtig, damit der Druck sauber und gleichmäßig wird. Außerdem läuft so keine Farbe bei T-Shirts oder Beuteln heraus.

4. Jetzt die Gummihandschuhe überstreifen. Mit dem Pinsel die Stoffmalfarbe auf den Schaumstoffstempel übertragen. Dabei sparsam sein, sonst tropft es. Mit dem Stempel nun die Farbe auf das halbierte Gemüse auftupfen.

5. Das Gemüse fest und mit gleichmäßigem Druck auf den Stoff drücken. Dann vorsichtig abheben. Unregelmäßige Druckergebnisse sind erwünscht. Anschließend wieder mit Stofffarbe betupfen und weiterdrucken.

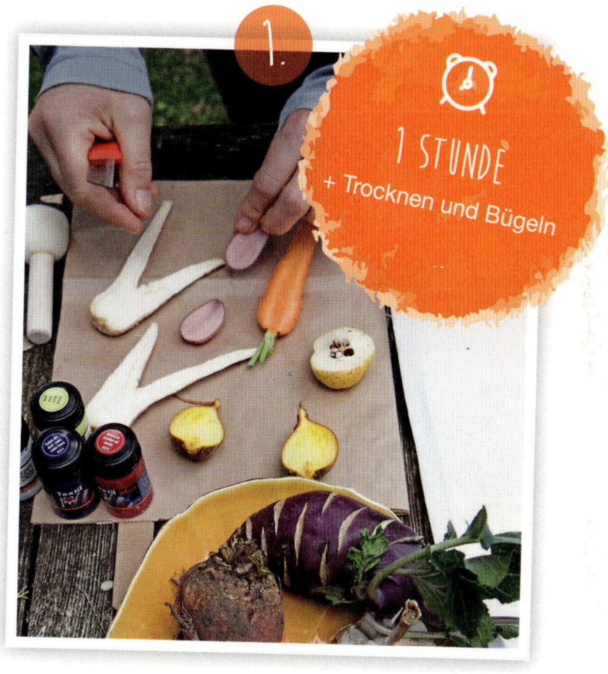

6. Nach dem Trocknen der Farbe sofort den Gemüsedruck überbügeln. Erst dann ist die Farbe fixiert.

Probieren Sie mal den Druck mit Laubblättern und Gräsern in Herbstfarben. Bei solchen flachen Druckstöcken legen Sie am besten immer ein saubere Seite Zeitungspapier vor dem Andrücken über die Gräser oder Blätter.

DAHLIEN-MEMORY

SPIELSPASS FÜR JUNG UND ALT

Dahlien sind die Königinnen des Herbstes. Variantenreich in Form und Farbe – mit gefüllten oder ungefüllten Blüten, die aber Bienen anlocken, elegant mit dunklem Laub, niedrig oder hoch aufstrebend – sind sie echte Alleskönner. Lassen Sie sich in einem Dahliengarten von der Vielfalt, die die Züchter kreiert haben, inspirieren. Vergessen Sie dabei nicht den Fotoapparat. Besonders am Morgen mit Tautropfen zwischen den Blütenblättern und abends bei Gegenlicht sind Dahlien Blütenwunderwerke. Vielleicht hat Sie ja schon das Dahlienfieber gepackt und Sie haben selbst verschiedene Sorten im Garten angepflanzt. Fotografien Sie Ihre Dahlien und gestalten Sie ein Blütenmemory. Damit ist nicht nur Spielspaß garantiert.

Gestalten Sie am besten einen Index mit Fotos und Sortennamen. Wenn Sie die Knollen nach dem Frost aus dem Boden holen und einlagern, vergessen Sie nicht die Schildchen mit den Sortennamen. Die Fotografien helfen dann dabei, die richtige Auswahl im nächsten Jahr zu pflanzen, denn die Knollen verraten leider nicht, ob sie hoch oder niedrig wachsen, gelb oder dunkelrot blühen.

4 STUNDEN
+ Fotografieren und Ausdrucken

SO GEHT'S:

1. Die Dahlienfotos jeweils doppelt im gewünschten Format ausdrucken.

2. Zwei gleiche Fotos übereinanderlegen und mit zwei Büroklammern oder ablösbaren Klebestreifen fixieren.

3. Mithilfe eines Memory-Kärtchens das Motiv auswählen. An den vier Ecken mit einer Stecknadel Markierungen durch beide Fotos stechen. Die Fotos auf die Rückseite drehen.

4. Die Stecknadelstiche mit dem Bleistift verbinden und anschließend das Memory-Motiv mit dem Cuttermesser und dem Lineal ausschneiden.

5. Die Kärtchen und eventuell auch die Fotos mit Leim einstreichen, dann aufkleben und mit einem weichen Tuch andrücken.

6. Ein weiteres Foto zur Verzierung auf die Aufbewahrungsbox kleben.

★ **Alternativ können Memory-Kärtchen auch fix und fertig bedruckt bestellt werden. Informieren Sie sich einfach bei Ihrem Fotografen oder im Internet. Bei dieser Variante müssen Sie lediglich die Fotomotive bereitstellen.**

MATERIAL & WERKZEUG

- Mindestens 15 Dahlienfotomotive, digital aufgenommen mit einem Fotoapparat oder mit dem Smartphone
- Blanko-Memokärtchen oder ein altes ausgedientes Memoryspiel
- Klebeband oder Büroklammern
- Stecknadel
- Bleistift
- Schneidematte, Lineal und Cuttermesser
- Fotoleim
- Weiches Tuch zum Andrücken

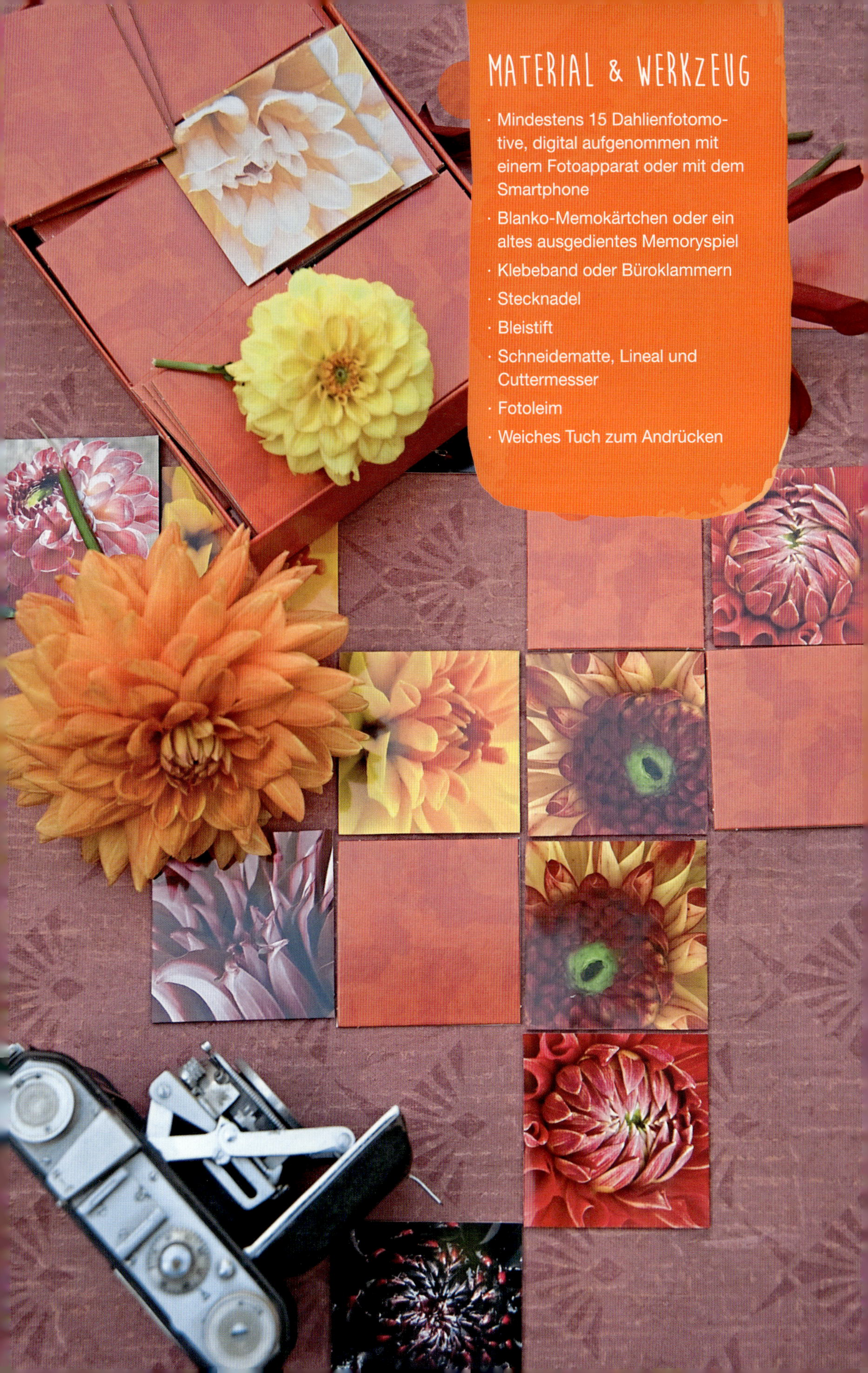

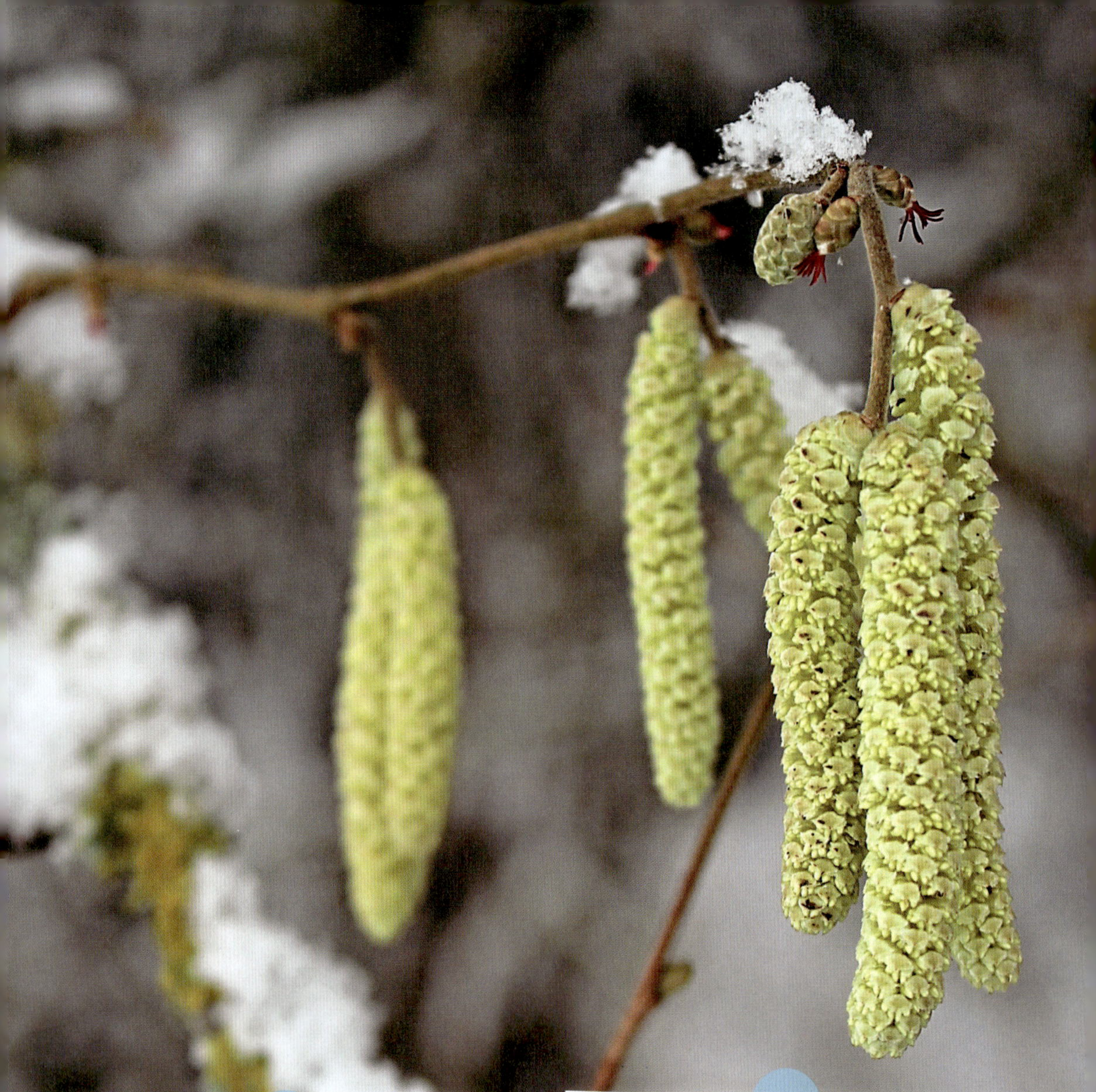
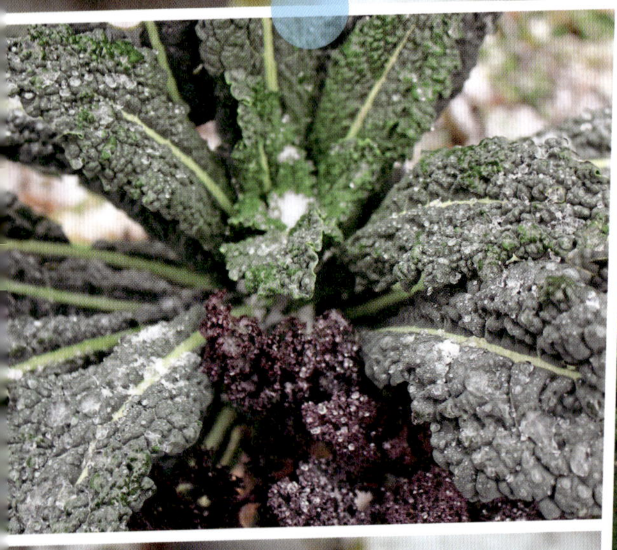
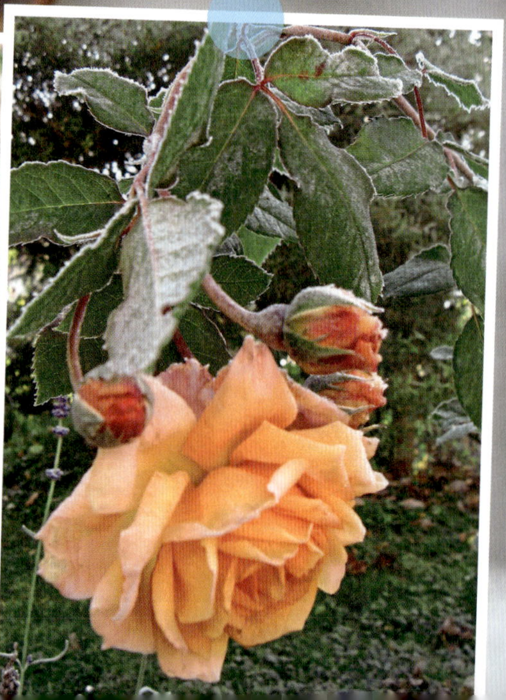

WINTER – ENTSPANNUNG & VORFREUDE

Farbige Rinden, Gräser oder grazile Samenstände von Stauden verwandeln jetzt den Garten in ein Zauberreich. Besonders verwunschen wirken sie mit Raureif und Schneehäubchen.

Natürlich sind unsere Vorratsschätze noch lange nicht ausgeschöpft. Mit einem geschärften Blick finden Sie auch im Winter im Garten genügend Naturmaterial, das sich frisch oder getrocknet gut zum Verschenken eignet. Als eine der ersten Blüten zeigt sich die Christrose und das oft schon im Dezember. Ihre eleganten weißen Blüten halten sich auch in der Vase gut.

Nehmen Sie sich einfach mal die Zeit und basteln Sie ein Dahlienmemory oder einen Nuss-Stern für ihre Lieben. Selbst angefertigte Geschenke sind gerade zur Advents- und Weihnachtszeit etwas sehr Besonderes.

Und vergessen Sie nicht: Je mehr Sie im Winter vorbereiten, umso weniger müssen Sie im Frühjahr tun. Blättern Sie also jetzt in Magazinen oder Gartenbüchern und notieren Sie für das neue Jahr alle Ihre guten Garten- und Geschenkideen in einem Notizbuch.

Wer bekommt dann nicht schon wieder Lust auf Frühling?

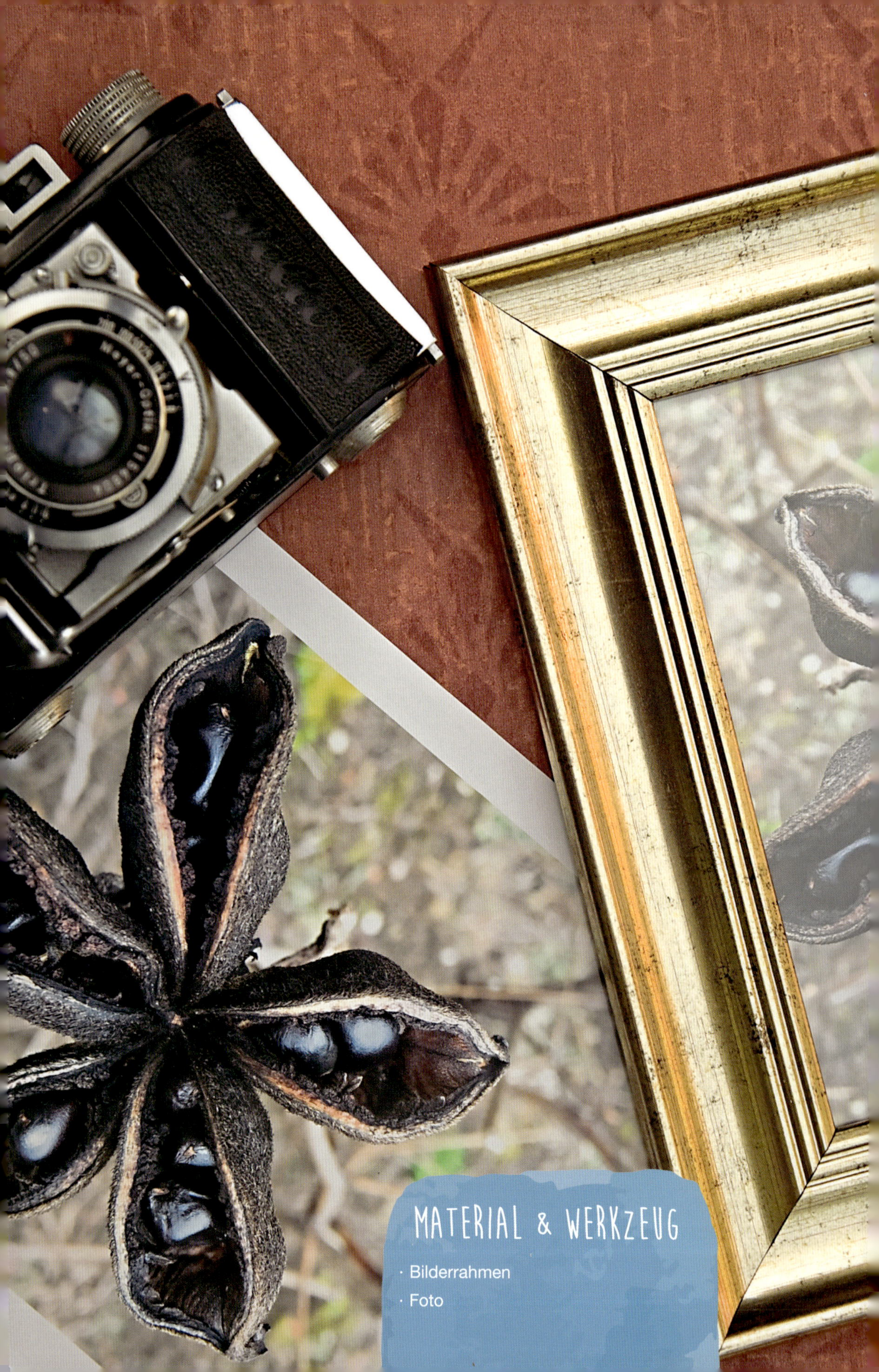

MATERIAL & WERKZEUG

- Bilderrahmen
- Foto

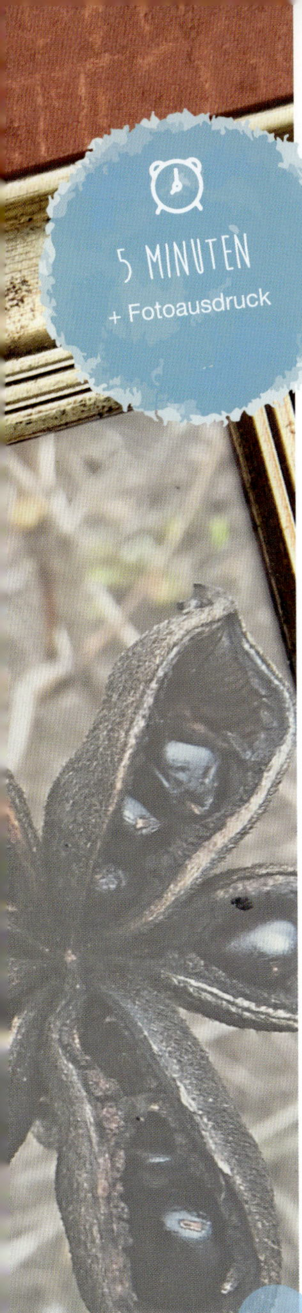

SCHÖNHEITEN HINTER GLAS

WANDSCHMUCK

Im Winter verstecken sich immer noch schöne Samenstände im Garten. Die der Pfingstrosen zum Beispiel. Wie schwarze Perlen glänzen die runden Samen in der aufgebrochenen Hülle. Silberblätter haben ihren Samen oft schon verloren, doch die pergamentartigen Hüllen schweben noch an dünnen Stielen in der Luft. Hagebutten, die Früchte der Rose, überdauern sogar den Frost. Vielleicht erwischen Sie darauf glitzernden Raureif in den ersten Sonnenstrahlen an einem kalten Wintermorgen.

Machen Sie ein Foto davon und setzen Sie es hinter Glas. Bei so viel Schönheit darf es ruhig ein goldener Rahmen sein.

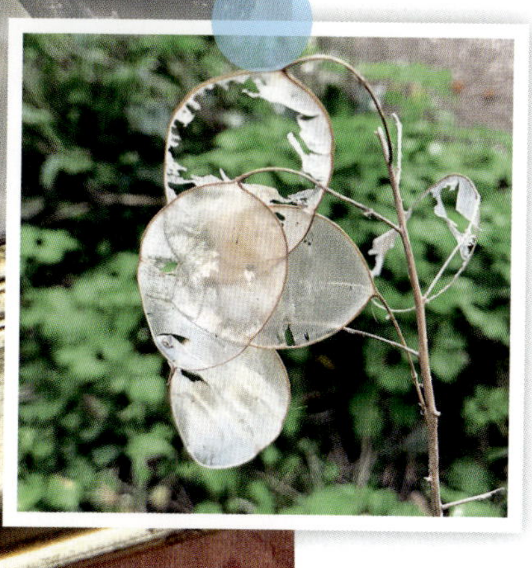

SO GEHT'S:

1. Das Fotomotiv passend für den Rahmen ausschneiden und hinter Glas setzen.

Wechseln Sie die Motive im Rahmen je nach Jahreszeit.

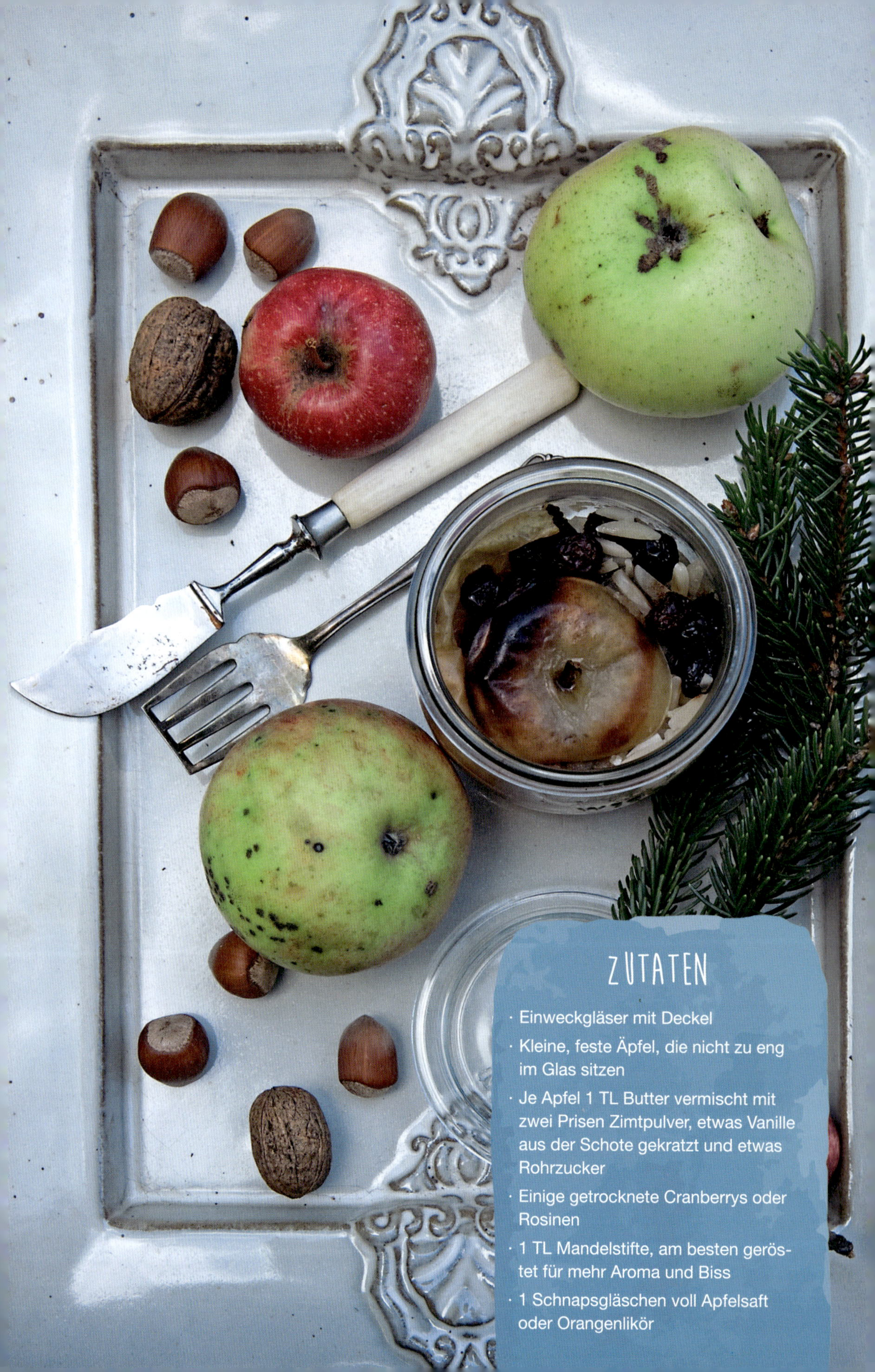

ZUTATEN

- Einweckgläser mit Deckel
- Kleine, feste Äpfel, die nicht zu eng im Glas sitzen
- Je Apfel 1 TL Butter vermischt mit zwei Prisen Zimtpulver, etwas Vanille aus der Schote gekratzt und etwas Rohrzucker
- Einige getrocknete Cranberrys oder Rosinen
- 1 TL Mandelstifte, am besten geröstet für mehr Aroma und Biss
- 1 Schnapsgläschen voll Apfelsaft oder Orangenlikör

BRATAPFEL IM GLAS

MITBRINGSEL • WEIHNACHTSDESSERT

Weihnachtszeit ist Bratapfelzeit. Die alte Sorte Boskop zum Beispiel mit der typischen rauen Schale und dem festen, süßsauren Fruchtfleisch ist ein prima Bratapfel. Im Glas ist der Nachtisch mit Weihnachtsduft immer ein gelungenes Mitbringsel.

Legen Sie dafür schon zur Erntezeit kleinere Früchte zur Seite. Der Apfel sollte nämlich nicht zu groß sein, denn nach Gänsebraten und Klößen ist kaum noch Platz im Magen. Umso größer aber ist der Appetit auf etwas Süßes zum Ausklang eines gelungenen Mahls. Auch kalt schmeckt dieses Dessert. Umso besser ist es jedoch, wenn es in der Restwärme, die der Braten im Backofen hinterlassen hat, erwärmt wird. Die Mikrowelle tut es aber auch.

Schön ist, dass der Apfel im Glas nicht so schnell verdirbt. Er ist ja eingeweckt für später und lässt sich zudem prima transportieren.

SO GEHT'S:

1. Den Apfel waschen und trocken tupfen. Dann ungefähr 1 cm unter dem Stiel glatt abschneiden. Das Oberteil beiseitelegen.

2. Mit dem Apfelentkerner das Kerngehäuse entfernen und dabei den unteren Teil des Apfels durchlöchern. Den Apfel nun in das saubere Glas setzen. Er darf rundherum ruhig 1 cm Platz haben.

3. In die Aushöhlung Butter füllen, dann die Trockenfrüchte und Mandelstifte hineindrücken. Anschließend das Oberteil des Apfels wieder aufsetzen. Apfelsaft oder Likör darübergießen. Rundherum zwischen Glas und Apfel noch die restlichen Trockenfrüchte und Mandelstifte verteilen, das sieht später schöner aus.

4. Im vorgeheizten Ofen bei ca. 200 °C 30 Minuten backen. Das Glas ist dabei offen.

5. Wenn der Apfel weich ist, das Glas aus dem Ofen holen und die Ränder sauber wischen. Dann zuschrauben oder mit Gummi und Klemme verschließen. Nicht stürzen, sondern aufrecht stehend auskühlen lassen.

Probieren Sie mal Birne im Glas. Geeignet sind dafür kleine, feste Birnen, also alte Sorten. Die Birnen können wie Äpfel gewürzt werden.

15 MINUTEN
+ 30 Minuten Backzeit

KRÄUTERTEE-ADVENTSKALENDER

ADVENTSSCHMUCK • MITBRINGSEL

Minze, Zitronenmelisse, Thymian oder Salbei sind aromatische Teekräuter. Sie enthalten ätherische Öle mit heilsamer Wirkung. Bei Husten und Heiserkeit hilft zum Beispiel ein Teeaufguss mit Thymian und Salbei gut. Melisse wirkt beruhigend, Minze erfrischt. Sie können die Blätter frisch pflücken und einen Tee daraus bereiten. Im Winter geht das leider nicht. Sorgen Sie also vor. Trocknen Sie Teekräuter für die Winterzeit und verpacken Sie diese als Geschenk tassengerecht in Teebeuteln.

So können Sie Ihre Freunde und die Familie mit einem selbst gemachten Tee-Adventskalender überraschen.

SO GEHT'S:

1. Füllen Sie die getrockneten Kräuter portionsweise in Teefilterbeutel. Je zwei Teelöffel voll pro Tüte.

2. Falten Sie den oberen Rand der Tüte zweimal und ziehen Sie mit der Nadel in groben Stichen einen Faden durch. Ziehen Sie dann beide Enden zusammen, sodass ein Teesäckchen entsteht und verknoten Sie die Fadenenden.

3. Die Tüten bis zum Advent in einer Blechdose aufbewahren.

4. Zur Adventszeit können Sie die Teebeutel als Wochenration aufhängen. Nutzen Sie dafür z. B. einen Stern, an dem feine, unterschiedlich lange Silberdrähte befestigt wurden, in die Sie die Teebeutel einhängen können.

WIE TROCKNET MAN KRÄUTER?

Die Kräuter müssen ohne Blattschäden sein, aber nicht unbedingt gewaschen werden. Wer es trotzdem tun will, sollte sie gut mit dem Küchentuch abtupfen und ausgebreitet antrocknen lassen. Es gibt drei Möglichkeiten, Kräuter als Tee zu trocknen:

1. **Als Sträußchen gebunden** an einem luftigen Ort.
Dauer: 14 Tage

2. **Im Backofen.** Dafür die Blätter abzupfen und auf einem Blech so ausbreiten, dass sie sich nicht berühren. Den Ofen währenddessen auf 90 °C aufheizen. Dann abschalten, das Blech einschieben und die Kräuter darin einen Tag lang trocknen lassen.
Dauer: 24 Stunden

3. **Im Dörrgerät.** Die Blätter auf dem Dörrgitter verteilen und bei max. 40 °C sanft trocknen lassen. Diese Methode ist am aromaschonendsten.
Dauer: 6 bis 8 Stunden.

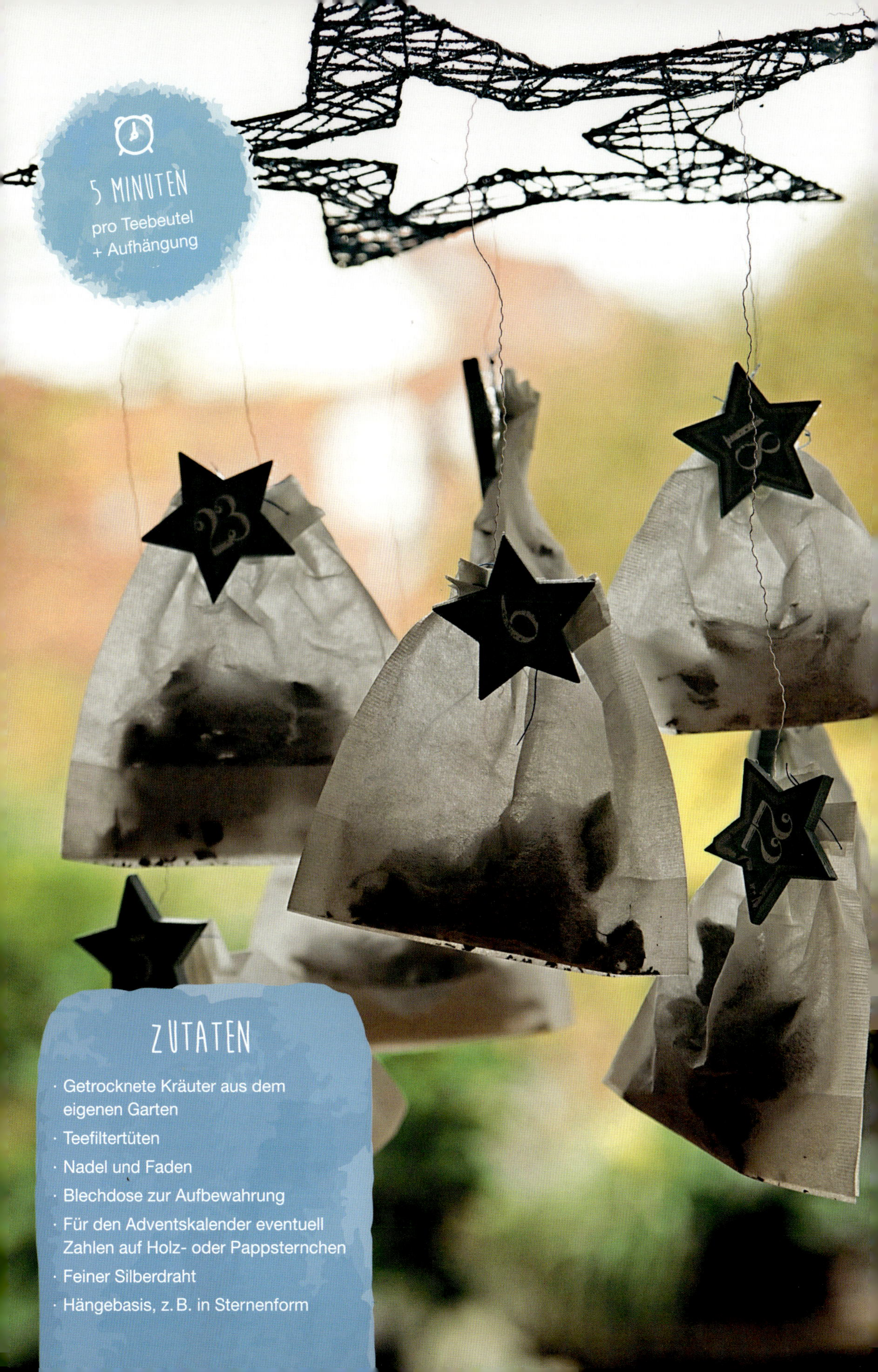

5 MINUTEN
pro Teebeutel
+ Aufhängung

ZUTATEN

- Getrocknete Kräuter aus dem eigenen Garten
- Teefiltertüten
- Nadel und Faden
- Blechdose zur Aufbewahrung
- Für den Adventskalender eventuell Zahlen auf Holz- oder Pappsternchen
- Feiner Silberdraht
- Hängebasis, z. B. in Sternenform

MATERIAL & WERKZEUG

- Je zwei große, mittlere und kleine Äpfel mit roter Schale
- „Meringue"-Schaumgebäck, gekauft oder selbst gemacht
- Lakritzkonfekt
- Weichkäse-Holzschachtel
- Holz-Schaschlikstab
- Bohrer
- Schleifenband
- Schokoplätzchen zum Verzieren der Holzschachtel
- Puderzucker und Zitrone für Zuckerguss (oder als besonders klebrige Alternative: 1 Eiweiß schlagen und Puderzucker einrieseln lassen)

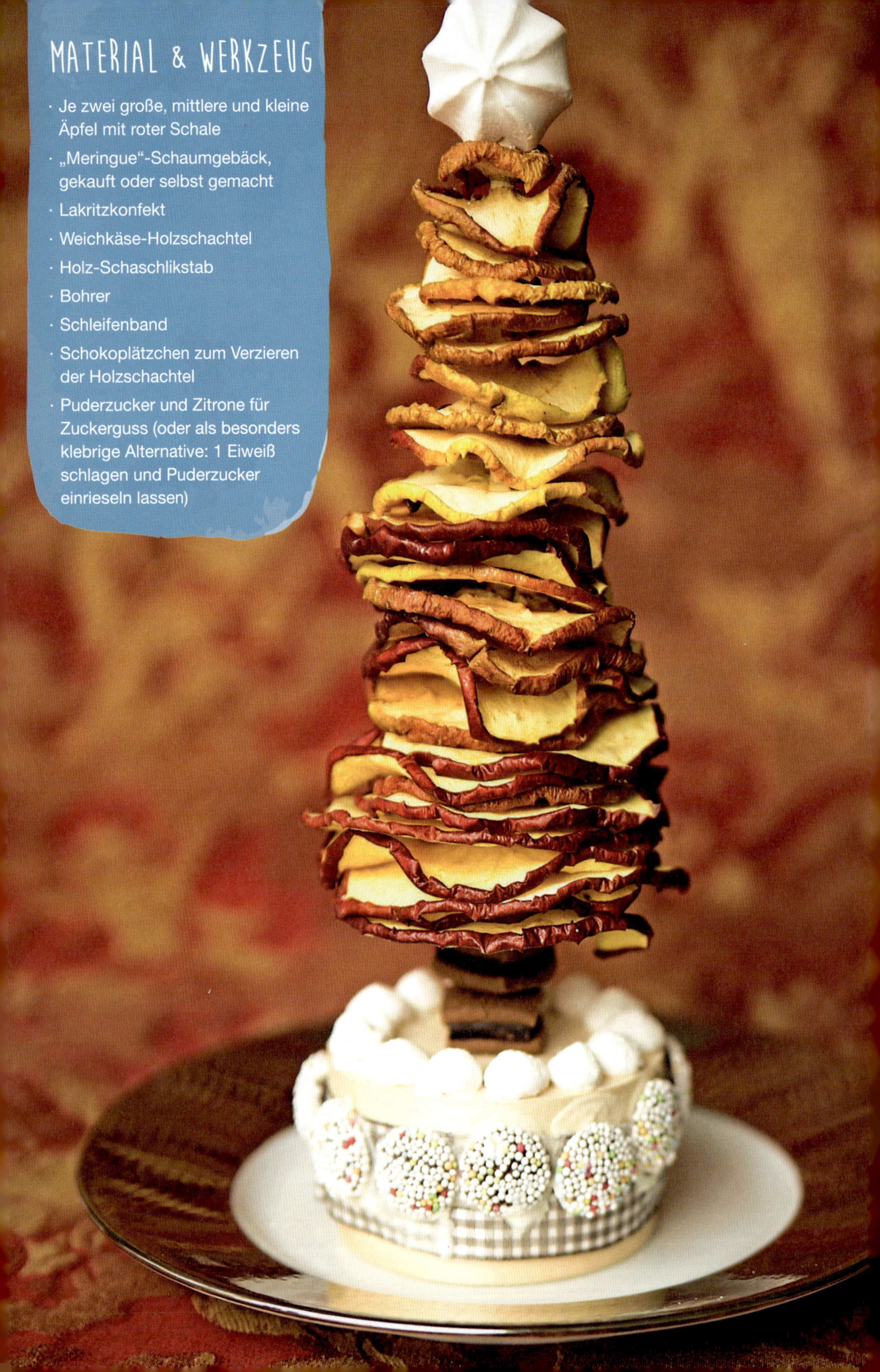

FRÜCHTETANNE

TISCHSCHMUCK • MITBRINGSEL • GUTSCHEINBOX

Ein Tannenbaum ist das typischste Weihnachtssymbol, nicht nur für uns Deutsche. Früher wurde er mit Äpfeln und Nüssen geschmückt. Folgerichtig ist der Apfel das Vorbild der gläsernen Weihnachtsbaumkugel. Apfel und Baum gehören also zusammen, daraus entstand die Idee für die Früchtetanne aus getrockneten Äpfeln.

Das Bäumchen schmückt nicht nur Ihre Festtafel, die Apfelscheiben können Sie als Dessert oder Snack zwischendurch aufessen. In der Spanholz-Schachtel lässt sich außerdem sehr gut ein Gutschein verstecken.

30 MINUTEN
+ 1 Tag Vorbereitung

SO GEHT'S:

1. Am Vortag Äpfel ungeschält und samt Kerngehäuse in ca. 1 cm dicke Scheiben schneiden. Das geht gut mit der Brotschneidemaschine. Fruchtscheiben im Dörrgerät oder Backofen auf dem Gitter und bei leicht geöffneter Tür bei 50 °C trocknen.

Holzlöffel zwischen die Ofentür stecken, so bleibt sie einen Spalt weit offen.

2. Loch in die Mitte des Deckels der Holzschachtel bohren. Notfalls geht das auch mit Hammer und Nagel auf einer Unterlage.

3. 3 bis 4 Lakritzkonfekt durchbohren (geht auch mit Kirschentkerner oder Nagel) und als Stämmchen auf den Stab aufstecken. Den Holzstab in die Schachtel stecken.

4. Fruchtscheiben locker aufstecken. Mit den großen Scheiben beginnen.

5. Den Zuckerguss anrühren. Puderzucker mit einem Teelöffel Zitronensaft mischen, die Masse muss sämig und so fest wie möglich sein. Noch besser klebt Eiweißschnee mit Puderzucker.

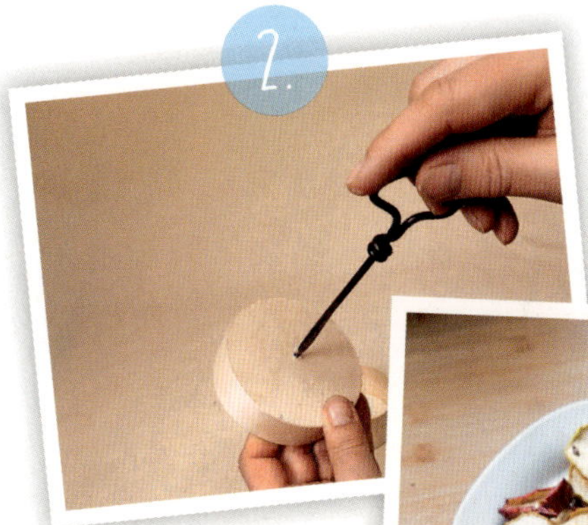

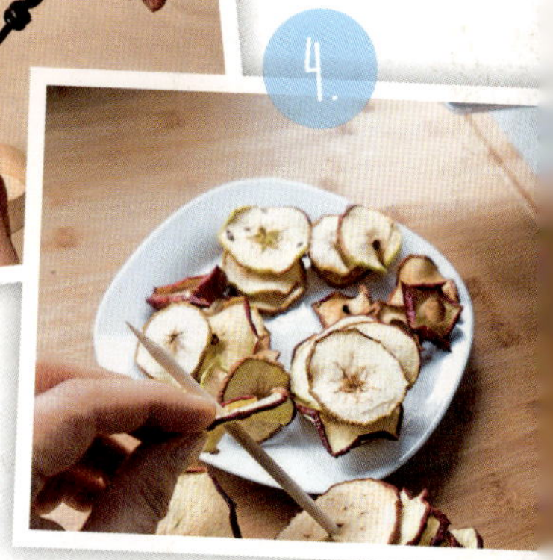

6. Zwei Meringue-Stücke mit Zuckerguss zusammenkleben und als Spitze auf die Früchtetanne stecken. Den Holzschachteldeckel mit Schleifenband bekleben und mit Zuckerplätzchen oder kleinen Meringue-Gebäcken verzieren. Als Kleber den Zuckerguss verwenden, dann bleibt alles essbar.

Die leckere Früchtetanne vor dem Verschenken in Folie verpacken, damit kein Schmutz an die Fruchtscheiben kommt.

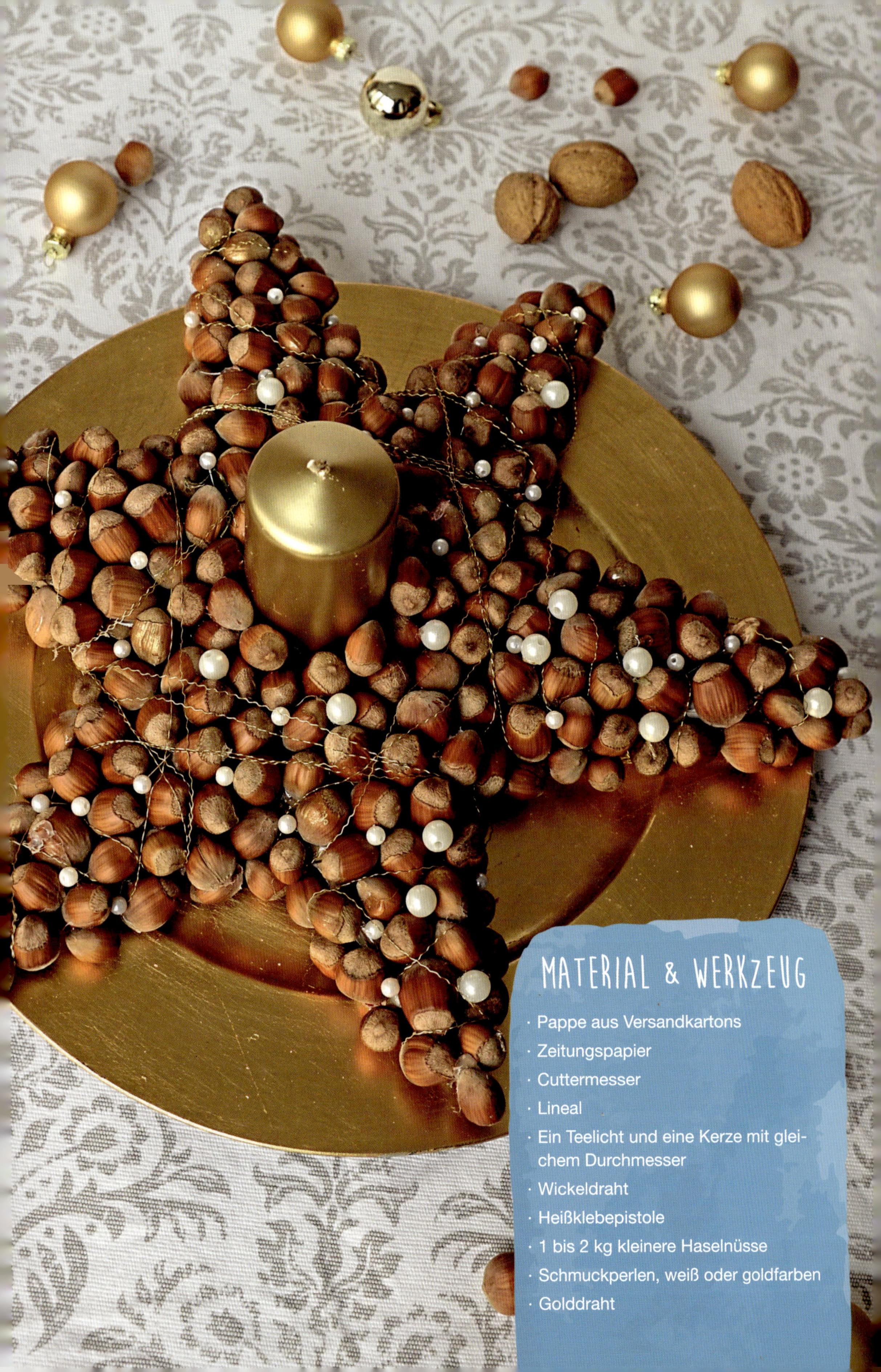

MATERIAL & WERKZEUG

- Pappe aus Versandkartons
- Zeitungspapier
- Cuttermesser
- Lineal
- Ein Teelicht und eine Kerze mit gleichem Durchmesser
- Wickeldraht
- Heißklebepistole
- 1 bis 2 kg kleinere Haselnüsse
- Schmuckperlen, weiß oder goldfarben
- Golddraht

NUSS-STERN

TISCHSCHMUCK • ADVENTSDEKO

Im September reifen die Haselnüsse. Sie werden braun und fallen von selbst herunter. Damit nichts schimmelt, sollten Sie die Nussernte an einem luftigen Ort gut trocknen lassen. Es gibt Jahre, da ist die Ernte überreich. Verschenken Sie dann ein paar Kilo Haselnüsse, aber nicht wie üblich im Leinensäckchen, sondern als Nuss-Stern.

Mit einer Kerze in der Sternmitte und verstreuten Perlen ist dies ein wunderschöner Schmuck zur Adventszeit. Danach können die Nüsse immer noch geknackt und geknabbert werden.

3 STUNDEN

SO GEHT'S:

1. Zwei Sterne (Vorlage auf Seite 141) mit einer Schablone auf den Karton zeichnen, dann ausschneiden. Das geht am besten mit einem Cuttermesser und einem Stahllineal.

2. Nun beide Sternteile mit einigen Lagen Zeitungspapier unterfüttern. Mit Draht umwickeln und die ganze Unterlage so biegen, dass die Mitte etwas höher ist als die Sternspitzen.

3. Als Platzhalter für die Kerze in die Sternmitte mit der Heißklebepistole ein Teelicht kleben.

4. Besonders kleine und große Nüsse aussortieren. Jetzt mit je einem kleinen Klecks Heißkleber Nuss für Nuss aufsetzen. Die kleinen kommen an die Sternspitzen. Um das Teelicht herum besonders große Nüsse platzieren, damit der Aluminiumrand nicht mehr zu sehen ist.

5. An den Stellen, wo die Pappe zwischen den Nüssen sichtbar ist, Schmuckperlen mit Heißkleber aufsetzen. Die Perlen gibt es in verschiedenen Größen zu kaufen.

6. Der Nuss-Stern kann noch mit Golddraht umwickelt werden.

7. Das Teelicht aus der Aluform nehmen und eine passende Kerze einsetzen. Sie hält gut, wenn zuvor ein dicker Klecks Heißkleber in die Form gesetzt wurde.

Nach Weihnachten können Sie die Nüsse von der Pappunterlage wieder abziehen und essen. Der Nuss-Stern hält sich aber auch einige Jahre. Vorausgesetzt, alle Nüsse sind unbeschädigt und geschlossen.

4

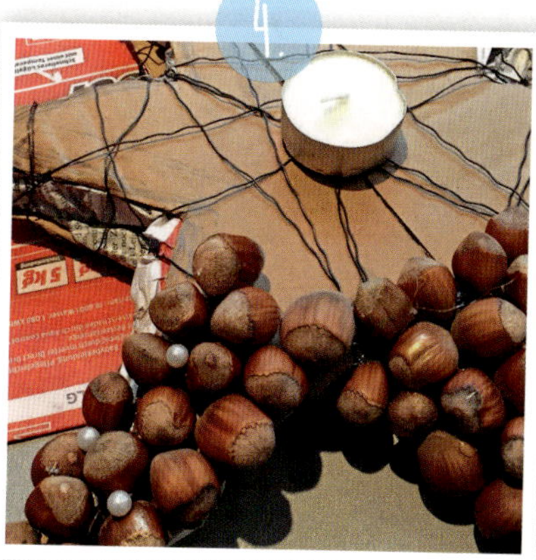

EFEUTÖPFCHEN

TISCHSCHMUCK • PLATZKARTE

10 MINUTEN
+ Blätter sammeln

Hedera helix oder volkstümlich Efeu ist immergrün und damit ein Symbol für das ewige Leben, also passend für die Weihnachtszeit. Ist die robuste, immergrüne Kletterpflanze einmal eingewachsen, zeigt sie sich äußerst wuchsfreudig. Die Pflanze lässt ihre Triebe Wände hochkriechen und bedeckt auch schnell alles Bodennahe. Das Laub an der vordersten Front der neuen Triebe ist zart und klein, ältere Blätter können über 10 cm groß werden.

Sie haben also genug Material, um daraus ganz schnell ein Weihnachtsbäumchen im Minitopf zu kreieren. Das Efeubäumchen eignet sich zum Beispiel als elegante Platzkarte für die Festtafel.

SO GEHT'S:

1. Am Vortag Efeublätter in verschiedenen Größen pflücken und kühl und feucht lagern.

2. Mit der Heißklebepistole einen dünnen Klecks auf den Tontopfrand setzen. Das Schleifenband dort fixieren, dann um den Rand legen, knoten und eine kleine Schleife binden.

3. Die Blumensteckmasse mit einem scharfen Messer so zurechtschneiden, dass sie in das Töpfchen passt.

4. Die Blätter auf die Nadel stecken. Dabei mit den kleinsten anfangen.

5. Das baumartige Efeugesteck in der Steckmasse auf dem Topf feststecken. Dann mit Bouillondraht umwickeln.

6. Einen runden Untersetzer aus dem Tonpapier ausschneiden. Dabei das Glas als Schablone nutzen. Mit einem silbernen feinen Marker den Namen auf den Untersetzer schreiben.

7. Das Glas kann auch als Glocke für den Minibaum genutzt werden, das sieht noch edler aus.

IST EFEU GIFTIG?

Efeu gilt in der Literatur als giftig. Gefährlich sind die Beeren, die erst nach ca. 20 Jahren Standzeit in der Altersform wachsen. Von sehr jungem Efeu, der an Hausfassaden und Bäumen emporklettert oder Böden bedeckt, geht übrigens keine größere Gefahr aus. Wer gegenüber allergisch bedingten Hautreizungen empfindlich ist, sollte die Blätter mit Handschuhen ernten und verarbeiten.

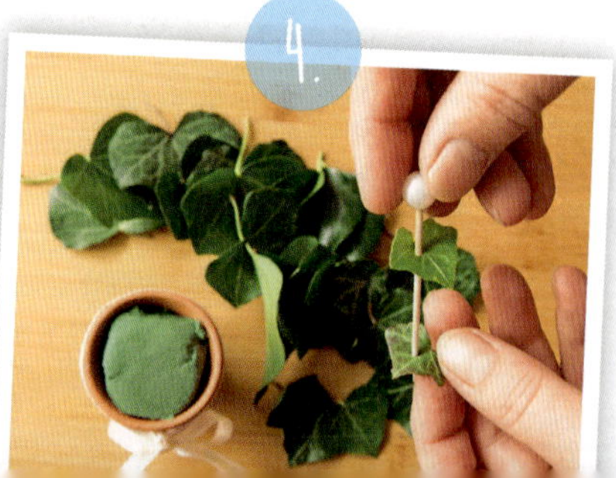

MATERIAL & WERKZEUG

- Mindestens 30 unterschiedlich große Efeublätter
- Kleiner Tontopf
- Heißklebepistole
- Feines weißes Schleifenband
- Ein Holzzahnstocher mit aufgeklebter Perle oder Perlenkopfnadel
- Blumensteckmasse
- Messer
- Silberner Bouillondraht (gekräuselter, dekorativer Draht)
- Grünes Tonpapier
- Silberstift
- Ein größeres Glas als Schablone für den Untersetzer

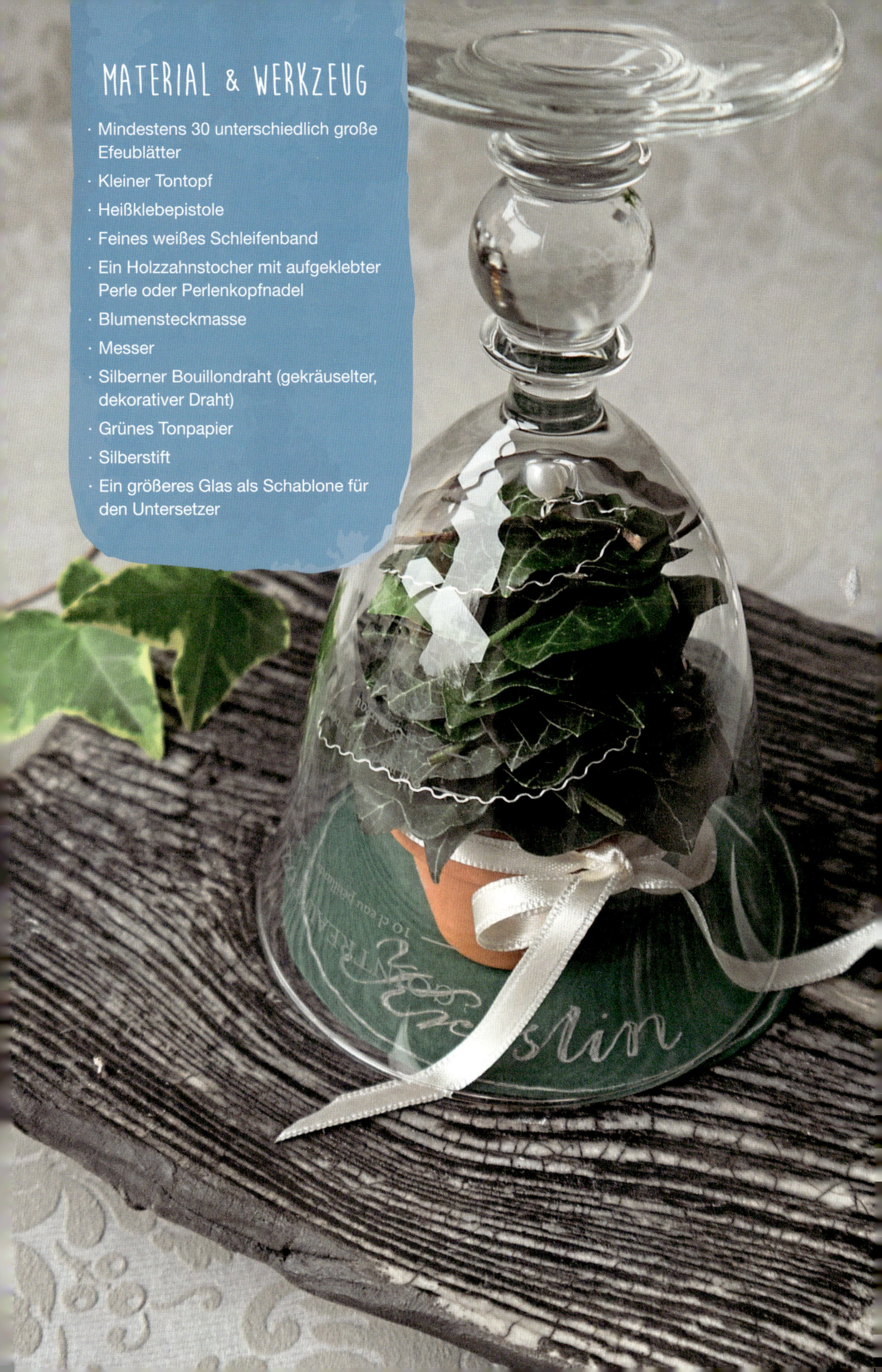

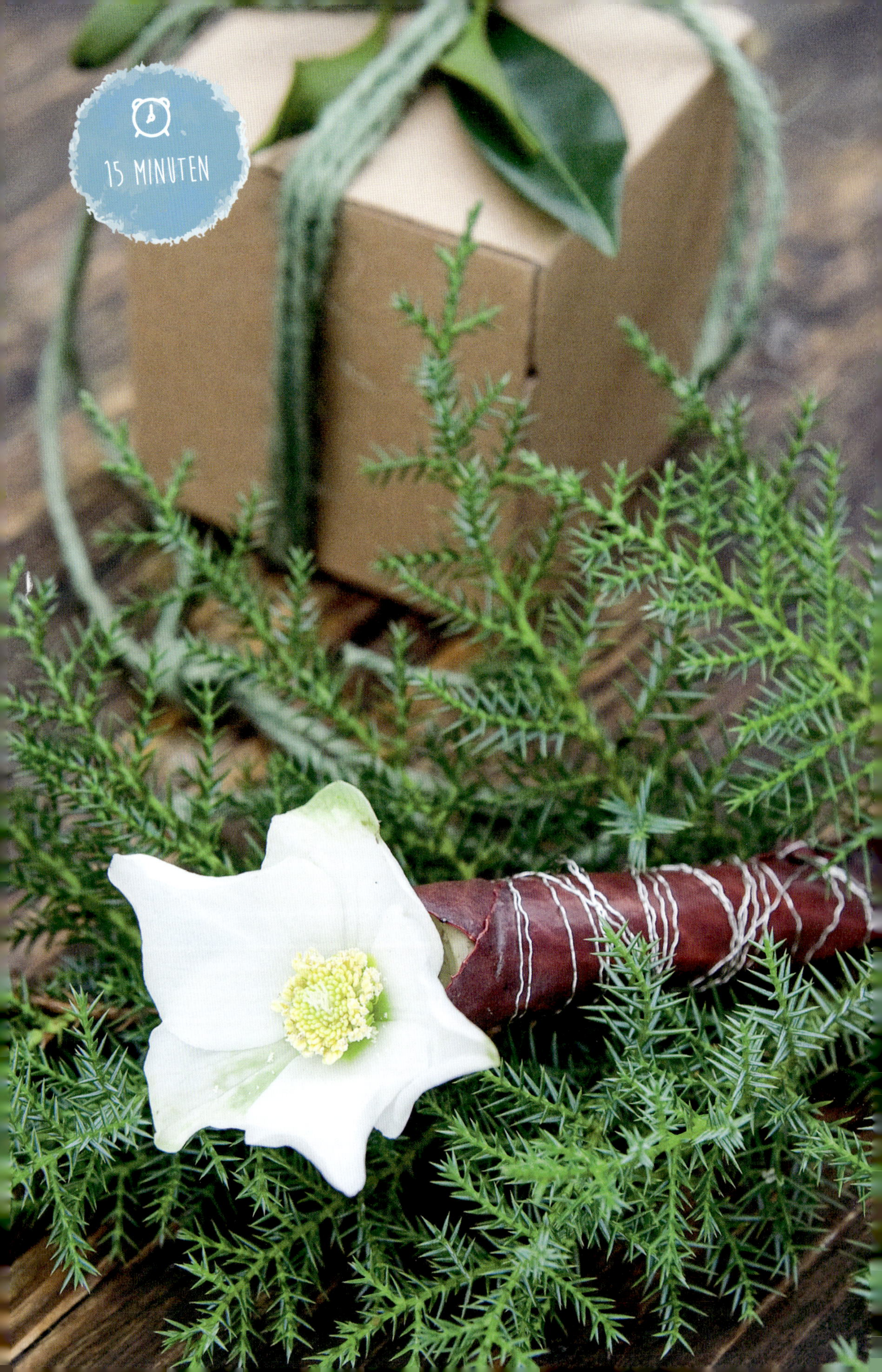
15 MINUTEN

EIN SCHATZ DES WINTERS

GESCHENKDEKO • MITBRINGSEL • TISCHSCHMUCK

Eine der wenigen Pflanzen, die im Winter blühen, ist die Christrose. Sie blüht genau in der Zeit, wo alles dunkel ist, wo Frost, Wind und Schnee vorherrschen. In dieser kargen Zeit des Winters macht die Christrose das scheinbar Unmögliche möglich. Daher steht sie als Symbol der Hoffnung. Eine Blüte reicht daher vollkommen aus, um einen edlen Gartengruß zu verschenken.

SO GEHT'S:

1. Ernten Sie eine Blüte der Christrose und ein schönes Blatt der Bergenie.

2. Wickeln Sie das Bergenienblatt mithilfe von Schmuckdraht um ein mit Wasser gefülltes Orchideenröhrchen.

3. Schneiden Sie den Stiel der Christrose am Ende kreuzweise ein – das erhöht die Haltbarkeitsdauer der Blüte.

4. Stecken Sie den Stiel vorsichtig in das Orchideenröhrchen.

MATERIAL & WERKZEUG

- Blüte der Christrose *Helleborus niger*
- Blatt der Bergenie *Bergenia cordifolia*
- Orchideenröhrchen
- Silberner Schmuckdraht
- Blumenmesser

WETTERORAKEL

Durch ihre frühe Blütezeit im Winter wurde die Christrose als Orakelpflanze für das Wetter genutzt: Stellte man zu Weihnachten zwölf Christrosenknospen ins Wasser, so konnte man für jeden Monat des kommenden Jahres das Wetter ablesen. Geschlossene Knospen bedeuteten schlechtes Wetter, die offenen gutes.

Achtung! Bitte aufpassen: Alle Pflanzenteile der Christrose sind giftig, vor allem der Wurzelstock und die Samenkapseln.

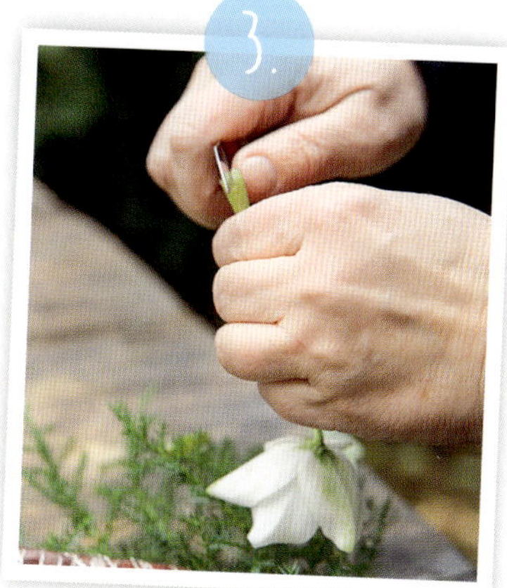

ÜBER DIE AUTORINNEN

HEIKE MOHR

Die hippen Achtziger waren meine Jugendzeit. Während Nena über 99 Luftballons sang, druckte ich mit Gummistempeln aus der Porzellanmalerwerkstatt Blümchen auf weiße Feinkniestrümpfe, feilte aus Kupferblechresten Ohrringe oder wickelte weißes Garn um Luftballons für Lampenschirme mit dem Ziel, die DDR-Eintönigkeit etwas aufzuhübschen.
Erfinderisch sein, alternativ denken, etwas aus dem machen, was eben gerade so vorhanden war, das hat mir schon immer Spaß gemacht.

Dank meines kreativen Talents ergatterte ich eine Schauwerbegestalter-Lehrstelle in meiner Geburtsstadt Weimar und konnte später Kunst in Berlin und Amsterdam studieren. Gestalten gehört bis heute zu meinem Job, allerdings stehe ich nun dafür hinter der Kamera und oft in einem Garten.

Seit 2000 mache ich Filme für den Fernsehratgeber „MDR Garten", gehöre von Anfang an zum Team der Sendung. Tagtäglich arbeite ich daran, die perfekte praktische Gärtnerin zu werden, weiß aber auch, dass ein Garten aus Sicht des Gärtners nie perfekt ist. Leidenschaftlich gerne gestalte ich Schönes aus Pflanzen.
Mit Beate Walther habe ich viele wunderbare florale Ideen vor der Kamera in Szene gesetzt.

Und wenn es darum geht, die Gartenernte in ein leckeres Gericht zu verwandeln, schwinge ich mit großer Freude Kochmesser und -löffel. Besonders dann, wenn ich etwas Neues ausprobieren kann. Unglaublich, wie viele Blätter, Blüten und Knollen von Zierpflanzen essbar sind. Wenn mein Mann und meine Tochter damit glücklich waren, setze ich die Rezepte auch vor der Kamera um. Zu sehen im MDR Fernsehen, zu lesen in diesem Buch.

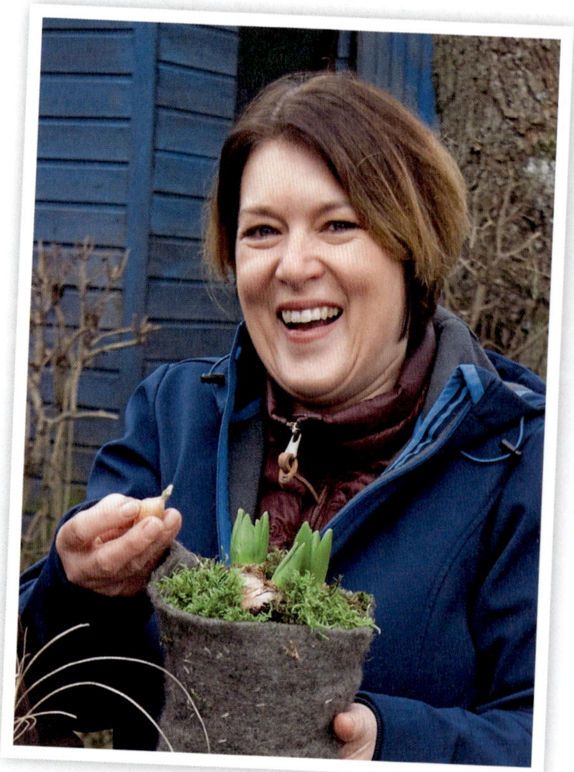

BEATE WALTHER

Für mich gibt es kaum etwas Schöneres, als am Sonntagmorgen barfuß in den Garten zu gehen, um frische Kräuter und Blumen für das Frühstück zu holen.

Schon als kleines Mädchen liebte ich es, bunte Blumensträuße zu pflücken. Als Jugendliche besserte ich mein Taschengeld mit dem Verkauf erster „floraler Kunstwerke" sowie der Anzucht von Tomatenpflanzen auf. Nach einer Gärtnerlehre für Gemüsebau studierte ich Landwirtschaft. Später machte ich noch eine Ausbildung zur Floristikmeisterin, denn ich war neugierig darauf, wie man Sträuße eigentlich richtig bindet. Jetzt fehlten mir noch Kenntnisse über Stauden, Gehölze und Gartengestaltung. Diese erhielt ich durch Praktika in Deutschland und in den Niederlanden. Toll ist, dass ich dieses Wissen als freiberufliche Dozentin (Lehr- und Versuchsanstalt Gartenbau Erfurt, Universitäten Erfurt und Vechta) an Auszubildende und Studierende weitergeben darf. Diese Arbeit macht mir bewusst, wie wichtig Gärten sind, in denen es viel Laub, Insekten und Vögel das ganze Jahr über gibt und geben darf. Und ich wundere mich immer mehr über Mitmenschen, die ihren Rasen von jedem Löwenzahn befreien, im Herbst alle Blätter und Samenstände von den Beeten räumen, Salz in jede Wegefuge streuen, dafür aber auffällig viele Nistplätze an fast völlig von Fruchtholz befreite Apfelbäume hängen. Überhaupt erschreckt mich die zunehmende Unkenntnis vieler Zeitgenossen über die natürlichen Kreisläufe der Natur. Deswegen engagiere ich mich für mehr und vor allem zeitgemäße Schulgärten.

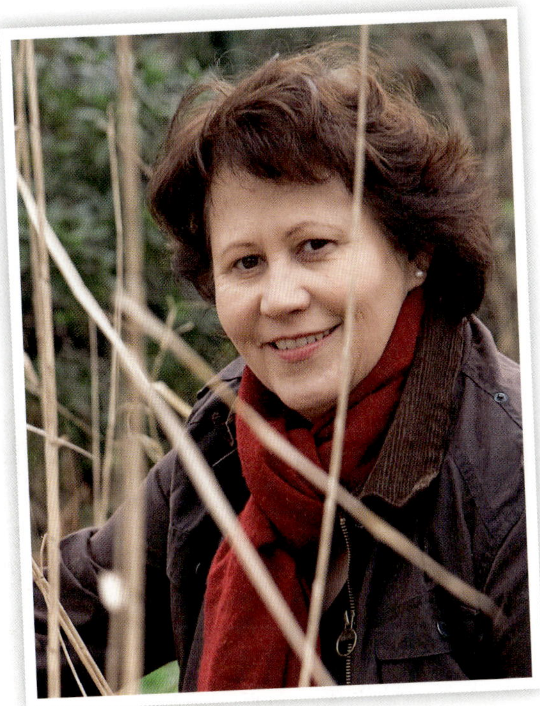

Mittlerweile freue ich mich, wenn meine grüne Handschrift erkannt wird und mich meine Tochter Elisabeth nach Tipps für ihr eigenes grünes Refugium fragt.

Mit dem Team des MDR Gartens verbinden mich seit nunmehr 15 Jahren viele gemeinsame Produktionen. Sie sind meist – wie auch viele Fotos in diesem Buch – in meinem Garten entstanden.

WIR SAGEN DANKESCHÖN!

Michael Wenkel, Redaktionsleiter MDR Garten, für die Idee zum Buch,

Thomas Richter und Kristin Bertels vom LV. Buch, Münster, für die unendliche Geduld und den kreativen Freiraum,

Susanne Casper-Zielonka für die sehr schönen Fotos und viel Gelassenheit,

Harald und Caroline Mohr für Mithilfe, Geduld und Rücksicht im Familienalltag,

Jürgen und Elisabeth Walther für jegliche Unterstützung und Nachsicht,

Cornelia Pacalaj von der Lehr- und Versuchsanstalt Gartenbau Erfurt für Tipps rund um Gärtnereier und essbare Blüten,

Petra Herrmann, der Initiatorin des Thüringer Cookingpokals, für das Kirschpfannenrezept,

dem Erfurter Staudengärtner Pascal Klenart für die erste Monardentee-Kostprobe und

Rachel Seeland aus England für ihre hilfreichen Hände beim Fotoshooting.

SCHABLONEN

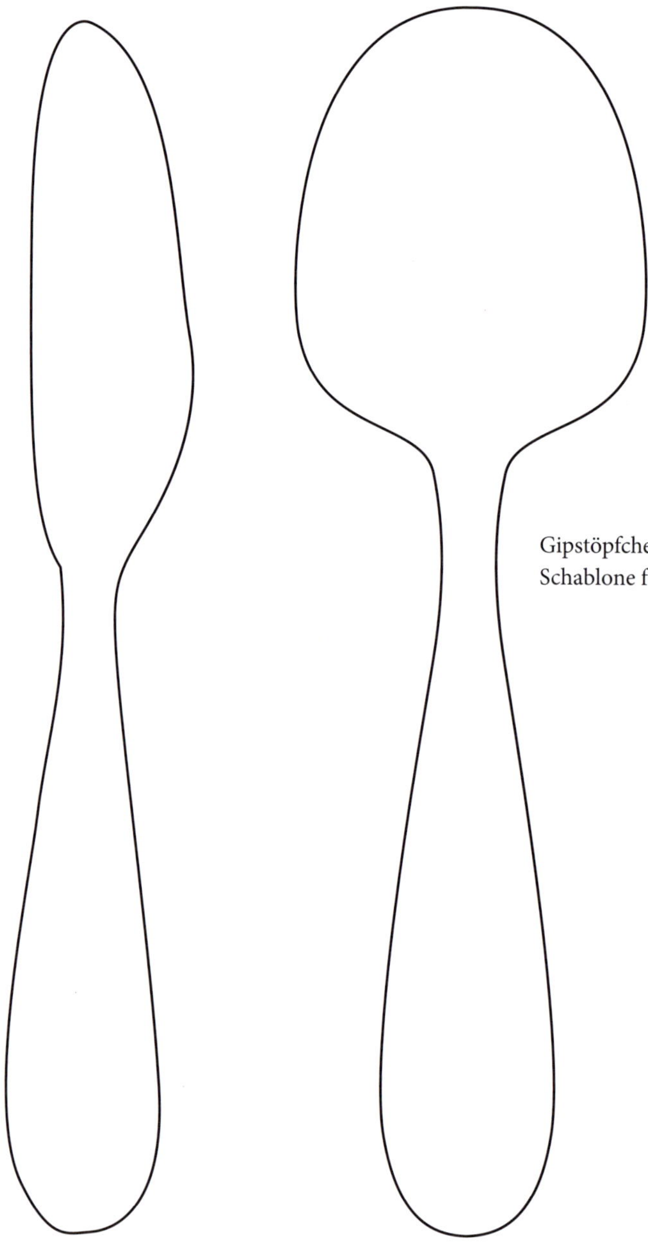

Gipstöpfchen, S. 96
Schablone für Messer oder Löffel

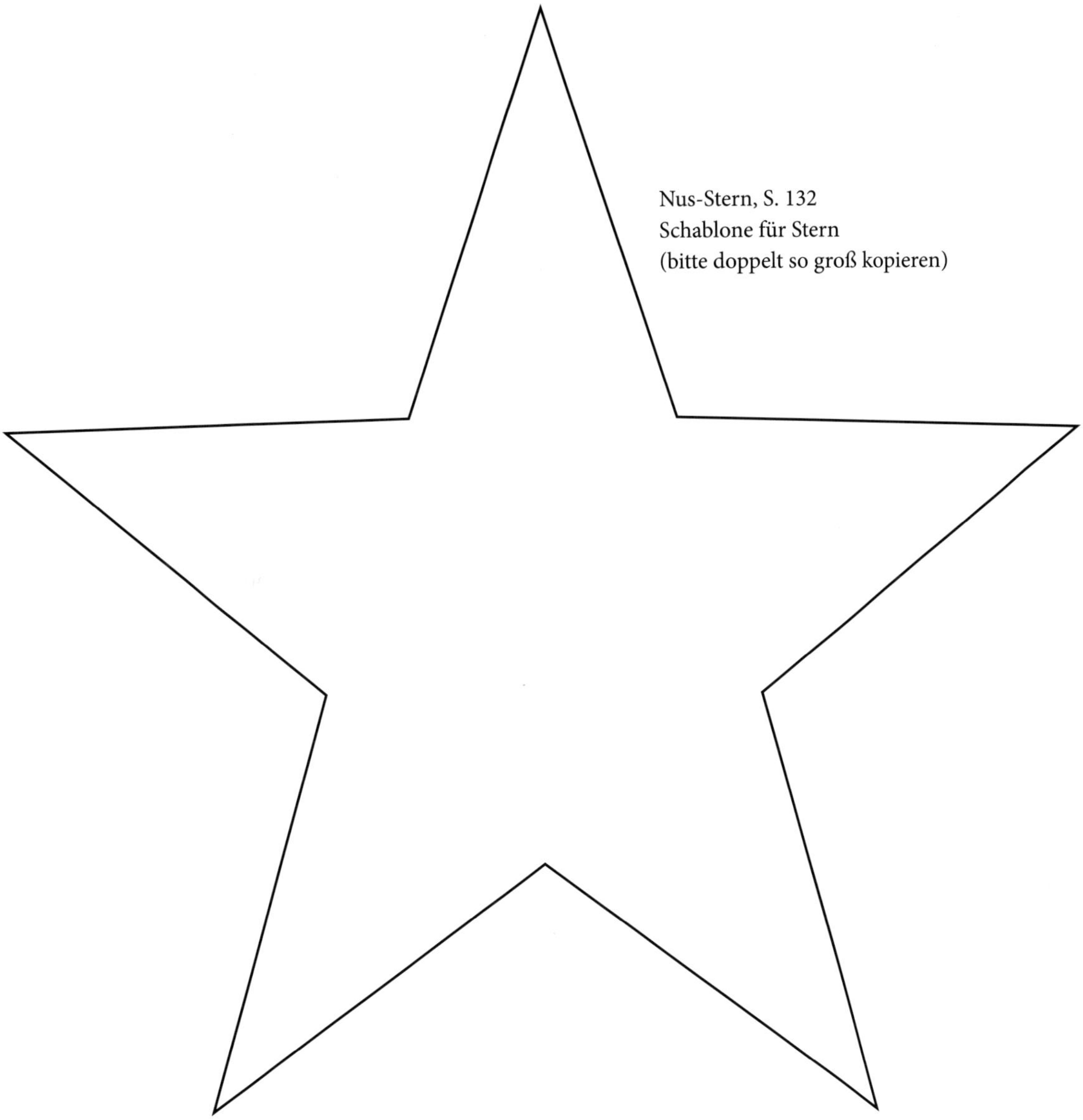

Nus-Stern, S. 132
Schablone für Stern
(bitte doppelt so groß kopieren)

GESPANNT AUF MEHR VOM MDR Garten ?

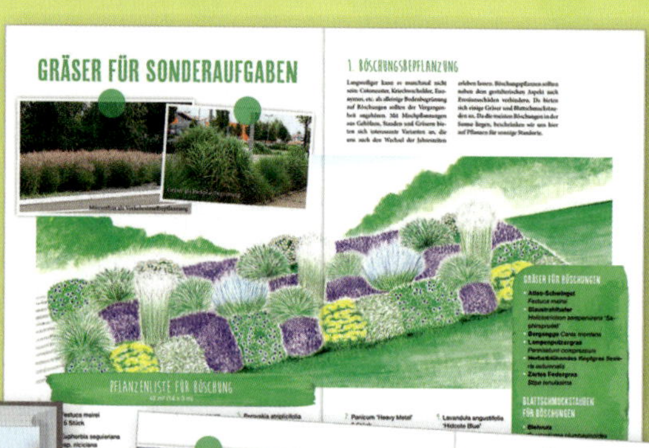

Horst Schöne
MDR Garten – Gräser
Faszinierende Pflanzen, eindrucksvolle
Kombinationen, hilfreiche Pflegetipps
120 Seiten
ISBN 978-3-7843-5500-9

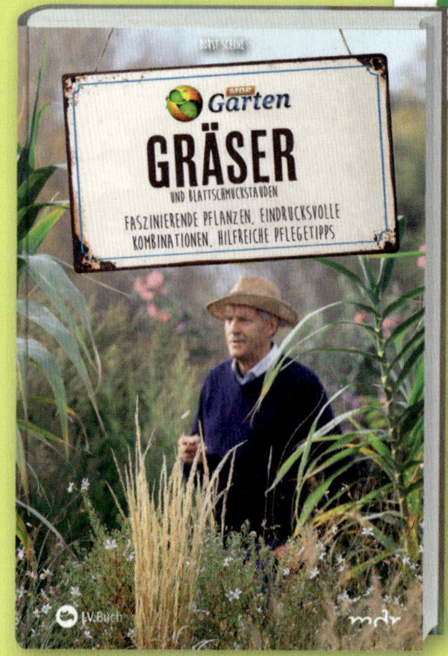

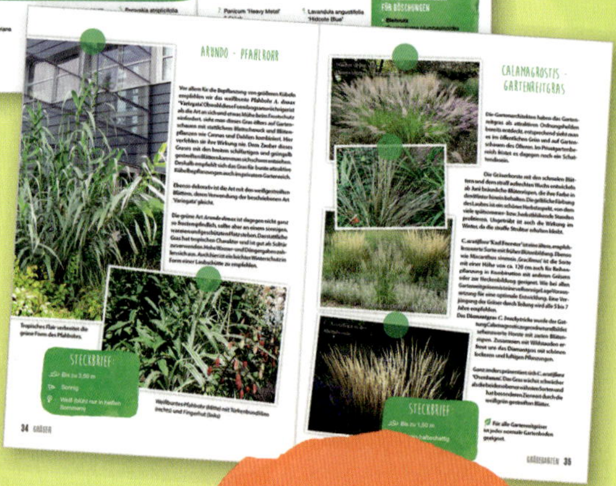

PFLANZPLÄNE FÜR BEETE IN UNTERSCHIEDLICHEN GRÖẞEN

HARFE UND PAUKE – DIE SCHÖNSTEN GRÄSER UND BLATTSCHMUCKSTAUDEN FÜR IHREN GARTEN

Gräser sind eine Bereicherung für jeden Garten. Wer ihnen einmal einen Platz in seinem Beet eingeräumt hat, wird diese faszinierenden Pflanzen nicht mehr missen wollen. Geschickt kombiniert sorgen sie für außergewöhnliche Pflanzerlebnisse und machen jeden Garten lebendig. Besonders zu Blattschmuckstauden sind sie eine reizvolle Ergänzung, die Gartenliebhabern viel Freude bereiten werden. In diesem Buch stellt Ihnen der Gräserspezialist Horst Schöne die schönsten Gräser und Blattschmuckstauden vor. Sortenempfehlungen und Pflegetipps sowie ein Verzeichnis mit Bezugsquellen fehlen ebenso wenig wie Antworten auf die wichtigsten Fragen rund um beide Pflanzenarten sowie Ausflugstipps für Parks und Gärten mit besonderen Gräsern und Blattschmuckstauden.

IMPRESSUM

LV.Buch im Landwirtschaftsverlag GmbH, 48084 Münster

1. Auflage 2018

Fotografie: Susanne Casper-Zielonka, www.casper-zielonka.de

Außer: S. 16/17/18/19/20/23/27/54/55/66/68/76/79/81/82/84/85/89/98/99/106/108/114/115/131/132/133/134/135 Heike Mohr

S. 21/22/80/122 Beate Walther

Illustrationen: Happiestsim/istockphoto.com

Herausgeber: Thomas Richter
Gestaltung: Rachel Determeyer,
LV MediaPro im Landwirtschaftsverlag
Redaktion/Lektorat: Anne Huntemann, Tecklenburg
Druck: Westermann Druck Zwickau

ISBN 978-3-7843-5501-6